中國學術思想 研究輯刊

三九編

林慶彰 主編

第 20 冊

基督教《聖經》和佛教《法華經》的概念隱喻對比研究

高秀平 著

花木蘭文化事業有限公司

國家圖書館出版品預行編目資料

基督教《聖經》和佛教《法華經》的概念隱喻對比研究／高秀平
著 -- 初版 -- 新北市：花木蘭文化事業有限公司，2024〔民
113〕
目 6+264 面；19×26 公分
（中國學術思想研究輯刊 三九編；第 20 冊）
ISBN 978-626-344-592-5（精裝）
1.CST：聖經 2.CST：法華部 3.CST：隱喻 4.CST：比較研究
030.8   112022480

ISBN-978-626-344-592-5

9 786263 445925

中國學術思想研究輯刊
三九編　第二十冊　　　　　　　　ISBN：978-626-344-592-5

基督教《聖經》和佛教《法華經》的概念隱喻對比研究

作　　　者　高秀平
主　　　編　林慶彰
總 編 輯　杜潔祥
副總編輯　楊嘉樂
編輯主任　許郁翎
編　　　輯　潘玟靜、蔡正宣　美術編輯　陳逸婷
出　　　版　花木蘭文化事業有限公司
發 行 人　高小娟
聯絡地址　235 新北市中和區中安街七二號十三樓
　　　　　　電話：02-2923-1455 ／傳真：02-2923-1452
網　　　址　http://www.huamulan.tw 信箱 service@huamulans.com
印　　　刷　普羅文化出版廣告事業
封面設計　劉開工作室
初　　　版　2024 年 3 月
定　　　價　三九編 23 冊（精裝）新台幣 62,000 元

基督教《聖經》和佛教《法華經》的概念隱喻對比研究

高秀平　著

作者簡介

高秀平，山東郯城人，現為北京語言大學應用外語學院教師，2018 年獲北京外國語大學語言學博士學位，師從藍純教授。主要研究方向為認知語言學和英語教學，在 Applied Linguistics Review 和《外語教學與研究》等 SSCI 和 CSSCI 期刊發表認知語言學視角的宗教隱喻論文若干篇，翻譯《修辭學》（亞里士多德）和《語言：言語研究導論》（薩丕爾）等著作，參與編寫大學英語教材多部。

提　要

　　本研究以認知語言學的概念隱喻理論為框架，分析基督教《聖經》和佛教《法華經》中圍繞〔空間〕、〔時間〕、〔生命〕、〔生命理想〕和〔崇拜對象〕五個概念的比喻表達和概念隱喻，構建並對比兩個宗教的隱喻體系。

　　研究發現，兩部經典共享以下概念隱喻：〔世界〕都被理解為〔上下層級系統〕和〔容器〕；〔時間〕都借助〔空間〕理解，共享〔時間流逝是移動〕、〔時間持續是長度〕、〔早晚是前後〕和〔時間是點線〕等隱喻；〔生命〕都被理解為〔上下層級系統〕和〔旅程〕；〔天國〕和〔涅槃〕作為宗教理想都被理解為〔容器〕和〔房屋〕；〔上帝〕和〔佛陀〕作為崇拜對象都借助〔上下〕維度和〔人〕等存在形式來理解。兩部經典的概念隱喻都可歸入三大體系：基於意象圖式的隱喻、存在鏈隱喻和事件結構隱喻。

　　兩部經典在隱喻上也表現出較大的差異。《聖經》中的〔世界〕被理解為〔創造物〕且有始有終，《法華經》中的〔世界〕則是〔無始無終的循環〕；《聖經》強調〔世界〕作為〔容器〕和〔房屋〕是人的歸宿，《法華經》則強調〔世界〕作為〔容器〕和〔房屋〕是對生命的束縛。《聖經》中的〔時間〕主要表現為〔點線〕，《法華經》中的〔時間〕局部表現為〔點線〕，整體具有〔循環〕特徵。《聖經》將〔生命〕理解為〔上帝的創造物〕，《法華經》中的〔生命〕則沒有創造者，處於無始無終的〔循環〕。〔天國〕理想被理解為時間上的〔到來〕，強調善惡之分；〔涅槃〕理想則被理解為空間上的〔離去〕，強調普度一切眾生。〔上帝〕對世界的核心角色是〔創造者〕，對生命的核心角色是〔創造者〕和〔審判者〕；〔佛陀〕對世界的核心角色是〔自覺者〕，對生命的核心角色是〔覺他者〕和〔嚮導〕。

目

次

表目次

第一章　導　論

　　本文以認知語言學的概念隱喻理論（Conceptual Metaphor Theory，CMT）為框架，對比基督教《聖經》和佛教《法華經》中的比喻表達及背後的隱喻思維，以期發現二者的異同，進而從認知的視角更好地理解兩種宗教文化，並在這一嘗試中探索隱喻與文化的關聯，拓寬概念隱喻理論的研究視域。概念隱喻理論認為隱喻是思維的工具，是我們借助具體概念認識抽象概念的方式（Lakoff & Johnson，1980）。思維中的概念隱喻體現為語言中無處不在的比喻表達，因此我們可以通過分析語言層面的比喻表達來反溯思維層面的隱喻系統。事實上，在過去三十多年間，以概念隱喻理論為框架的大量研究都證實我們對眾多抽象概念的認知均借助隱喻思維，如〔時間〕（Boroditsky，2001）、〔人生〕（Jäkel，2003）、〔情感〕（Kövecses，2003）和〔道德〕（Lakoff，1995）等。

　　因為宗教教義的抽象性和複雜性，各文化的宗教語篇也往往大量借助隱喻來闡釋其基本概念，包括〔神〕、〔永恆〕、〔生命〕和〔死亡〕等（Kövecses，2010：26）。現代神學家普遍認為任何宗教都基於一個隱喻系統（Erussard，1997：198），反映在語言上就是宗教文本高度的隱喻性。如楊克勤（2012：3）所言，宗教文本的語言很少是單義的，而是慣於採用符號、象徵和隱喻等表達方式傳遞多重意義。因此，「隱喻研究對更好地理解宗教這種神秘、複雜的現象具有至關重要的作用」（Tracy，1979：104）。

　　概念隱喻理論認為隱喻植根於我們的身體、文化和社會經驗，也因此，人類所共享的那部分經驗為共同的概念隱喻提供了基礎，而不同群體間相異的

文化、社會以及身體經驗則可能導致文化內部和文化之間概念隱喻的差異和多樣性。跨文化和跨語言的概念隱喻研究就是為了揭示不同文化對某些概念認識上的一致和差異，如〔空間〕（Lan，2003）、〔時間〕（楊文星、文秋芳，2014）、〔情感〕（Kövecses，2005）、〔心身〕（Yu，2007）等。具體到本研究關注的佛教和基督教，作為東西方文化的重要組成部分，它們對一些基本概念的理解既可能存在本質的相似，又可能存在較大的差異，比如二者的宇宙觀（Bowker，1990）、時間觀（汪天文，2004）、靈魂觀（Mitchell，1991）和道德觀（Cohen，2015）等。據我們掌握的文獻，從概念隱喻視角對這兩個宗教的對比研究極少，且尚未涉及世界觀、時間觀、宗教理想和崇拜對象等基本概念。

　　本文以五對宗教概念為起點，通過考察圍繞這些概念的比喻表達來對比基督教和佛教的概念隱喻體系。我們關注的基督教的五個概念是：〔空間〕（SPACE）、〔時間〕（TIME）、〔生命〕（LIFE）、〔天國〕（KINGDOM OF HEAVEN）和〔上帝〕（GOD）；與此相應，我們關注的佛教的五個概念是：〔空間〕、〔時間〕、〔生命〕、〔涅槃〕和〔佛〕。其中，〔空間〕和〔時間〕是所有宗教都要解釋的概念，因為宗教是人類「解釋宇宙的第一次系統嘗試」（彼得·哈里森，2016：37），任何宗教都必須基於對〔空間〕和〔時間〕這兩個概念的理解（Miller，2001）構建一個宇宙圖景，或者說宇宙觀（路易斯·波伊曼，2006：3）。〔生命〕也是基督教和佛教的共有概念，因為宗教從本質上都要關注人的生命問題（卓新平，1992：30），對死亡進行關懷（李承貴，2009：58），並解釋生命與世界的關係、生命與神的關係等（卿希泰，2006：15）。〔天國〕和〔涅槃〕分別是基督教和佛教的宗教理想，在一定程度上可視為二者對生命歸宿這一宗教基本問題的解答（李承貴，2009：58；參見陳俊偉，2005；范麗珠，2006：24，26；張曼濤，2016：1）。崇拜對象或神是宗教的另一個基本要素，在基督教中表現為〔上帝〕，在佛教中表現為〔佛陀〕（孫尚揚，2001）。在對比上述五對概念的過程中，我們還會不同程度涉及基督教和佛教中的一些其他概念，如基督教的〔原罪〕和佛教的〔修行〕。

　　本文借鑒 Charteris-Black（2004）的批評隱喻分析法（Critical Metaphor Analysis）進行語料收集和分析。該方法結合語篇批評分析和概念隱喻理論，分三個步驟研究隱喻：第一步，細讀文本，根據始源域和目標域之間的語義衝突來識別隱喻表達。第二步，分析隱喻表達與其背後的認知和語用功能之間的

關係，總結隱喻表達背後的概念隱喻。第三步，分析隱喻產生的社會機制，闡釋隱喻的語篇功能。在具體分析中，我們結合《聖經》和《法華經》的經文特點，特別是其中的篇章比喻，對 Charteris-Black 提出的隱喻識別和統計方法進行了調整，嘗試提出了自己的隱喻標記方法，應用於本文的語料處理。

本研究所選擇的底本為基督教《聖經》英譯本和佛教《法華經》漢譯本。《聖經》結構宏大，內容繁複，本文主要選擇《舊約·詩篇》和《新約·馬太福音》進行分析。佛教經典浩如煙海，本文選擇被譽為「經中之王」之一的《法華經》進行分析。

本文的研究目標如下：

· 發現《聖經》中與〔空間〕、〔時間〕、〔生命〕、〔天國〕和〔上帝〕有關的概念隱喻，以此構建基督教的隱喻體系。

· 發現《法華經》中與〔空間〕、〔時間〕、〔生命〕、〔涅槃〕和〔佛〕有關的概念隱喻，以此構建佛教的隱喻體系。

· 對比基督教和佛教的隱喻體系，發現並嘗試解釋兩者之間的相似和差異。

本研究有如下三方面的意義：（1）以概念隱喻理論為框架進行跨文化和跨語言的對比研究，對揭示和證明隱喻的普遍性和差異性以及進一步完善概念隱喻理論有一定貢獻；（2）本文第一次系統地分析和對比基督教和佛教的五對核心概念的比喻表達及背後的隱喻思維，有助於從認知語言學的視角更好地把握這兩種宗教，釐清概念隱喻在闡釋宗教概念及教義中所起的作用；（3）本文所採取的研究方法對不同語言的隱喻識別和對比也有一定借鑒意義，特別是對識別和處理較大規模的文本中多樣的比喻表達形式有一定啟示。

本文包括八個章節，內容如下：

第一章為導論，介紹研究的背景和論文的設計。

第二章為理論背景，首先概述三種傳統的隱喻理論，即替代論、比較論和互動論；然後介紹概念隱喻理論的基本框架、在多個領域的應用、關於隱喻的普遍性和多樣性的研究、以及相關的存在鏈隱喻理論和存在鏈理論。

第三章為文獻綜述，梳理與本文的研究直接相關的文獻，即以概念隱喻理論為框架對《聖經》和佛教經典所做的研究。鑒於對佛經的概念隱喻研究較少，為了更全面地呈現佛經中的隱喻現象，本章也將有選擇地介紹從傳統語言學視角對佛經隱喻的研究。本章還將略述對伊斯蘭教、道教和印度教經典的概念隱喻研究，以及現有的少數對比基督教和佛教概念隱喻的研究。

　　第四章為研究方法，主要概述 Charteris-Black（2004）的批評隱喻分析法，以及我們針對《聖經》和《法華經》的對比研究對批評隱喻分析法所作的調整，包括《聖經》和佛經文本選擇的過程以及隱喻識別、標記和統計的方法、步驟和結果。

　　第五章為《聖經》的隱喻分析，歸納《聖經》中與〔空間〕、〔時間〕、〔生命〕、〔天國〕和〔上帝〕有關的概念隱喻，討論五個概念之間的關係。

　　第六章為《法華經》的隱喻分析，歸納《法華經》中與〔空間〕、〔時間〕、〔生命〕、〔涅槃〕和〔佛〕有關的概念隱喻，討論五個概念之間的關係。

　　第七章為對比分析，即在第五章和第六章的基礎上，對比《聖經》和《法華經》中圍繞五對概念的隱喻，並總結《聖經》和《法華經》中隱喻的普遍性和差異性。

　　第八章為結論，回顧本研究的主要發現，總結理論和方法上的貢獻，指出不足和未來研究的方向。

第二章　理論背景

　　本文以認知語言學的概念隱喻理論（Conceptual Metaphor Theory）為主要的理論框架。概念隱喻理論的提出是隱喻研究領域的一次重大革命（Gibbs Jr.，2011：529），它建立了從認知視角研究隱喻的系統路徑，不再僅僅將隱喻視為語言現象，因此此前的時代甚至被稱為「隱喻研究的前認知時代」（precognitive era of metaphor studies）（Basson，2006：47）。

　　本章首先概述傳統的隱喻理論，然後梳理概念隱喻理論的框架，介紹概念隱喻理論的應用，特別是在跨文化和跨語言研究方面的應用，總結學界對概念隱喻理論的挑戰和質疑，最後介紹概念隱喻理論框架下的存在鏈隱喻理論及其背後的存在鏈理論。

2.1　傳統的隱喻理論

　　王文斌（2007）將西方的隱喻研究歸納為五種觀點，即「替代論」、「比較論」、「互動論」、「映射論」和「概念合成論」，其中映射論指概念隱喻理論，概念合成論指在概念隱喻理論的基礎上發展出的概念合成理論（Conceptual Blending Theory）。在本小節，我們首先簡述概念隱喻理論出現之前的三種觀點。

2.1.1　隱喻的替代論

　　在西方，亞里士多德的隱喻理論影響最大，流傳最廣，現代隱喻理論基本都是以其為參照系在批判和繼承的基礎上發展起來的（郭振偉，2014：40）。

亞里士多德（2005：74～75）在《詩學》中將隱喻定義為「將屬於別的事物的詞借來使用」，表現為四種形式：

> （1）將用於「屬」的詞借來描述「種」，如「我的船站在此處」，因為「停泊」是「站」的一種，此處用「站」代替「停泊」。

> （2）將用於「種」的詞借來描述「屬」，如「俄底修斯曾做萬件勇敢的事」，因為「萬」是「多」的一種，此處中「萬」替代「多」。

> （3）將屬於一個「種」的詞借來描述另一個「種」，如「用刀吸走生命」和「用火割掉生命」，因為「吸走」和「割掉」都是「取走」的種，兩者互相替代。

> （4）通過類比，即 A 與 B 的關係類似於 C 與 D 的關係，借 C 來指稱 A。如杯之於狄俄尼索斯相當於盾之於阿瑞斯，因此將杯借稱為狄俄尼索斯的盾。

無論何種方式，其共有的「借」字說明了隱喻的本質，即「隱喻是一種替代」（王文斌，2007：18）。基於亞里士多德的論述，古羅馬修辭學者崑體良（Tuintillian）提出了隱喻的替代論（Theory of Substitution），即隱喻是用一個詞去替代另一個詞的修辭現象（束定芳，2000：3）。

「替代論」的著眼點是詞語的修飾（胡壯麟，2004：20），而且這種修飾是點綴性的，雖然很好卻並非必需（nice but not necessary）（Ortony，1979：346）。換言之，使用隱喻是對語言常態機制的偏離（Lan，2003：6）。與此相應，亞里士多德認為隱喻在論證中承擔說服（persuasion）功能，在詩歌中承擔仿擬（mimesis）功能（Pollio，1996：240）。這迥異於概念隱喻理論認為隱喻是一種承擔重要認知功能的思維現象的觀點。

2.1.2　隱喻的比較論

隱喻的「比較論」（Comparison Theory）又被稱為「相似論」（Similarity Theory）或「類比論」（Analogy Theory），也是基於亞里士多德的論述發展而來。前一節提到，亞里士多德認為隱喻就是借詞，其中第四種方式，類比，就是一種比較。此外，亞里士多德還暗示隱喻的基礎是相似性，他在《詩學》中說，「善於使用隱喻詞表示有天才，因為要想出一個好的隱喻詞，須能看出事物的相似之點」（亞里士多德，2005：80）。

比較論將隱喻定義為「一事物成為另一事物的比較」（Abrams，1999：97），

即「把一種未知的或知道很少的與知道較多的詞語比較，從而讓後者說明前者」(Barfield，1973；引自胡壯麟，2004：23)。比較論的實質是比較源於兩個不同意義域的詞之間的相似性，從而在兩者之間建立一種聯繫(王文斌，2007：19～20)。總體而言，比較論雖然注意到了隱喻是在兩個事物之間建立關聯，但是其對隱喻的認識主要還停留在修辭層面，未能認識到隱喻對人類思維的核心作用(胡壯麟，2004：33)。

2.1.3　隱喻的互動論

在亞里士多德隱喻理論的影響下，隱喻長久以來被視為語言層面的一種修辭格，直到 Richards (1936) 提出隱喻的互動觀才打破了這一局限，使隱喻從語言修辭現象上升為一種認知現象。Richards 認為，隱喻通過兩個概念之間的互動產生意義，一個是本體(tenor)，即所談論的事物，一個是喻體(vehicle)，即所談論事物的相似物。主體和喻體互動的基礎稱為喻底(ground)，即兩個概念之間的相似性。Richards 特別指出隱喻不是語言使用的非常態，而是普遍現象，是人類認識事物之間關係的方式。

在 Richards 的基礎上，Black 進一步發展了互動論，細化了主體和喻體互動的過程。Black (1962) 指出，隱喻主體和喻體的互動不僅僅是兩個詞的互動，更是它們所代表的知識系統的互動。以 Richard is a lion (理查德是獅子) 為例，「理查德」和「獅子」之間的相似性不是預先存在的，而是通過互動創建的。「獅子」和「理查德」在人的思維中激活的知識系統發生互動，與前者有關的聯想被運用於後者。但是在互動中，與「獅子」有關的眾多聯想並非全部被運用於「理查德」，只有其中一些被保留下來，如「勇猛」和「攻擊」，另一些則被略去，如「皮毛」和「捕食」。

互動論主張隱喻是語言中的普遍現象，並強調隱喻的認知屬性，為隱喻的認知研究路徑奠定了基礎。

2.2　概念隱喻理論

2.2.1　概念隱喻理論的基本框架

隱喻研究的認知路徑的正式建立是在 *Metaphors We Live By*（《我們賴以生存的隱喻》）一書問世後 (Lan，2003：31)。在這部著作中，Lakoff & Johnson

（1980）提出了概念隱喻理論的基本框架。經過三十多年的發展，概念隱喻理論逐步走向成熟，其主要觀點可以總結如下。

第一，隱喻在我們的生活中無處不在，不但是語言使用的常態，也存在於行為和圖像等其他領域及模態（Lakoff & Johnson，1980：23）。Lakoff & Johnson 觀察和分析了大量的日常語言，注意到大量的日常表達其實都是規約化的隱喻表達，如 We can't turn back now（我們現在無法回頭）和 We're at a crossroads（我們正處在十字路口）。Gibbs Jr.（1994）對電視辯論和新聞評論的分析發現平均每 25 個詞中就有一處隱喻表達。Cooperrider & Núñez（2007、2009）發現人們說話時的手勢和話語一樣，體現了關於時間的隱喻，如說到 look forward（期望）時手會向前指，說到 in retrospect（回顧）時手則是向後指，手勢和話語都說明我們將時間的早晚喻為空間的前後。

第二，隱喻在根本上是一種認知現象，換言之，我們日常的認知系統從根本上而言是隱喻性的（Lakoff & Johnson，1980：3～6）。正因為如此，我們的語言和手勢才體現出大量的隱喻表達。比如，我們之所以用空間的前後來談論和比劃時間的早晚，是因為我們用〔空間〕概念來理解〔時間〕概念。簡言之，隱喻不僅是語言現象，更是思維現象，是我們借助具體概念理解抽象概念的一種認知機制（Lakoff，1993：244～245）。在語言隱喻表達的背後是概念層面的隱喻，如〔愛情是旅程〕和〔時間是空間〕。我們可以通過語言層面的隱喻表達回溯存在於我們思維中的隱喻系統（Lakoff & Johnson，1980：46～51）。

第三，隱喻的內部結構是兩個概念域之間的映射（mapping），其中作為始源域（source domain）的通常是一個相對具體的概念，而作為目標域（target domain）的通常是一個相對抽象的概念。隱喻在始源域和目標域的要素之間構建起一組系統的對應關係，這些對應關係即「映射」（Kövecses，2010：7）。如在〔愛情是旅程〕這個概念隱喻中，〔旅程〕中的起點、岔路、旅人、風景等要素對應〔愛情〕中戀愛關係的開始、戀愛中遇到的困難、戀愛中的人、戀愛中的經歷等要素。簡言之，隱喻是將始源域的結構、關係、特徵和知識映射到目標域之上，用始源域來構建目標域（Lakoff & Turner，1989：63～64）。

如 Kövecses（2010：91～103）所述，始源域和目標域之間的映射是片面的，而且只能是片面的。換言之，只有始源域的一部分會被映射到目標域之上，也只有目標域的一部分會參與映射。前者稱為「隱喻應用」（metaphorical utilization），後者稱為「隱喻突顯」（metaphorical highlighting）。以〔論證是建

築物〕（AN ARGUMENT IS A BUILDING）為例，英語一般只使用〔建築物〕的某些特徵來理解和描述〔論證〕，如框架、基礎以及構建的過程等，而其他很多特徵則被忽視，如房間、屋頂、窗戶等。也就是說，用來理解〔論證〕這個概念時，只有〔建築物〕的某些特徵得以「隱喻應用」。另一方面，針對〔論證〕這一目標域，除了〔建築物〕，英語中也常用其他始源域來對其進行理解和描述，如〔論證是容器〕（AN ARGUMENT IS A CONTAINER）、〔論證是旅程〕（AN ARGUMENT IS A JOURNEY）和〔論證是戰爭〕（AN ARGUMENT IS WAR）。每個始源域「隱喻突顯」〔論證〕的不同側面，如〔容器〕突顯內容，〔旅程〕突顯過程，〔戰爭〕突顯雙方對立，〔建築物〕突顯構建。因此，始源域和目標域不是一一對應的，一個始源域可以用來理解多個目標域，一個目標域也可能借助多個始源域來理解。

　　Kövecses（2010：18～28）總結了英語中使用較頻繁的始源域和目標域，前者包括：〔人體〕（THE HUMAN BODY）、〔健康和疾病〕（HEALTH AND ILLNESS）、〔動物〕（ANIMALS）、〔植物〕（PLANTS）、〔建築物〕（BUILDINGS）、〔機器和工具〕（MACHINES AND TOOLS）、〔遊戲和運動〕（GAMES AND SPORT）、〔金錢和經濟貿易〕（MONEY AND ECONOMIC TRANSACTION）、〔烹飪和飲食〕（COOKING AND FOOD）、〔熱和冷〕（HEAT AND COLD）、〔光明和黑暗〕（LIGHT AND DARKNESS）、〔力〕（FORCES）、〔移動和方向〕（MOVEMENT AND DIRECTION），後者包括：〔情感〕（EMOTION）、〔欲望〕（DESIRE）、〔道德〕（MORALITY）、〔思維〕（THOUGHT）、〔社會〕（SOCIETY）、〔政治〕（POLITICS）、〔經濟〕（ECONOMY）、〔人類關係〕（HUMAN RELATIONSHIP）、〔交流〕（COMMUNICATION）、〔時間〕（TIME）、〔生死〕（LIFE AND DEATH）、〔宗教〕（RELIGION）、〔事件和行為〕（EVENTS AND ACTIONS）。Kövecses 將這些目標域歸為三大類，即：心理和精神狀態（情感、欲望、道德和思維）、社會群體和過程（社會、政治、經濟、人類關係、交流）、個人的體驗和事件（時間、生死和宗教）。

　　第四，不同的概念隱喻不是孤立的，而是互相連接，構成一個複雜的系統。在這個層級系統中，低層級概念隱喻繼承高層級概念隱喻的結構，這被稱為「隱喻繼承層級」（metaphor inheritance hierarchy）（Lakoff，1993：222）。以〔愛情是旅程〕為例：

　　第一層級：事件結構隱喻（Event Structure metaphor）

　　第二層級：〔人生是旅程〕

第三層級：〔愛情是旅程〕；〔事業是旅程〕；〔學習是旅程〕……

〔愛情是旅程〕屬於第三層級，這一層級的隱喻繼承了第二層級隱喻的結構，前者是後者的類屬隱喻；而第二層級的〔人生是旅程〕又繼承了第一層級的事件結構隱喻，即〔有目的的長期活動是旅程〕（Lakoff，1993：224）。

Kövecses（2010：149～166）進一步指出，在人類複雜的隱喻系統中，有兩個基本的隱喻體系：一個是上文所述的事件結構隱喻體系，一個是存在鏈隱喻體系（Great Chain of Being metaphor）。這是因為認知語言學認為人類的認知中有兩種基本的概念實體（conceptual entity）：事物（things）和關係（relations）。存在鏈隱喻構建了我們對事物的認知，事件結構隱喻則構建了我們對關係的認知。

存在鏈是指各種存在形式及其特徵構成的一個上下層級系統，基本的存在鏈（basic Great Chain）從上到下依次包括：人、動物、植物、複雜物理製品和天然物體，每一層級具有特定的特徵；擴展的存在鏈（extended Great Chain）在人之上又包括三個層級，從上到下依次為：上帝、宇宙、社會（Lakoff & Turner，1989）。用其中一個層級或其特徵來理解另一個層級或其特徵時即構成隱喻。我們可以將高層級的存在形式理解為低層級的存在形式，如〔人是動物〕（HUMAN IS ANIMAL）、〔人的行為是動物的行為〕（HUMAN BEHAVIOR IS ANIMAL BEHAVIOR）、〔人的特徵是無生命物體的特徵〕（HUMAN PROPERTIES ARE PROPERTIES OF INANIMATE THINGS）；也可以將低層級的存在形式理解為高層級的存在形式，如擬人化（anthropomorphism）即是將無生命的物體或動植物理解為人（McQuarrie & Phillops，2011：121）。

事件結構隱喻的目標域是事件的各個方面，如狀態、變化、目的、方法、動因；其始源域一般是基本的空間、運動和力的概念。基本的事件結構隱喻包括：〔狀態是位置〕（STATES ARE LOCATIONS）、〔變化是移動〕（CHANGES ARE MOVEMENTS）、〔動因是外力〕（CAUSES ARE FORCES）、〔目的是終點〕（PURPOSES ARE DESTINATIONS）、〔方法是路徑〕（MEANS ARE PATHS）、〔行動是自我的移動〕（ACTIONS ARE SELF-PROPELLED MOVEMENTS）、〔進步是向前的移動〕（PROGRESS IS MOTION FORWARD）和〔苦難是障礙〕（DIFFICULTIES ARE IMPEDIMENTS）等（Lakoff，1993：215～216）。

此外，Kövecses（2010：155）認為還有一個基本的隱喻體系，即複雜系統隱喻（Complex System metaphor）。這個隱喻體系的目標域是人類認知經驗

中的複雜系統，包括〔社會〕（SOCIETY）、〔政治系統〕（POLITICAL SYSTEMS）、〔政府〕（GOVERNMENT）、〔世界觀〕（WORLDVIEW）、〔理論〕（THEORY）、〔經濟系統〕（ECONOMIC SYSTEMS）、〔社會機構〕（SOCIAL INSTITUTIONS）、〔人的事業〕（PERSONAL CAUSES）。用於理解這些複雜體系的始源域有四個，即〔機器〕（MACHINES）、〔建築〕（BUILDING）、〔植物〕（PLANTS）和〔人體〕（HUMAN BODY）。Kövecses 認為複雜系統隱喻是存在鏈隱喻的一部分，因為這些作為目標域的複雜系統都可歸屬擴展存在鏈中的「社會」層級，而且每個系統都涉及「人」；而複雜系統隱喻的始源域大多可歸屬存在鏈中的「植物」、「複雜物理製品」和「天然物體」層級。同時，複雜系統隱喻也涉及事件結構隱喻，因為這些複雜系統既可以被理解為「事物」，也可以被理解為「事件」，如〔複雜系統是建築物〕強調複雜系統是事物，而〔構建複雜系統是建造房屋〕則是將構建複雜系統理解為一個事件。

　　第五，概念隱喻不是任意的，而是以我們的身體、文化和社會經驗為基礎。概念隱喻理論的基礎是體驗哲學。如 Lakoff & Johnson（1980：194）所述，主觀主義和客觀主義只注重內在或外在的實施體驗，而忽視了內外互動性，即人類是通過身體與外部世界的互動來體驗和理解世界的，我們思維系統中的概念隱喻也是這種互動的結果。以 MORE IS UP（〔多是上〕）為例。語言中的隱喻表達，如 Prices go up（價格上升）、Microsoft's stock has fallen（微軟股票下跌）、Unemployment is rising（失業率正攀升）等，都體現了概念隱喻〔多是上〕，即我們用空間維度的〔上下〕來理解抽象的〔多少〕。Lakoff & Johnson（1980）認為這個概念隱喻的基礎是我們的如下日常經驗：將水倒入杯子，能看到水面不斷向上；將土堆積起來，土堆會越來越高。這些經歷在生活中無處不在，為〔多是上〕和〔少是下〕提供了經驗基礎。

　　在人類眾多的經驗中，空間經驗具有基礎性的地位，「空間的認知是我們思維的核心」（Levinson，2004：xvii），「人類對空間的認知通過空間隱喻構建認知系統的結構」（Lan，2003：53）。空間隱喻將空間概念域的意象圖式結構投射到非空間概念域之上，使我們能夠用空間表達非空間概念，如〔未來在前／過去在後〕、〔快樂向上／悲傷向下〕（ibid.：59）。空間隱喻的基礎是意象圖式，即在我們的日常體驗中反覆出現的簡單結構，如〔容器〕（CONTAINER）、〔路徑〕（PATH）、〔連接〕（LINK）、〔力〕（FORCE）、〔平衡〕（BALANCE）、〔上下〕（UP-DOWN）、〔前後〕（FRONT-BACK）、〔部分－整體〕（PART-WHOLE）和〔中心－

邊緣〕（CENTER-PERIPHERY）等（Lakoff，1987：267）。意象圖式的重要性在於為大量的隱喻映射提供具體的基礎（Evans & Green，2006：190），如前文提到的基本隱喻體系「事件結構隱喻」和「存在鏈隱喻」都包含很多意象圖式。

2.2.2　概念隱喻理論的發展、應用和批評

自提出以來，概念隱喻理論被廣泛地應用於分析多種領域和模態的隱喻現象。首先是語言模態。目前學界研究過的所有語言中都發現了概念隱喻的存在（Gibbs Jr.，2011：533），不但包括當代的語言，如現代漢語（Lan，2003）、俄語（Kövecses，2000）和土耳其語（Ozcaliskan，2003），還有古代的多種語言，如古代漢語（Singerland，2003）、埃及象形文字（Goldwasser，2005）和古希臘的文本（Wiseman，2007）。

Gibbs Jr.（2011：531～533）將概念隱喻在語言詞句層面存在的證據分為三類：（1）慣用表達，即日常語言中普遍使用的表達背後存在概念隱喻，如 2.2.1 中所列舉的關於愛情的表達；（2）新創表達，即某些個體語言使用者新創的隱喻表達一般不是創造新的概念隱喻，而是在已有概念隱喻中激發新的映射，如 My marriage was a roller-coaster ride from hell（我的婚姻就是一次坐過山車）不是一個慣用表達，但是仍然體現了〔愛情是旅程〕這個概念隱喻；（3）很多一詞多義現象從歷時的角度看都是源自概念隱喻，如 see 一詞除了「看見」還有「明白、理解」的意思，體現了〔看見是理解〕這一概念隱喻。

隨著概念隱喻理論的發展，越來越多的研究開始關注隱喻在篇章層面的功能（如 Cameron，2003；Chilton，1996；Musolff，2006；Semino，2008）。Kövecses（2010：285）注意到，這些研究的一個共識是隱喻的主要功能之一是構建篇章的連貫，包括文本內部的連貫（intratextual coherence）和文本之間的連貫（intertextual coherence）。文本內部的連貫是指一個文本的結構由一個概念隱喻構建，文本開頭引入該概念隱喻，之後圍繞這一概念隱喻的要素展開下文。文本之間的連貫是指同一個概念隱喻在不同的歷史時期出現在多個文本中，後出現的文本繼承已有的概念隱喻，激發更豐富的映射。除了書面語篇，研究者近年也開始關注口頭語篇中的隱喻，如 Cameron（2007、2008）分析了概念隱喻在會話中的發展模式，歸納了會話者應對隱喻的三種行為：（1）調用（redeployment），將同樣的始源域用於不同的目標域話題；（2）發展（development），在同樣的始源域和目標域之間構建新的映射；（3）棄用

（dropping），忽視某個表達的隱喻含義。

概念隱喻理論主要關注規約化的、靜態的始源域和目標域之間的映射，Turner & Fauconnier（2002）提出的概念整合理論（Conceptual Blending Theory）則開始更多關注語言使用過程中新的意義如何產生。概念隱喻理論中的始源域和目標域是相對穩定的知識結構，概念整合理論中的心理空間則是意義構建過程中臨時構建的表徵結構。如在「那個外科醫生是個屠夫」這句話中，原始心理空間是〔屠宰〕，即屠夫使用屠刀宰殺切割牲畜；目標心理空間是〔手術〕，即外科醫生使用手術刀做手術救人。二者之間雖存在矛盾，但由一個共同的類屬心理空間相連，即〔人使用工具完成任務〕。類屬空間促成原始空間和目標空間的整合，形成新的合成空間，合成空間在形成過程中產生新的結構和意義，即該外科醫生的技術和操作不合格。

Lakoff & Johnson（1980）提出概念隱喻理論時就注意到概念隱喻不僅體現在語言裏，還體現在其他模態裏。如上文提到的〔多是上〕既體現於「股價下跌或上升」等語言表達，又體現在股價波動的線形圖。再如〔時間是空間〕這一概念隱喻，既體現在人們用「前後長短」等空間詞彙談論時間的順序和延續，同時也體現在與時間相關的各種物品中，如鐘錶、日晷、沙漏和時間線等（Fuhrman et al.，2011：1306）。

Forceville & Urios-Aparisi（2009）進一步將隱喻分為單模態隱喻和多模態隱喻，前者的始源域和目標域是同一種模態，後者的始源域和目標域是不同模態。一個模態就是一種符號系統，對應人類的一種感知過程。Forceville & Urios-Aparisi 區分了九種模態：圖像、書寫符號、口語符號、手勢、聲音、音樂、氣味、味道和觸覺，研究發現概念隱喻可以體現在任何一種模態中，如圖畫（Bounegru & Forceville，2011；Forceville，2008；藍純、劉娟，2014）、視頻（Forceville，2007；藍純、蔡穎，2013）、手勢（Cienki & Muller，2008；李恒、吳玲，2013）等，而且多模態隱喻和單模態語言隱喻並無本質差別，都是思維中的概念隱喻的體現，只是表現形式不同而已。

隨著概念隱喻理論的發展，近年有些研究開始嘗試使用認知心理學的實驗方法來驗證概念隱喻。這些實驗研究關注較多的一個概念是〔時間〕，特別是〔時間是空間〕這一概念隱喻。如語言研究（cf. Yu，2008、2012）發現英語和漢語都使用水平維度（〔前後〕）的空間隱喻來表達時間，但是漢語同時也使用垂直維度（〔上下〕），甚至更傾向於使用垂直維度。研究者（如 Bender et al.，

2012；Boroditsky，2001；Fuhrman et al.，2011；Núñez et al.，2006；楊文星、文秋芳，2014）使用多種實驗驗證英語和漢語母語者對時間的思維，如先觀看空間圖像作為刺激再回答關於時間早晚順序的問題，分析五個用上下維度描述時間順序的句子並判斷對錯，對描繪時間關係的圖片按照從早到晚的順序排列。

在其不斷發展並被廣泛應用的同時，概念隱喻理論也受到了諸多挑戰和質疑。王馥芳（2014：254～263）總結了學界對概念隱喻理論的五個挑戰：第一，其基本研究模式，即「指認－推理」模式，主要基於直覺，有較強的主觀性；第二，根據 Haser（2005）對概念隱喻理論的解構性批判，該理論缺乏內部體系性，術語界定不清；第三，Moore（2006）基於對時間隱喻的分析認為概念隱喻理論中的跨概念域映射具有局限性，不能充分解釋時間隱喻；第四，隱喻機制的普遍性假設也受到挑戰，隱喻的普遍程度可能沒有想像的高；第五，概念隱喻理論的合法性也受到了挑戰，如 Glucksberg（2001）認為隱喻的機制是抽象（abstraction）而非跨域映射。此外，王馥芳（2014：277）還指出，概念隱喻理論的心理學證據不足，對世界經驗的理解有過度簡化的問題。鑒於上述挑戰和質疑，本文在概念隱喻理論框架下對基督教和佛教文本中隱喻現象的闡釋也不可避免地具有一定程度的主觀性，需要心理學證據的驗證。儘管如此，我們不能否認概念隱喻理論仍然是分析和闡釋隱喻認知的有效工具（同上：246），本文將其用於分析宗教文本，也是為了收集多樣證據幫助「進一步夯實認知隱喻學的理論基礎」（同上：263）。

2.2.3 隱喻與文化：普遍性和多樣性

提出概念隱喻理論時，Lakoff & Johnson（1980）就注意到概念隱喻在不同語言和文化間的普遍性和多樣性。人類共同的身體經驗為共同的概念隱喻提供了基礎，但是概念隱喻同時受文化體驗的影響，因此會出現文化內部和文化之間的差異和多樣性。一方面，跨語言和文化的隱喻研究發現很多概念隱喻在多個不同文化中是共享的。例如，英語、漢語和匈牙利語隸屬三種不同的語言類型，代表了三種差異很大的文化，但是這三種語言／文化中關於〔快樂〕（HAPPINESS）的概念隱喻卻極為相似，都可以概括為〔快樂是向上〕（HAPPINESS IS UP）、〔快樂是光〕（HAPPINESS IS LIGHT）和〔快樂是容器中的液體〕（HAPPINESS IS A FLUID IN A CONTAINER）（Kövecses，2010：196～197）。

　　另一方面，概念隱喻也體現出明顯的文化多樣性，主要體現為兩種形式（Kövecses，2010：215～217）：（1）概念隱喻的範圍（range），即同一種目標域在不同文化中可能對應不同的始源域。例如，除了與英語共享概念隱喻〔憤怒是向上〕和〔憤怒是熱〕之外，日語還有特有的概念隱喻〔憤怒在肚子中〕，祖魯語則有特有的概念隱喻〔憤怒在心中〕；（2）概念隱喻的細化（elaboration），即不同文化擁有同一個概念隱喻，但是對該概念隱喻的細化是不同的。如英語和匈牙利語都有概念隱喻〔身體是情緒的容器〕和〔憤怒是火〕，但是匈牙利語主要描述頭腦這個容器，而英語更多描述身軀這個容器，而且匈牙利語強調憤怒對頭腦的影響，英語則較少描述這種影響。

　　既有的跨文化和跨語言的概念隱喻研究數量較多，涉及多種語言文化，關注多個概念，我們將其大致概括為三種範式。第一種範式以某個始源域概念為出發點，考察其在不同語言文化中的隱喻含義，如〔空間〕（Lan，2003）、〔視覺〕（Yu，2004）、〔眼〕（孫紅娟、趙宏勃，2007；覃修桂，2008）。第二種範式以某個目標域概念為出發點，考察其在不同語言文化中借助哪些始源域概念進行理解。這一範式關注較多的是各種〔情感〕，如〔憤怒〕（Kövecses，2000；Yu，1998）、〔喜悅〕（Kövecses，2000；Yu，1998；曲占祥，2008）、〔恐懼〕（Maalej，2007）等。第三個範式考察同一個概念隱喻在不同語言文化中的細化，這一個範式關注較多的是〔時間是空間〕，如 Bender et al.（2012）對英語、漢語、德語的比較，Plungian & Rakhilina（2013）對俄語和英語的比較，以及Radden（2011）對英語、南美洲多種語言和亞洲多種語言的比較。

　　作為東西方文化的重要組成部分，佛教和基督教對一些基本概念的理解既可能存在本質的相似，又可能存在較大的差異，比如二者的宇宙觀（Bowker，1990）、時間觀（傅新毅，2003；汪天文，2004）、靈魂觀（Mitchell，1991）和道德觀（Cohen，2015）等。據我們掌握的文獻，既有的概念隱喻視角的研究主要集中在基督教的《聖經》，近年雖有少數研究開始關注佛教經典，但從概念隱喻視角對這兩個宗教的對比研究甚是稀缺。也因此，本研究將嘗試從概念隱喻的角度對比基督教和佛教中的一些基本概念以及圍繞這些概念的比喻表達。這兩種宗教分別是東西方文化的重要組成部分：佛教學說對中國文化有不可磨滅的影響（趙樸初，2012：229），而「西方文化就是基督教文化，基督教的淵源就是西方文化的淵源」（陳欽莊等，2008：18）。通過對比佛教和基督教經典中的概念隱喻，本文希望構建這兩種宗教背後的隱喻世界，探索這兩種宗

教對〔時間〕、〔空間〕、〔人生〕等基礎概念的理解上存在的相似和差異，並進一步探討隱喻與文化的關係，拓展並完善概念隱喻理論的應用。

2.2.4　存在鏈隱喻與存在鏈

2.2.1 節提到，「存在鏈隱喻」和「事件結構隱喻」一起構成兩個主要的隱喻體系（Kövecses，2010）。本文分析的〔生命〕、〔上帝〕和〔佛陀〕等概念與存在鏈隱喻關係密切，對理解存在鏈隱喻及背後的存在鏈理論也有一定的啟示，因此這裡單闢一節，首先回顧存在鏈理論的發展過程，然後總結存在鏈隱喻理論的主要觀點和不足。

「存在鏈」概念由 Lovejoy（1936）首次提出，他將其定義為「西方思想體系中六個影響最大、持續最久的預設之一」（vii），並第一次全面追溯了存在鏈概念從古希臘時代、基督教興起、中世紀、文藝復興直至啟蒙時代的發展過程。無論在歷史上以何種形式出現，存在鏈作為一種文化模型的核心內容皆是將世界上的存在形式理解為按照上下維度排列的層級系統（Dubois，1991：5）。

據 Lovejoy（1936）所述，存在鏈的概念最早起源於古希臘的柏拉圖和亞里士多德，他們提出了自然階梯（scala naturae）的概念，認為世界上的存在按照等級像階梯一樣垂直排列，自上而下包括人、動物、植物和無生命物體（Drogosz，2012）。這說明存在鏈最初只覆蓋自然界中的實體，以人為頂端，無生命物體為底端。後來由於基督教的影響，存在鏈在道德和精神層面上逐漸擴展，從人開始向上擴展到聖人、天使和上帝，向下則擴展到了魔鬼和撒旦（Brandt & Reyna，2011）。18 世紀的瑞典哲學家查爾斯·博內特（Charles Bonnet）認為世界上所有的存在形式都以一種靜態的層級結構排列，構成一個鏈條（chain），鏈條之下是虛無（nothing），鏈條之上是創造鏈條的上帝（Anderson，1976：46）。隨著近代進化論和生物學的發展，階梯（scala）後來被理解為由生命體逐漸遞進構成的連續體（continuum），最下端是最簡單的單細胞動物，最頂端則是人；形式上最簡單的在時間上最古老，被認為處於最底端；形式上最複雜的在時間上最年輕，被認為處於最頂端（Drogosz，2012：122～127）。

Lovejoy（1936）認為以上所述的自然階梯、存在鏈條和連續體等概念都是「存在鏈」概念的不同表現形式，對存在形式之間關係的理解表現出相似的特徵。第一，儘管存在鏈具體包含的層級有差異，但有一個特徵是保持不變的，

即不同層級之間的上下層級關係。Lovejoy（1936）將其歸納為單一線性分級原則（Principle of Unilinear Gradation），即所有存在形式按照一個單一的上下維度排列。第二，不同存在形式的層級位置由其屬性決定，下級擁有的屬性也為上級所擁有，因此沿著存在鏈越往下屬性越少，越往上屬性越多（Lakoff & Turner，1989；Lovejoy，1936）。例如，位於存在鏈最底端的無生命物體只有存在形式，沒有生命；緊鄰其上的植物既有存在形式，也有生命；動物除了擁有植物的存在形式和生命，還擁有本能這一特徵。第三，各級存在形式之間的關係是支配與被支配的關係，上級存在形式可以支配所有下級存在形式。

近年來，存在鏈概念受到了越來越多的質疑和挑戰。首先，存在鏈概念用上下層級理解不同的存在形式，體現了一種先天的不平等觀。在古希臘，自然階梯被用來證明公民控制奴隸、男性控制女性的合理性（Dubois，1991），中世紀用存在鏈條來劃分社會階層（Clair，1999），二戰期間納粹使用存在鏈條劃分人種（Rash，2005），現代則使用上下層級和控制支配關係解釋族群歧視和壓迫（Musolff，2007）。第二，存在鏈概念只使用上下維度，不能全面解釋不同存在形式之間的複雜關係。因此，Sui（2004）提出用網絡隱喻代替鏈條隱喻來理解存在形式之間的關係，Olds（1992）指出原子理論說明不同存在形式之間不是單向的控制與被控制的關係，而是互相依存的關係。Ruether（1993：85～89）則認為應質疑西方神學理論中關於存在鏈的概念，認識到不同生命之間的相互依存性。但是，我們目前尚未看到對佛教文化背景下存在模型的討論，我們對《法華經》中〔生命〕和〔佛陀〕等概念的隱喻分析便是這個方向上的一點探索。

Lakoff & Turner（1989）首次將存在鏈理論引入認知語言學的隱喻研究，提出了存在鏈隱喻（Great Chain of Being metaphor），即用存在鏈上的一個層級去理解另一個層級。Krzeszowski（1997）將 Lakoff & Turner 提出的基礎存在鏈與擴展存在鏈合併簡化為五個層級：上帝／神、人、動物、植物、無生命物體，認為在五個層級之間進行雙向映射可以產生二十種存在鏈隱喻。Kövecses（2010）進一步將「擴展存在鏈」中的「社會」層級改為「抽象的複雜系統」，提出了「複雜系統隱喻」。對此前文 2.2.1 節已有介紹，這裡不再贅述。

自提出以來，存在鏈隱喻理論被用於分析不同存在形式之間的映射構成的隱喻，如〔人是動物〕（Goatly，2006）、〔人是植物〕（Filipczuk-Rosińska，

2016）、〔植物是動物〕（陳晦，2016）、〔企業是人〕（Sun & Jiang，2014）和〔國家是機器〕（Fabregat，2015）。研究發現，存在鏈隱喻既存在於不同的文體，如成語（Honeck & Temple，1994）、政治語篇（Musolff，2004）、經濟語篇（López & Llopis，2010）、漫畫（Lan & Zuo，2016）和電視廣告等多模態語篇（藍純、蔡穎，2013）；也存在於除英語之外多種語言和文化中，如漢語（項成東、王茂，2009）、西班牙語（Rodríguez，2007、2009）、波斯語（Talebinejad & Dastjerdi，2005）和馬來語（Muhammad & Rashid，2014）。

　　但是在關於存在鏈隱喻的眾多研究中，我們發現了一些隱藏的問題。首先，存在鏈隱喻研究對不同存在形式的覆蓋不均衡，似乎主要集中於〔人〕、〔動物〕、〔植物〕等存在形式，對〔上帝／神〕的關注相對較少。本文對《聖經》和《法華經》中〔世界〕、〔生命〕和〔上帝〕／〔佛陀〕隱喻的分析或可覆蓋更多存在形式，並探索不同存在形式之間映射的關係。其次，學界多強調存在鏈隱喻在不同語言和文化中具有普遍性，而較少討論存在鏈隱喻的文化差異，甚至同時也默認存在鏈概念本身的普遍性（如 Kövecses，2010；Lakoff & Turner，1989）。但是，如前文所述，「存在鏈」是受西方文化特別是基督教影響的一種文化模型，若存在鏈概念不是普遍的，那麼存在鏈隱喻是否是普遍的以及存在鏈隱喻在不同文化間的差異都是值得進一步探究的課題。

第三章　文獻綜述

　　概念隱喻理論在提出之後逐漸被用於研究多種宗教文本中的隱喻現象。
這些研究主要集中在基督教和猶太教的《聖經》〔註1〕，近年來也有一些研究
開始關注佛教、伊斯蘭教和道教等宗教的經典。本章首先綜述與本書的研究直
接相關的文獻，即以概念隱喻理論為框架對《聖經》和佛教經典的研究。考慮
到佛經的概念隱喻研究較少，為了更全面地呈現佛經中的隱喻現象，本章也將
有選擇地介紹從傳統語言學視角對佛經隱喻的研究。之後，本章還將略述對伊
斯蘭教、道教和印度教經典的概念隱喻研究，以及少數對比基督教和佛教概念
隱喻的研究。

3.1 《聖經》的概念隱喻研究

　　隱喻一直是《聖經》研究中一個重要的議題。高深（2006）指出《聖經》
中不但充滿了傳統修辭學意義上的明喻（simile）和暗喻（metaphor）表達，還
有大量具有象徵意義的意象（image）和比喻性的故事（parable）。Frye（1983）
甚至認為整部《聖經》的語言都不能從字面意義理解，而應該用比喻或象徵的
方式闡釋，因為整部《聖經》都是用比喻或象徵的語言來敘述的，其中的比喻、
象徵和寓言形成了一個豐富而完整的系統，如同一套密碼。

〔註1〕 基督教《聖經》的前半部稱《舊約》，後半部稱《新約》，其中《舊約》即是猶
　　　　太教的《聖經》（梁工，2015：670），因此本章把對猶太教《聖經》中概念隱
　　　　喻的研究也納入文獻綜述。因為《舊約》最初以希伯來文寫成，所以也稱《希
　　　　伯來聖經》（the Hebrew Bible）（同上：853）。

學界對《聖經》語篇的隱喻研究有多種視角，如神學（Perdue，1991）、文學（Crain，2010：43～64；Frye，1983）、修辭學（Weiss，2006）、女權主義（Soskice，2007）等。概念隱喻理論視角相對較新，但是「對於理解宗教領域的隱喻有重要價值」（Jäkel，2003：55）。近年來，西方學界以概念隱喻理論為框架對《聖經》中的隱喻進行了廣泛而系統的研究，我們大致將其概括為兩種範式，分別關注始源域和目標域。

3.1.1　範式 1：關注始源域

第一種範式的研究考察各種始源域在《聖經》中的使用，或者重點關注某個始源域概念在《聖經》中的宗教意義。Charteris-Black（2004）是這種範式的代表。他使用語料庫的方法對《聖經》中的常見隱喻進行了全面的研究，對這些隱喻的始源域進行分類，並在始源域分布上對《舊約》和《新約》進行對比。他從《舊約》中挑選了《約伯記》和《詩篇》的前 100 篇，從《新約》中挑選了《馬太福音》和《約翰福音》作為樣本，共識別出 696 處比喻表達，分屬 14 個主要的始源域：〔動物〕（ANIMALS）、〔衝突〕（CONFLICT）、〔植物〕（PLANTS）、〔光〕（LIGHT）、〔建築物〕（BUILDING / SHELTER）、〔飲食〕（FOOD & DRINK）、〔身體〕（BODY）、〔旅程〕（JOURNEYS）、〔天氣〕（WEATHER）、〔捕魚狩獵〕（FISHING & HUNTING）、〔火〕（FIRE）、〔錢財〕（TREASURE / MONEY）、〔髒和淨〕（DIRT & CLEANLINESS）以及〔衣物〕（CLOTHES）。Charteris-Black 發現，各個始源域在《舊約》樣本和《新約》樣本中的分布不均勻，〔動物〕、〔光〕、〔植物〕和〔飲食〕這四個始源域在《舊約》和《新約》中都很活躍，〔房屋〕、〔身體〕、〔旅程〕和〔漁獵〕在《舊約》中比在《新約》中活躍，而〔衝突〕、〔火〕、〔天氣〕只出現於《舊約》。

Klingbeil（2006）調查了《以弗所書》中的始源域以及各個始源域的比喻表達出現的頻次。Klingbeil 認為，《聖經》作者使用哪些始源域來理解和闡述宗教主題是受當時的生活環境影響的，因此為了更好地理解經文需要瞭解哪些始源域使用得更加頻繁。以《以弗所書》為例，Klingbeil 發現出現最頻繁的是〔身體〕、〔空間方位〕、〔家庭〕、〔液體〕、〔法律事務〕、〔建築〕和〔光〕。

這一範式內的多數研究重點關注某個始源域，涉及的概念可分為如下幾類：（1）空間，如〔上下〕等（Eidevall，2005）；（2）動植物，如〔果實〕（France，2013）和〔動物〕（Foreman，2011）；（3）行業，如〔園藝〕（Jindo，2010）、

〔牧羊〕（van Hecke，2005）和〔手工藝〕（Morrison，2017）；（4）家庭關係，如〔待客〕（Stallman，1999）和〔婚姻〕（Bisschops，2003）；（5）其他，如〔身體部位〕（Szlos，2005）和〔旅行〕（Basson，2011；Jäkel，2002、2003）。這類研究旨在從分析某個始源域入手來理解《聖經》的主題。

Eidevall（2005）簡要歸納了《舊約》中的主要空間隱喻（spatial metaphor），包括：（1）縱向，〔上〕表示〔生命〕和〔希望〕，〔下〕表示〔死亡〕和〔絕望〕；（2）橫向，主要是〔生命是旅程〕，如有引導的行走代表安全，無引導的行走代表危險；（3）距離，〔近〕表示〔親密〕，〔遠〕表示〔遺棄〕；（4）寬窄，〔寬闊〕表示〔健康〕或〔自由〕，〔狹窄〕表示〔苦痛〕或〔壓迫〕。在此基礎上，Eidevall 分析了《哀歌》第三篇詩文第 1～9 節（Lamentation 3.1～9）中的空間隱喻，發現這篇詩文主要使用〔旅程〕和〔狹窄〕來描述人所面臨的困惑和痛苦。

France（2013）重點關注了〔果實〕（FRUIT）這一始源域在《聖經》中的隱喻義。他指出與〔果實〕相關的表達在《聖經》中頻繁出現是與當時的農業生活背景有關的。通過搜索和分析《聖經》中含有 fruit 一詞的比喻表達，France 發現〔果實〕被用來理解上帝和人以及上帝和以色列的關係等多個宗教主題。例如，在《創世紀》中，好的水果代表上帝對人的眷顧，禁果代表上帝對人的規範；在《以賽亞書》中，以色列被理解為一個果園，上帝是主人，委託以色列人來種植這個果園；在《新約》中，基督則被理解為果樹，門徒是他的樹枝。

Foreman（2011）重點關注《舊約・耶利米書》中的〔動物〕隱喻，考察了各種動物形象在該卷經書中的隱喻意義。Foreman 共發現三組隱喻：（1）第一組是「牧羊隱喻」（pastoral metaphor），即用牧羊人和羊群之間的關係理解上帝和以色列人之間的關係；（2）第二組是「哺乳動物隱喻」（mammal metaphor），主要包括馬、駱駝、獅子和豹子等，Foreman 發現這些動物在《耶利米書》中一般都是負面形象，如馬喻指貪婪的人，有花紋的豹子喻指惡習難改的人；（3）第三組是「鳥類隱喻」（bird metaphor），如用遷徙的鳥喻指流亡的以色列，用獵人追捕鳥喻指外邦人對以色列的迫害。

Jindo（2010）分析了《舊約・耶利米書》中的〔園藝〕（HORTICULTURE）隱喻。Jindo 指出〔園藝〕是《舊約》中的一個根本始源域概念，尤其「皇家花園」（Royal Garden）的形象被用來理解多個基督教概念，如上帝創造的世界、伊甸園、上帝聖殿、應許之地都被理解為皇家花園，國王即是上帝。在《耶

利米書》中，〔園藝〕也用來描述以色列民族和上帝的關係及以色列民族的歷
史，具體可概括為〔以色列是上帝的花園〕：以色列是葡萄園，上帝是主人，
以色列人是園中的樹木，公平正義是結出的好果子，怨恨抗議是結出的壞果
子，以色列的敵人則被描述為修剪工人、撿麥穗的人、蝗蟲一樣的人或者讓羊
群踐踏果園的牧羊人。

　　van Hecke（2005）指出放牧隱喻（pastoral metaphor），即將上帝喻為牧羊
人，是最廣為人知也最受研究者關注的聖經隱喻之一，但是以往研究基本局限
在上帝被描述為牧羊人的經文上。van Hecke 指出既然隱喻是人的一種思維方
式，那麼分析放牧隱喻就是分析人們如何借助關於動物飼養的知識理解上帝
和人之間的關係，因此就應該考察與〔放牧〕（PASTORALISM）這一概念域相關
的所有比喻性表達，而不僅僅局限於上帝被描述為牧羊人的經文。van Hecke
發現，《聖經》運用〔放牧〕這一始源域的多種要素和特徵來理解上帝與人的
關係，比如：上帝不僅扮演牧羊人的角色，在人犯下重罪時，上帝還會扮演「反
牧羊人」（anti-shepherd）的角色，像野獸追趕羊群一樣驅逐人群，甚至像獵人
殺戮羊群一樣讓人毀滅；《聖經》還用〔放牧〕來理解上帝和君主之間的關係，
即上帝授予君主管理人民的任務和權力，就像牧羊人委託他人來放牧羊群。

　　Stallman（1999）將〔上帝是主人〕（GOD IS HOST）這一概念隱喻中的始源
域〔待客〕（HOSPITALITY）進行了擴展，用來重新解讀「摩西五經」（《創世紀》、
《出埃及記》、《利未記》、《民數記》和《申命記》）。Stallman 指出〔待客〕這
個概念中的很多要素都可以在「摩西五經」中找到對應的內容，如主人、客人、
飯食：在《創世紀》中，上帝被理解為伊甸園的主人，亞當和夏娃則是客人，
上帝為他們提供飯食，但是禁果是不可食用的，亞當和夏娃因為偷食禁果被趕
出了伊甸園；從《出埃及記》到《申命記》則用主人和客人的關係來理解上帝
和以色列民族之間的關係，上帝對以色列人的護佑被理解為在曠野中為以色
列人提供飲食，並且為他們許諾了一個流著奶和蜜的居所。

　　Bisschops（2003）分析了《舊約·以西結書》中與〔婚姻〕（MARRIAGE）
有關的隱喻。Bisschops 發現，《聖經》中常把上帝喻為以色列人的新郎或丈夫。
Bisschops 認為這體現了〔上帝和人的關係是婚姻關係〕這一概念隱喻，並在
《以西結書》中發現了大量反映這個概念隱喻的表達：如將上帝和人盟約比作
婚禮，將上帝比作新郎或丈夫，將以色列人比作新娘或妻子，妻子要對丈夫忠
誠，因此人崇拜偶像（idol worship）被比作妻子與其他男子發生關係；《以西

結書》中甚至將異教徒稱為妓女。

　　Jäkel（2003）從《舊約》中挑選了一些與〔旅程〕（JOURNEY）概念有關的比喻表達，並分析了這些表達背後的概念隱喻。Jäkel 發現，在《舊約》的宗教語境下，〔人生是旅程〕（LIFE IS A JOURNEY）這個概念隱喻在始源域〔旅程〕和目標域〔人生〕之間形成豐富的映射。Jäkel 將這些映射分為三組。第一組區分了道德的、善的人生和不道德的、惡的人生，包括：（1）〔道德的人生是走上帝的道路〕（LEADING A MORAL LIFE IS MAKING A JOURNEY ON GOD'S WAY）；（2）〔不道德的人生是偏離上帝的道路〕（SINNING IS DEVIATING / SWERVING FROM GOD'S WAY）；（3）〔不道德的人生是行惡道〕（LEADING AN IMMORAL LIFE IS WALKING EVIL WAYS）；（4）〔上帝的戒律是道路〕（GOD'S COMMANDMENTS ARE THE PATH）。在第二組映射中，Jäkel 集中分析了〔旅程〕概念中的〔路徑〕（PATH）要素。Jäkel 收集的比喻表達非常形象地描繪了兩條迥異的路徑，即上帝指引的善之路和偏離上帝指引的惡之路。上帝的道路是「筆直的」、「向上的」、「平坦的」、并「以終極生命為終點的」，而偏離上帝的惡之路是「彎曲的」、「又黑又滑的」、「布滿障礙的」、并「以死亡為終點的」。在這兩條截然不同的道路上，〔旅人〕（TRAVELER）也表現出不同的特點：走在上帝之道上的正義之人「留意自己的路」、「堅持自己的路」、「行直路」、「憎恨錯誤的路」，而走在惡之道上的邪惡之人「踐踏舊路」、「不懂上帝之路」、「拒絕瞭解上帝之路」、「為正義之人設置陷阱」。在第三組映射中，Jäkel 重點分析了〔旅程〕隱喻中上帝的角色，將其分為兩種。針對行上帝之道的虔誠之人，上帝扮演如下角色：「守望」、「教導」、「指引」、「引領」、「守衛」；針對行惡道之人，上帝扮演阻礙其旅程的角色，不過有關後者 Jäkel 收集到的比喻表達較少。

　　Morrison（2017）重點分析了在《舊約·申命記——以賽亞書》中始源域〔手工藝〕（CRAFTSMANSHIP）的意義。Morrison 發現《舊約》經常使用〔手工藝〕相關的表達來理解〔上帝創世〕的過程：〔上帝〕被描述為〔石匠〕、〔鐵匠〕和〔陶匠〕等工匠角色，〔世界〕被描述為上帝制作的〔作品〕。Morrison 認為，這與《舊約》產生時以色列地區處於鐵器時代有關係。在這種社會環境下，《舊約》寫作者與生活中工匠的接觸經歷影響了他們對上帝的理解和描述。

3.1.2　範式 2：關注目標域

　　第二個範式的研究主要關注某個宗教主題，分析其作為目標域在聖經文

本中如何通過隱喻得以認知，如〔原罪〕（Lam，2012）、〔邪惡〕（Warren，2011）、〔悲傷〕（King，2010、2012）、〔道德〕（Howe，2003）和〔女人〕（Szlos，2001）。不過研究者關注最多的目標域是〔上帝〕，其對應的始源域十分豐富，包括：〔國王〕（Moore，2009）、〔父親〕（Dille，2004；Harrison，2007）、〔牧羊人〕（van Hecke，2003、2005）和〔主人〕（Stallman，1999）等。

　　Lam（2012）重點考察了《希伯來聖經》如何理解〔原罪〕（SIN）這個核心概念。通過分析《聖經》中與這個概念相關的比喻表達，Lam 發現了四個主要的始源域：（1）〔物體〕，如將原罪理解為罪人背負的重擔；（2）〔債務〕，即將原罪理解為罪人應償還的債務；（3）〔道路〕，即將原罪理解為錯誤的道路或方向；（4）〔污點〕，如將原罪理解為不潔之物。Lam 指出《聖經》中關於〔原罪〕的隱喻總體而言塑造了罪人被動的形象，即無法自行補救，因此需要祈求上帝的仁慈。

　　Warren（2011）關注的是基督教神學中的另一個重要概念〔邪惡〕（EVIL）。Warren 指出傳統上基督教神學都是用「戰爭模式」（warfare model）來理解〔邪惡〕，善和惡的對抗被理解為兩方之間的戰爭。通過分析《聖經》中的隱喻表達，Warren 構建了另外三種模式來理解〔邪惡〕：（1）〔邪惡是入侵勢力〕：上帝的國度被理解為容器，邪惡則是對這個容器邊界的入侵，因此需要限制約束；（2）〔邪惡是髒污〕：上帝的國度是清淨的，邪惡則是混沌、骯髒的，因此需要清洗；（3）〔邪惡是疾病〕：邪惡被理解為病毒或寄生蟲，使人毀滅，因此需要治療。Warren 認為，這三個概念隱喻可以幫助人們從更多的視角來理解〔邪惡〕，也使上帝和基督可以更多的角色參與到與〔邪惡〕的對抗中。

　　King（2010、2012）考察了《希伯來聖經》如何借助隱喻來理解和描述〔悲傷／苦痛〕（DISTRESS），並發現了五個主要的始源域：（1）〔上下〕（VERTICALITY），如歡樂是上升至天堂，悲傷是下降至地獄；（2）〔約束〕（CONSTRAINT），即感受到悲傷的人是被外部物體束縛的人或物，這些外部束縛物包括牆、網、陷阱、大坑、深谷等；（3）〔力量〕（FORCE），即悲傷被理解為外部力量對人的影響，如風雨、野獸、熱、重量等；（4）〔視覺〕（VISION），即悲傷被理解為處於黑暗中的感受；（5）〔味道〕（TASTE），如用苦（bitter）等味覺來理解情緒上的悲傷。

　　Howe（2003）關注的是《希伯來聖經》如何理解和描述〔道德〕（MORALITY），因為「善」（righteous）和「惡」（evil）是《聖經》中頻繁出現的重要概念。Howe

以《彼得前書》為例，分析了其中與善和惡有關的比喻表達，發現《聖經》主要使用兩個始源域來理解〔道德〕：（1）〔債務〕（FINANCIAL ACCOUNTING），即惡人是負債的，善人是債務自由的，惡人遭受懲罰是償還債務等等；（2）〔上下〕（UP-DOWN），即惡人位於低處，善人位於高處。

Szlos（2001）重點分析了《舊約・箴言》第 31 篇中關於女性的一首詩，發現這首詩主要使用三組概念隱喻來理解和描述賢良的女性：（1）商業隱喻，如〔女性是商品〕和〔女性是商人〕，前者強調女性的價值，後者強調女性的技能；（2）戰爭隱喻，如〔女性是戰士〕，強調女性的力量；（3）家庭隱喻，如〔女性是織工〕和〔女性是管家〕，強調女性的社會功能。

在眾多的宗教概念中，最受關注的是〔上帝〕。Descamp & Sweetser（2005）對《聖經》中用來理解和描述〔上帝〕的始源域進行了全面的調查和歸納，歸納出 44 個始源域，並總結了這些始源域體現的上帝的六個核心特徵：（1）保護和養護，體現這一特徵的始源域有〔父親〕、〔丈夫〕、〔岩石〕、〔園丁〕、〔女人〕等；（2）與人的不對稱關係，體現這一特徵的始源域有〔教師〕、〔醫生〕、〔立法者〕、〔鷹〕等；（3）控制人的身體，體現這一特徵的始源域有〔紡織工〕、〔製陶工〕、〔牧羊人〕、〔葡萄園主人〕等；（4）改變人的狀態，體現這一特徵的始源域有〔創造者〕、〔火〕、〔野獸〕；（5）權威，體現這一特徵的始源域有〔主人〕、〔法官〕、〔復仇者〕、〔國王〕等；（6）懲罰，體現這一特徵的始源域有〔火〕、〔法官〕、〔國王〕等。

Dille（2004）也是圍繞〔上帝〕這個目標域概念考察與其有關的多個始源域之間的關係。Dille 主要分析了《舊約》中的《申命記》和《以賽亞書》，發現這兩卷經書主要使用〔父親〕、〔丈夫〕、〔母親〕、〔藝術家〕這些始源域來描述和理解〔上帝〕。Dille 強調對關於上帝的隱喻性語言的研究不能局限於對單個始源域的總結，而是應該關注不同始源域之間的關係；表象不一致的語言表達可能存在思維上的一致，比如《以賽亞書》中產婦和戰士的形象都體現了上帝拯救人脫離死亡並帶來新生的特徵，而父親和母親的形象和藝術家的形象綜合起來強化了上帝作為人類創造者的角色。

Basson（2005、2006）關注〔上帝〕這個目標域概念體現在《詩篇》中的隱喻。Basson（2006）集中分析了《詩篇》中的八篇哀歌（Psalms of lamentation），即《詩篇》中的第 7、17、31、35、44、59、74 和 80 篇詩文，因為他認為哀歌體現了人在危險絕望之時對上帝的祈禱和描述，更能體現上

帝的形象。以第 31 篇詩文為例，Basson（2005）認為，詩文中的「岩石」（rock）、「城堡」（fortress）、「堡壘」（bulwark）、「盾牌」（shield）和「藏身處」（hiding place）都體現了〔上帝是庇護所〕（GOD IS A REFUGE）這一概念隱喻，都是用可以為人提供庇護的處所來理解上帝保護人的這個特徵。

Cousins（2008）和 Wong（2010）同樣關注了《詩篇》中〔上帝是庇護所〕（GOD IS A REFUGE）這個概念隱喻，並發現了更多體現這一概念隱喻的語言表達。除了 Basson（2005）總結的表達，Cousins 認為在《詩篇》中上帝的翅膀也是其庇護特徵的體現，而且上帝作為庇護所的形象是與其他形象相關聯的，如上帝作為國王和戰士都體現了上帝保護以色列人的特徵。Wong 則逐句分析了《詩篇》的第 91 篇，發現這篇詩文通過對比一座圍城和上帝來體現上帝是人的庇護所：人若在圍城中尋求庇護必不長久，因為圍城抵擋不住敵軍、瘟疫等危險，唯一永恆的庇護所只有上帝，上帝可以抵抗一切危險。

3.1.3　其他範式

當然，也有少數使用概念隱喻理論分析《聖經》的研究無法歸入上述兩種範式，如分析隱喻在《聖經》中的篇章功能，用實驗方法驗證宗教體驗中的隱喻思維，或者從歷時角度追蹤概念隱喻在不同時代宗教文本中的變化等。

Wilcox（2011）以《新約‧馬太福音》第 20 章中的一個耶穌比喻故事（parable）為例分析了聖經篇章比喻的生成功能（generative function）。這個故事被稱為「葡萄園雇工」，即用雇主和雇工之間的關係來理解上帝和信眾之間的關係：葡萄園主人雇傭工人來照管葡萄園，正如上帝需要信眾管理他的王國。Wilcox 認為這個故事的結尾是矛盾的，因為無論工人工作時間是長是短，雇主給他們的報酬是一樣的，而這不符合一般的經濟交換原則。Wilcox 認為，這種矛盾的結尾為人們提供了重新解讀的可能，因為既然隱喻是思維的工具，就應該有生成功能，即人們可以在某個概念隱喻的基礎上構建更多映射，創造更多語言表達。Wilcox 認為中古英語詩歌《珍珠》（Pearl）就是對《馬太福音》中〔天國是葡萄園雇工〕這一概念隱喻的擴展。詩人首先復述了葡萄園雇工的故事，然後解釋為何所有工人得到一樣的報酬：雇主給工人的報酬喻指上帝對人的仁慈，上帝的仁慈足以拯救每個人，正如雇主的報酬足以讓他們過上無憂無慮的生活；詩人又將上帝的仁慈喻為滔滔不絕的溪水，溪水足夠多，每個人都有同樣的機會取水飲用。此外，詩人還擴展或改編了《聖經》中的其他隱喻，

如〔天國是珍珠〕和〔人是羔羊〕，來解釋上帝對人的仁慈和拯救。

Wang（2008）將《新約》中的比喻故事視為大隱喻（megametaphor），認為比喻故事是帶有屬天意義的屬地故事，即用俗世來理解天國。一個比喻故事往往是基於一個或多個概念隱喻，或是對概念隱喻的擴展。從這一視角出發，Wang 分析了《新約》中的五則比喻故事：丟失的兒子（The Lost Son）、好撒瑪利亞人（The Good Samaritan）、十童女（Ten Virgins）、塔蘭特（Talents）、芥菜種（Mustard Seed），並總結了故事中體現的概念隱喻：

（1）丟失的兒子：〔上帝是父親〕（GOD IS FATHER）

（2）好撒瑪利亞人：〔宗教性的人生是旅程〕（RELIGIOUS LIFE IS A JOURNEY）

（3）十童女：〔天國是婚宴〕（KINGDOM OF HEAVEN IS A WEDDING FEAST）

（4）塔蘭特：〔宗教性的人生是投資〕（RELIGIOUS LIFE IS A VENTURE）

（5）芥菜種：〔天國的發展是種子的生長〕（DEVELOPMENT OF KINGDOM OF HEAVEN IS GROWTH OF SEED）

為了驗證分析的可信性，Wang 以問卷和訪談的形式調查了 54 位大學生對前述五則比喻故事的理解。調查發現，參與者能從故事中得到類似的信息，而且理解故事的過程中都會借助自己的百科知識。

Meier et al.（2007）同樣採用實驗的方法考察〔上下〕維度在人們理解〔上帝〕和〔魔鬼〕過程中發揮的作用。基督教一般認為，〔上帝在上，魔鬼在下〕。Meier 等學者設計了六個實驗來驗證這一隱喻，實驗發現：（1）實驗參與者會潛意識地將上帝－魔鬼與上－下維度相關聯；（2）與上帝相關的概念呈現在高處時，參與者理解起來會更快；（3）參與者對上帝和魔鬼上下位置的記憶有誤差，傾向於將上帝置於高處，魔鬼置於低處；（4）面對處於高處的陌生人和處於低處的陌生人，參與者更傾向於認為前者相信上帝。這些實驗說明，〔上下〕維度的感知在人的宗教體驗中發揮重要的作用。

Koller（2017）則從歷時角度分析了英國貴格教派在 350 年間使用的 30 份傳教手冊，考察概念隱喻的歷史演變和歷時一致性。Koller 收集了英國貴格教派從 17 世紀中期至 21 世紀初期的 30 份傳教手冊，將其分為五個時間段，分析每個階段的始源域並追蹤每個始源域在五個時間段的一致性。Koller 使用三個標準衡量隱喻的歷時一致性（metaphor consistency）：（1）始源域在五個階段的手冊中是否全部存在；（2）同一個始源域在五個階段是否體現同樣的隱喻場景（metaphor scenario）；（3）同一個始源域是否由同樣的語言表達實現。三個

標準全部符合為極高一致，符合兩個標準為高度一致，符合一個標準為低度一致，三個標準全不符合為極低一致。Koller 發現了 268 處隱喻表達，圍繞 19 個始源域，其中：

（1）七個始源域表現出極高歷時一致性，包括〔人體〕、〔容器〕、〔旅程〕、〔明暗〕、〔家庭〕、〔植物〕和〔教師〕；

（2）四個始源域表現出高度一致性，包括〔聲音〕、〔上下〕、〔生死〕和〔淨污〕；

（3）四個始源域表現出低度一致性，包括〔建築物〕、〔液體〕、〔移動〕和〔視覺〕；

（4）四個始源域表現出極低一致性，包括〔商品〕、〔食物〕、〔工具〕和〔主僕〕。

Koller 認為，總體而言，貴格派傳教手冊中的概念隱喻的歷時一致性並不高，而這從一定程度上反映了宗教認知的雙重性，即對宗教概念的神學闡釋和教徒日常理解並不完全一致。貴格派總體而言缺乏統一神學理論，認為教徒可自由理解上帝等宗教概念，因此表現出較高的靈活性。

　　本文的研究基本遵循第二種範式，即主要關注目標域概念，通過識別經文中的相關比喻表達，分析其所承載的宗教主題。

3.2　佛經的隱喻研究

　　佛經及相關研究少用「比喻」而多用「譬喻」一詞，而「佛典中的『譬喻』，義界非常寬泛，從修辭上的比喻、比擬方法，論辯中借事明理的技巧，乃至利用比喻的寓言故事，都包括在內」（梁曉虹，1993a：35）。佛祖釋迦牟尼被喻為「善喻善證者」（邵之茜，2011：26），「善用譬喻說法導化眾生」（龔賢，2006：46），譬喻被認為是佛祖最注重運用的方法（梁曉虹，1993a：35）。因此，譬喻「在佛典中隨處可見」（胡中行，2004：93），有「大喻八百，小喻三千」（梁曉虹，1993a：35）之說。佛教譬喻的素材極其豐富，「佛典之文，幾於無物不比，無比而不有言外之意於其間」（陳竺同，1940：40），「舉凡有關天文、地理、人物、動植物、礦物、日用器物、飲食醫藥、抽象名詞等皆可用來做為譬喻」（丁敏，1996：485），「且每一譬喻都可有二個以上不同的喻義」（丁敏，1996：503）。而且，佛教是有意識地使用譬喻，「佛經中不僅比喻豐富，而且

已經有了理論性的研究、總結」（梁曉虹，1994：35），形成了一定的體系。

　　鑒於譬喻的重要性，語言學界從多種視角對佛經中的譬喻進行了研究。傳統語言學的視角一般都是將譬喻視為一種語言現象，或者從詞彙學的角度研究佛教比喻造詞或詞語的比喻義，或者從修辭學的角度專注於比喻句式，或者從文體學和篇章語言學的角度考察譬喻故事的結構。

3.2.1　傳統語言學視角

　　梁曉虹（1993a）將佛經中的譬喻從語言形式上分為三類，即比喻造詞、比喻表達和譬喻故事：

（1）比喻造詞指在佛經漢譯過程中用譬喻手段創造新詞，比如「苦海」，指「眾生在六道之中生死輪迴，備受種種的痛苦，好像沉溺於無邊無際的大海之中一樣」（陳義孝，1996：216）。

（2）比喻表達是指句子形式的譬喻，即用世俗世界某個具體的形象喻指佛法中某個抽象的形象，如《金剛經》中用夢、幻、泡、影、露、電喻指世間萬法：「如夢幻泡影，如露亦如電，一切有為法，當作如是觀」。

（3）譬喻故事是指以故事的形式解釋佛法教義，故事中有人物或動物等主體的行為，故事中多個要素以及它們之間的關係都有象徵意義。比如《法華經》中的「火宅喻」，講述了一個老翁以巧法拯救孩子逃離火宅的故事，喻指佛祖以玄妙佛法拯救世人脫離悲苦世間。這個故事情節跌宕，描寫生動，而「內中所有細節的安插設施，均服膺於宣傳特定佛學義理的需要」（陳允吉、盧寧，2004：20）。

譬喻的這三種語言形式可以概括為詞、句、篇。傳統語言學領域對佛經譬喻的研究主要圍繞這三種形式展開。

3.2.1.1　詞語層面的研究

　　梁曉虹（1987、1991、1992、1993a、1993b、1994）的系列研究比較全面地呈現了詞語層面的佛教譬喻。從她的研究可以看出，佛教譬喻對漢語詞彙系統的影響主要體現在三個方面：比喻造詞、原有詞語增加比喻義、佛教譬喻演化為成語，尤其以比喻造詞最為典型。

1. 比喻造詞

　　比喻造詞是指「通過譬喻的運用而造一個新詞」（梁曉虹，1993a：37）。

在佛經翻譯和傳播的過程中，譯者以意譯的方式創造了大量漢語原本不存在的詞語，其中很大一部分是比喻造詞（梁曉虹，1994：35）。這個現象很少受到注意，但是在漢譯佛經中卻比較突出，值得研究者關注（梁曉虹，1991：120）。

梁曉虹（1991、1993a、1994）將比喻造詞分為兩類：一是明喻法造詞，即「本體＋喻體」的形式，二者可構成「像……一樣」的語義框架，如「法＋船」可拆分為「法像船一樣」；二是借喻法成詞，即「在一個新造的複合詞中，不出現含有本體意義的成分，表面上，構成詞的所有語素都不顯示詞義，但整個詞卻『意在言外』地專表某一佛教概念」。簡言之即只出現喻體，如「根機」本指樹木之根的發動處，用於喻指人修行佛法的稟性基礎（梁曉虹，1994：41），但是詞本身只出現喻體「根機」，而不出現本體「佛性」。新穎獨特的借喻造詞「豐富了漢語比喻的類別」（梁曉虹，1994：172）。

梁曉虹（1994：170～172）指出，相比較而言明喻造詞法比借喻造詞法運用更加普遍，造詞量更大，沿用至今的也更多。這可能是因為在明喻造詞中，本體和喻體能進入「像……一樣」的語義框架，語義明確，形象生動，易於理解；而且明喻造詞「融抽象於形象中」（梁曉虹，1987：121），本體屬於常見的佛教名相術語，喻體則是通俗明白的名詞，二者之間的相關點比較明確，容易被理解和接受。而借喻造詞，則是輾轉體現「弦外之音」，且很多喻體是佛教獨創，在漢語中少見或罕見。比如，「電影」比喻諸行無常、萬法皆空，因為電是剎那生滅的，而水或鏡中之影是空且虛幻的；「身火」比喻人的私欲，因為私欲就像身中之火（梁曉虹，1987：122）。

此外，梁曉虹還統計總結了造詞量最大的一些本體和喻體。使用最頻繁的本體詞有單音節的「法」（如法鼓、法水、法船、法輪、法雲）、「心」（如心地、心田、心花、心眼、心鏡、心樹）、「愛」（如愛水、愛火、愛河、愛網、愛鬼、愛獄），還有雙音節的「智慧」（如智慧水、智慧火、智慧劍）、「煩惱」（如煩惱河、煩惱泥、煩惱賊）、「生死」（如生死淵、生死雲、生死海）（梁曉虹，1991、1993a、1994：36～40）。這些由同一本體不同喻體構成的詞可以從不同角度闡釋佛教的概念（梁曉虹，1991：120）。最高產的喻體詞要數「海」，《佛學大辭典》中收錄的以「海」為喻體創造的新詞就多達28個，如欲海、愛海、法海、慧海、學海、功德海、解脫海、智慧海等（梁曉虹，1987、1991、1993a、1994：40～41）。

2. 已有詞語增加比喻義

除了用比喻手段創造新詞，佛教譬喻對漢語詞彙的另一個影響是為一些漢語固有的詞彙賦予了比喻意義，即「通過引申的途徑，給漢語舊詞又增加了一層形象的、帶有了佛教色彩的『意味』、『用義』」（梁曉虹，1994：75），一般情況是使一個原本表示形象事物的名詞獲得抽象的、宗教上的意義（梁曉虹，1993b：119）。當然，梁曉虹（1987）也指出「比喻造詞」和「比喻語義引申」常常交織在一起，界限並不是絕對的，如何算是造了個新詞，如何算是給原有詞語賦予比喻義，意見並不統一。

據梁曉虹（1994）的總結，增加佛教比喻義比較明顯的是表示動物、植物和用具等類別的漢語詞彙。有些比喻義對於漢民族來說難於理解，比如「羊角」在佛教中被用來譬喻煩惱，因為金剛至堅，可喻佛性，而羊角又能擊破金剛，正如煩惱可以破壞佛性；「長夜」喻指凡夫眾生在生死世界流轉，因為無盡的輪迴正如無明的漫漫長夜。這些比喻意義大都只保留在佛典中，對漢語的影響不大。但是也有相當一部分比喻義突破了宗教的界限，進入了文學和日常語言，對漢語產生了較大的影響。比如佛教用「芥子」喻指極小之物，用「須彌山」喻指極大之物，所以漢語有了「芥子須彌」的說法。再如「獅子」一詞，很早就進入漢語，因為佛教用獅子喻指佛的勇猛無畏，獅子逐漸與佛產生聯繫，於是有了「獅子座」（喻指佛的座席）、「獅子吼」（喻指佛為大眾說法）、「獅子心」（佛的菩提之心）等說法。

3. 源自佛教譬喻的成語

四字格成語是漢語中一種極具特色的詞語形式，「如同比喻構詞一樣，佛經文字比喻的運用也產生了不少形象化的〔四字〕成語」（梁曉虹，1994：98）。梁曉虹（1993b）根據來源和產生過程將源自佛教譬喻的成語分為兩類。

第一類來自佛教的譬喻故事，以故事作為「喻體」來闡釋佛教教義這個「本體」，故事中核心的比喻意象和情節經凝練而成為成語。比如「盲人摸象」即源自《涅槃經》，原本的譬喻故事用盲人摸象而不得知全象的故事喻指眾生無明，因妄想執著而不能了然見到佛性。由此凝練而成的「盲人摸象」泛喻察觀事物而以偏代全者。類似的成語還有「空中樓閣」和「水中撈月」等，它們的特點是能還原為一個獨立成篇的故事，而且因為情節生動、形象鮮明、寓意深刻而更容易被漢民族接受。

第二類來自佛典中含比喻表達的句子，它們本身已經是比較固定的表達，

在傳播過程中逐漸演化為四字格形式。比如「曇花一現」，原本出自《法華經》：「如是妙法，諸佛如來，時乃說之，如優曇缽花，一時現耳」，後被漢語吸收，用來喻指稀少而又迅速亡失之人或事。類似的成語還有「恒河沙數」、「味同嚼蠟」、「水月鏡花」等，它們本身就是形象的比喻，容易超越宗教的範圍，獲得更廣泛的比喻意義。

總結起來，佛教譬喻對漢語詞彙層面的貢獻主要有三點：第一，大量的比喻造詞和源於譬喻的成語「極大地豐富了漢語的詞彙」（梁曉虹，1987：121），「增強了漢語的表現力」（梁曉虹，1994：170）；第二，漢語原有的很多詞彙被賦予了比喻或象徵意義，「使漢語詞彙的意義系統更加豐富」（梁曉虹，1992：35）；第三，比喻造詞法在漢語中古已有之，但是佛教的運用大大促進了這種造詞法的發展，使這種造詞法變得更加高產，在漢語詞彙的發展過程中發揮了更加重要的作用。對於第三點，梁曉虹（1994：168～170）統計了歷史上三個時期的比喻造詞數量：佛教傳入中國之前的先秦時期，以及之後的魏晉和唐朝時期，發現佛教傳入並流行之後，除了出現大量源自佛教的比喻造詞，其他比喻造詞的數量也大大增加。這或許可以說明佛教譬喻對漢語比喻造詞法的推動作用。

3.2.1.2　句子層面的研究

在句子層面，比喻被理解為一種修辭格，即用一個事物來喻指另一個事物，前者稱為喻體，後者稱為本體。喻體和本體之間聯繫的基礎是相似性。丁敏（1996）對佛經中比喻表達的研究代表了這一層面研究的三種範式：（1）分析比喻辭格的形式；（2）歸納常用的喻體；（3）總結比喻闡釋的佛教義理。

1. 比喻辭格的形式

李小榮（2011）總結了《法句經》中常用的五種比喻辭格：明喻、暗喻、借喻、較喻（比喻和比較結合）和對喻（比喻和對比結合），還列舉了一些特殊的比喻形式：倒喻（喻體在前，本體在後）、博喻（多個喻體對應一個本體）、群喻（多個喻體對應多個本體）、合喻（多個喻體構成一個系統，多個本體構成一個系統）和頂喻（明喻和頂針結合）。

丁敏（1996：389～391）歸納了《大涅槃經》的八種比喻形式，並逐一進行了示例分析：（1）順喻；（2）逆喻；（3）現喻；（4）非喻；（5）先喻；（6）後喻；（7）先後喻；（8）遍喻。對於《大涅槃經》所列的八種比喻形式，劉正

平（2010：89）認為其分類標準並不統一，而是相互融涉的：從譬喻形式的複雜程度來看，順喻、逆喻、遍喻都涉及整體佛教思想，屬於複雜的大譬喻。現喻、非喻、先喻、後喻、先後喻五種形式相對簡單，屬於小譬喻。現喻、非喻是由譬喻內容的現實性區分的，而先喻、後喻、先後喻則是由本體和喻體的先後位置區分的。

丁敏（1996：396～411）還介紹了佛典中最有特色的一種比喻形式——博喻，即「以一連串五花八門的形象，來表達一種佛理或修正境界的譬喻」，其中一些有名的博喻以數字名稱的形式出現，如六喻、九喻、十喻等，在佛經中被稱為增數喻。如「《金剛經》六喻」用夢、幻、泡、影、露、電六種虛而不實的現象喻指世間空而無常之法，《大智度論》中的「大乘十喻」，即用幻、焰、水中月、虛空、響、犍達婆城、夢、影、鏡中像、化來說明一切皆空。丁敏（1996：503～512）還介紹了一個極致的增數喻，即《華嚴經》的「入法界品」用118個喻體來描述「菩提心」。

以上多種比喻形式都是按照喻體的數量、喻體和本體的對應劃分的，對此丁敏（1996）總結了佛經中喻體使用的兩個特點：第一，「每一素材並不限用於某一佛理的譬喻，而可以有多方面不同的譬喻內涵與方法，來譬喻不同的佛理」（p.485），比如「雲」喻生死，「重雲」喻惡比丘，「浮雲」喻財富。第二，「一項佛理，常可用多種不同性質的譬喻素材來譬喻」（p.503），前文所說的增數喻是最明顯的表現。

2. 常用喻體

前文曾提到，「佛典之文，幾於無物不比，無比而不有言外之意於其間」（陳竺同，1940：40）。丁敏（1996：485～503）通過梳理近二十部佛經中的譬喻，歸納了七類常用的喻體素材：（1）天文，包括雲、雨、日月、雪、電、雹、露、風等八小類；（2）地理，包括海、河、坑、山、恒河、水、岸、地、泥、田等十小類；（3）人和鬼，包括畫師、鬼、船師、賊等四小類；（4）動植物，包括樹、花等二小類；（5）獸，包括羊、虎、鳥、魚、豬、牛、馬、猴、蛇、狗、蠶等十一小類；（6）物，包括礦物、珠、火、斧刀、船、燈、車、箭、鏡、藏（庫藏或寶藏）、倉庫、橋樑等十二小類；（7）其他，包括化、愛、幻、影、睡等五小類。對每一小類喻體，丁敏都列舉了多條來自佛經的比喻實例。

在這七類浩如煙海的佛教喻體素材中，有一些具體的喻體似乎更被偏愛，被賦予了極為豐富的意義，如「蓮花」（丁敏，2007）、「鏡」（劉藝，2005；

Wayman 1974）和「海」（Sugioka，2009）。這些喻體成為某些研究專注的對象。

丁敏（2007）總結了花尤其是蓮花在佛教經文中的象徵和隱喻作用：（1）用各色各種蓮花象徵佛國淨土的超凡聖潔或襯托佛出現時的莊嚴聖潔場景；（2）用以花供佛的形式象徵對佛的虔誠信仰；（3）用「拈花微笑」象徵禪宗指點佛法離一切言詮的宗風，用「天女散花」象徵修行者生命覺悟的層次。此外，丁敏還總結了佛教中主要的蓮花隱喻：（1）人花喻，即將佛比喻為人中之花；（2）「火中紅蓮」喻，即用火焰化作紅蓮比喻人從磨難中超脫，將煩惱化為菩提；（3）魔花喻，即用魔花比喻五欲，貪著五欲猶如採集魔花；（4）出淤泥不染喻，即淤泥中能生出清淨的蓮花，猶如煩惱的世間能產生超越煩惱的佛法智慧。

「鏡喻」是另一個廣受研究者關注的佛教譬喻。劉藝（2005）系統總結了鏡喻在佛教中的表現、佛教鏡喻生成的可能性和必然性以及佛教鏡喻在中國的發展和演進。根據劉藝的總結，佛教用鏡喻指佛身、佛法、智慧和人心，並用鏡與像的關係喻指虛與實、真與假、有與無、一與多等的辯證關係，形成了一個具有深度和廣度的鏡喻體系。劉藝認為，鏡喻在佛教中之所以如此發達，一方面是因為鏡的照容作用、神秘性、宗教性以及與巫術的關係提供了佛教鏡喻產生的可能性，另一方面是因為佛教和鏡異質同構的關係為佛教鏡喻的產生創造了必然性，即鏡具有圓、光明、清淨和虛空的特徵，契合了佛教追求真的目標。此外，劉藝還指出，在佛教傳入之前，中國已有一定的鏡喻基礎，《尚書》、《詩經》、《莊子》和《淮南子》中都出現過鏡喻；在佛經漢譯的過程中，佛教鏡喻與中國本土鏡喻合流，形成了更加龐大的體系。

最著名的佛教鏡喻或許是中國禪宗的著名僧人神秀和慧能所做的兩個偈語。神秀的偈語是：身是菩提樹，心如明鏡臺，時時勤拂拭，莫使有塵埃。慧能的偈語是：菩提本無樹，明鏡亦非臺，本來無一物，何處惹塵埃！多位學者研究了神秀和慧能偈語中的鏡喻。

張節末（2000）通過對比兩個偈語指出了印度佛教與中國禪觀的區別。張節末認為印度佛教大量使用譬喻，神秀的偈語沿襲了這一傳統，把身體譬喻為菩提樹，把心體譬喻為明鏡臺，但是這樣把身體引入身心的解脫就有了執法；而中國禪觀提倡運用禪的空觀，直觀世界和自己，慧能的偈語打破了譬喻的喻體，指出菩提本來不是樹，明鏡也不是臺，二者本來都是空，而空只能直觀，無法譬喻。神秀和慧能偈語中的兩個鏡喻分別反映了「心性本淨」和「心性本

空」的思想，神秀的偈語「主張離染求淨，結果心塵兩執」，而慧能的偈語主張「心塵兩空」（張二平，2007：30）。

　　Wayman（1974）也對比了神秀和慧能偈語中的鏡喻，並更加深入地分析了不同的鏡喻所反映的佛教唯識宗（Yogacara）和中觀宗（Madhyamika）的不同思想。Wayman 認為鏡喻是遍布佛教的一個隱喻，而且在佛教思想的發展史上表現出不同的形式。唯識宗強調心（mind）的重要性，用明鏡來比喻心的清淨，用遮蔽明鏡的塵埃比喻污染心性的煩惱；並提出「唯有心識」，用明鏡反映萬物來比喻心對萬物的認識感知。總之，唯識宗是以「鏡」與外物的關係來比喻「心」（或識、智）與「法」、淨與染的關係（孫昌武，1997：223）。中觀宗和般若經系列則強調「法空」，將一切法喻為夢、幻、像、化城等虛幻之物，其中「像」就是指鏡中像或水中像。中觀宗認為「萬法無自性」，正如鏡中像沒有自我存在。正如像不是鏡的結果，萬法也不是心識的結果，而是因緣互動的結果，這一點體現了中觀宗和唯識宗的區別。神秀和慧能的偈語也反映了這種區別。Wayman 認為神秀的偈語強調掃除心鏡上的塵埃，背後的隱喻可追溯到早期佛教的心本清淨和心識萬法的思想；而慧能的偈語否認心鏡的比喻，反應了心的「空」性，心不是實有的。

　　前文 3.2.1.1（1）「比喻造詞」一小節曾提到，「海」在佛經比喻造詞中非常高產，有欲海、愛海、法海、慧海、學海、功德海、解脫海、智慧海等詞，可見「海」在佛教中是一個使用比較頻繁的喻體。Sugioka（2009）分析了日本佛教淨土真宗創始人親鸞（Shinran）的著作中出現的「海喻」（ocean metaphor）。Sugioka 發現，親鸞頻繁使用「海」做譬喻，其著作中有大量含「海」的說法，如「一乘海」、「佛本願海」、「執念海」等。而且，這些海喻體現了兩個不同的領域，即眾生和佛陀，前者如「群生海」、「生死海」、「無明海」，後者如「大智慧海」、「慈悲海」、「宏願海」、「真信海」。對此，Sugioka 認為是因為海具有容納、轉變和淨化一切物質的特性。

3. 比喻闡釋的佛教義理

　　除了常見的喻體，研究者也關注佛教比喻表達的本體，即比喻闡釋的佛教義理或概念。「苦集滅道」四聖諦可以說是「佛教教義的基本內容」，是佛教所說的四項根本真理：苦諦說世間的苦，集諦說苦的原因，滅諦說苦的消滅，道諦說滅苦的方法（趙樸初，2012：37）。佛典中有大量譬喻來解釋這四種真理。丁敏（1996：413～431）總結了《四阿含經》對四聖諦的譬喻性解說。

　　第一，對四聖諦總的譬喻有兩個：象跡喻「以象跡為諸獸之跡中第一，來譬喻四聖諦於一切法中最為第一」（丁敏，1996：415）；良醫喻「以良醫善知病之種類、病之來源、病之法，並知不再病之法，來譬喻佛是大醫王以四諦來療眾生病」（同上）。

　　第二，苦諦的譬喻根據苦的種類分為三組。「生老病死之苦」被喻為火燃燒的過程。「五盛陰苦」指人的種種貪著、執念和煩惱，其危險被喻為刺、殺、毒、疤、穢草，其變化無常被喻為以聚沫、水泡、陽焰、芭蕉、朽車。「無常故苦」是指世間一切現象都是變化無常的，有生必有死，因此人生是苦的。四阿含經用「苦海」、「生死山」、「生死海」、「生死叢林」等譬喻人生是苦的聚集。

　　第三，集諦說苦的原因。無明是一切煩惱之根本，四阿含經用大樹生長、火上澆油致使火勢加旺等過程譬喻無明引起其他煩惱的過程。人在生死輪迴中造業受業也是苦的源泉，四阿含經用狗被拴著繞柱旋轉譬喻輪迴的不自由和不斷重複。貪嗔癡也是煩惱的源泉，四阿含經將其喻為「三火」和「三毒」，並有「貪火」、「嗔火」、「癡火」的說法，用燃燒來譬喻貪嗔癡的狀態。

　　第四，滅諦說苦的消滅。滅除苦的根源，就會出現一個安穩寂滅的覺悟世界，就是涅槃之境，而「涅槃是修證的境界，非語言文字所能詮釋，所以對涅槃的描述，多是譬喻性的說法」（丁敏，1996：428）。四阿含經用火喻指各種煩惱，相對應地則用燈滅、火滅、火炭冷等喻指煩惱的消滅和涅槃的清涼境界。此外，四阿含經還用醍醐為乳中精品喻指涅槃為諸法中最高之法。

　　第五，道諦講消滅苦惱、到達涅槃的方法，「道就是得涅槃所應經過的身心狀態」，因為履中庸而被稱為「中道」，因為遠離偏邪而被稱為「正道」，因為屬於聖者之道而被稱為「聖道」（丁敏，1996：429）。四阿含經將聖道比喻為舟筏，可以到達涅槃彼岸；比喻為仙人道，即用仙人道可以到達仙界王宮譬喻聖道能夠到達正等正覺；比喻為水，即通過聖道可以流入涅槃之海。

　　除了四聖諦，丁敏（1996）還歸納了四阿含經中與「佛」、「佛法的作用」、「佛與眾生的關係」有關的譬喻。四阿含經中用三千年一開花的優曇缽花喻指佛出世間的殊勝，用日月火炬之光喻指佛光，用淨滿月喻指佛莊嚴聖潔的面龐，用母愛子喻指佛愛眾生；並將佛譬喻為多種角色，如「世間眼」、「大醫王」和「福田」等饒益眾生的角色，「船師」、「法橋」、「商主」和「導師」等指引眾生的角色，或者獅子、龍和牛等雄健勇猛的動物。四阿含經用不同的形象譬喻佛法的不同特徵：用出污泥而不染的蓮花喻指佛法出世間而不著世間法，用

唯一門喻指佛法是唯一的解脫之道，用渡河捨筏喻指佛法是手段而不是目的，達到涅槃後不必再執著於修行方法不放，用盲龜難遇浮木喻指眾生難遇佛法。關於眾生對佛法的信任度，四阿含經中有兩個譬喻：七事水喻用七種人入水的情況喻指眾生與佛法的七種關係，馬鞭喻用四種馬對馬鞭的反應喻指四種眾生對生老病死之苦的態度。關於佛與比丘的關係，四阿含經用乳母餵養嬰兒喻指佛教育眾生，用牧牛人帶牛過河的過程喻指佛指引眾生修行的過程。

3.2.1.3　篇章層面的研究

在篇章層面，佛經中的譬喻表現為故事，以故事的形式解釋佛法教義，故事中有人物或動物等主體的行為，故事中多個要素以及它們之間的關係都有比喻意義。大藏經中有專門收集譬喻故事的經典，如《箭喻經》、《百喻經》和《醫喻經》。其他佛經也常使用譬喻故事，如《法華經》中的七個譬喻故事，即著名的「法華七喻」。

因為其特殊的形式和在佛典中的重要地位，有些學者對譬喻故事的形式、結構和主題等進行了專門研究。李小榮（2009）以《百喻經》為基礎對漢譯佛典中的「譬喻」作為一種文體進行了比較全面和細緻的分析，包括：譬喻故事的組織結構、故事與寓意的對應關係、譬喻故事和比喻辭格的關係。

對於譬喻故事的組織結構，李小榮認為譬喻故事可歸類為寓言，將其分為三大部分：寓題（題名）、寓體（故事）和寓意，並定義了「寓象」，指「故事中的敘事元素，主要指人物、動物、事物、事件及其構成因子」（李小榮，2009：71）。並基於寓題、寓體和寓意的劃分，李小榮將譬喻故事的組織結構分為三大類：（1）原始例證型，即只有寓體和寓意，往往先講故事，再一一揭示各個寓象的象徵意義，最終導出佛理；（2）獨立完整型，即寓題、寓體和寓意俱全；（3）變化複合型，即譬喻故事和本生故事、因緣故事、授記故事等文體融合。

對於佛經譬喻故事中寓體與寓意在數量上的對應關係，李小榮總結了五種形態：（1）一一對應，指一個故事只體現一種佛理；（2）一多對應，指一個故事體現多種佛理；（3）多一對應，指多個故事從不同角度說明同一種佛理；（4）雙重並列，指兩個故事交織在一起但是各自體現一種佛理；（5）多重對應，指一個人物統領多個故事，每個故事體現一種佛理。

李小榮的研究比較突出的一點是分析了比喻辭格和譬喻故事之間的關係。他認為，譬喻故事是以比喻表達為基礎的，譬喻故事的多個寓象相當於多個喻體，換言之，一個譬喻故事相當於由多個比喻表達組合而成。以《百喻經》

的《獼猴把豆喻》為例，寓體的事件、人物等元素與寓意的元素形成一一對應的關係：

人物：獼猴	→	出家凡夫
事件：把豆	→	持戒
起因：失一豆	→	毀一戒
結果：棄全豆	→	毀全戒

李小榮指出，這些對應關係可以轉換為多個比喻句，如「出家凡夫持戒就像獼猴把豆一樣」、「出家凡夫毀一戒就像獼猴失一豆一樣」、「出家凡夫毀全戒就像獼猴棄全豆一樣」。

王繼紅、朱慶之（2012）從篇章研究的角度分析了《百喻經》中的譬喻故事，研究了譬喻故事的語篇結構和銜接方式。與李小榮一樣，他們也將一篇典型的譬喻故事的結構分為「寓題」（即故事的篇名）、「寓體」（即故事的正文）和「寓意」（即故事結束後對事件的評價和佛法的闡釋）三個部分，並分析了寓題與寓體的銜接、寓體內部的銜接、寓體與寓意的銜接。寓題與寓體之間的銜接手段主要是存現式複句，這個複句是譬喻故事的第一個複句，以存現句為第一分句，引出故事的行為主體，如：「昔有一人，貧窮困苦，為王作事」（《百喻經之就樓磨刀喻》）。對於寓體內部的銜接，王繼紅和朱慶之主要分析了兩種銜接手段——「代詞回指」和「時間連接成分」。寓體與寓意主要通過語篇結束標記語來銜接，王繼紅和朱慶之總結了《百喻經》中的語篇結束標記語，並將其分為兩類：（1）比況類，包括：如、亦如、譬、譬如、若、猶、猶如，功能是「將寓意部分抽象的佛教義理說教與寓體部分生動具體的事件連接起來，用後者來說明前者，指出兩者的相似之處」（王繼紅、朱慶之，2012：68）；（2）按斷類，包括：此亦復爾、此亦如是、彼亦如是、亦復如是，功能「先是簡要總結寓體部分的內容，然後列舉與之相仿或相異的外道的行為，然後用按語進行判斷」（同上）。

3.2.2 認知語言學視角

3.2.1 節綜述的研究主要關注文字層面的比喻表達或譬喻故事本身的意思，而較少關注譬喻背後深層的概念世界。根據我們掌握的文獻，目前只發現三位學者從認知語言學的視角考察了佛經中的比喻表達所反映的概念隱喻思維。

　　McMahan（2002：55～82）基於概念隱喻理論，集中考察了般若經等大乘佛教經典中關於〔知〕（KNOW）、〔知識〕（KNOWLEDGE）和〔智慧〕（WISDOM，即〔般若〕）等概念的「視覺隱喻」（visual metaphor），並在此基礎上分析了視覺感知（visual perception）和視覺意象（visual imagery）對理解大乘佛教教義的作用。他指出，〔知是見〕（KNOWING IS SEEING）是佛典中非常明顯的一個隱喻，有大量的表達反應這個隱喻：

　　（1）如來「悉知悉見」，被稱為「覺者」（Awakened One），妄念妄想等對世界的錯誤認識被喻為「夢」或「睡」，而對世界的正確認識被喻為「覺」或「醒」。

　　（2）對世界不同層級的認識、修行過程中獲得的不同層次的智慧分別被喻為「肉眼」、「天眼」、「慧眼」、「法眼」和「佛眼」，其中佛眼喻指能遍知一切的最高智慧。

　　（3）心被迷惑被喻為眼有疾病，錯誤的認識如貪、嗔、癡、怨、妒、憂、欲等被喻為「眼疾」或者遮蔽眼睛的「障礙」，破除妄想就是治癒眼疾或移除目障。

　　（4）用「見」來解釋空，比如《楞嚴經》中說「不見一物，名為見道」；《涅槃經》中說「第一義空名為智慧。所言空者，不見空與不空。智者見空與不空、常與無常、苦之與樂、我與無我」，並批評聲聞乘不是只「見空而不見不空」，就是只「見不空而不見空」，前者指執空者，後者指執有者。

　　（5）「知」與「光」常常聯繫在一起，比如般若智慧被喻為「光」，六波羅蜜多（即六種智慧）被喻為「菩提道燈」（即指引菩提道的燈、菩提修行的指引）。

基於此，McMahan 認為〔知是見〕是佛教教義中的一個核心的根隱喻（root metaphor），具有兩個重要的特點：第一，它是有生成性的（generative），是認識世界、理解知識／智慧的一種視角，具有認識論意義上的作用；第二，它是有系統性的（systematic），即它不是一個單獨的隱喻，而是涵蓋了多個其他概念的隱喻體系，如光、太陽、火、燈、睡夢和覺醒、眼、眼疾、以及作為視覺媒介的空間。

　　Lu & Chiang（2007）基於概念隱喻理論逐字分析了《心經》全文，總結了《心經》中微觀和宏觀兩個層面的隱喻。Lu & Chiang 使用語料庫和詞彙網

絡考察《心經》中的詞彙是否存在語義衝突和跨域映射，以此確定微觀即詞彙層面的隱喻和以隱喻為理據的一詞多義。這種分析方法顯示，《心經》中的語言具有高度的隱喻性，主要體現了兩類隱喻：第一，基於感知（特別是視覺）的隱喻，如〔知是見〕（KNOWING IS SEEING）、〔有助知的是光源〕（AN AID TO KNOWING IS A LIGHT SOURCE）、〔重要是大〕（IMPORTANT IS BIG）、〔不好的想法是不好的食物〕（DISTURBING IDEAS ARE DISTURBING FOOD）；第二，基於運動的隱喻，如〔狀態是地點，目的是終點〕（STATES ARE LOCATIONS，PURPOSES ARE DESTINATIONS）、〔有目的的長期活動是旅程〕（LONG-TERM，PURPOSEFUL ACTIVITIES ARE JOURNEYS）、〔困難是行動的阻礙〕（DIFFICULTIES ARE IMPEDIMENTS TO MOTION）。

　　Lan（2012）基於概念隱喻理論和概念合成理論從認知語言學的視角系統地分析了《寶積經》中「贊菩薩功德」、「觀心無性與呵心妄有」和「結勸」三個部分的比喻表達，總結這些比喻表達的模式和特徵，挖掘其背後的概念隱喻，並探討這些比喻表達及概念隱喻在解釋和傳播佛教教義方面的作用。分析發現，三組比喻表達各自的結構和形式都高度一致，各自有主要的比喻詞或比喻句式；「贊菩薩功德」以〔菩薩及其功德〕為目標域，主要涉及五大始源域：〔自然現象〕、〔佛教傳說〕、〔動物〕、〔植物〕和其他；「觀心無性與呵心妄有」以〔心〕為目標域，也涉及五大始源域：〔人〕、〔動物〕、〔自然現象〕、〔鬼神〕和〔幻夢〕；而「結勸」部分以〔人身〕和〔佛教〕為目標域，始源域均為〔船〕，主要圍繞兩大概念隱喻——〔人身是破船〕和〔佛教是船〕闡釋教義，而其背後則是佛教中的一個基本隱喻，〔人生是穿越河流的旅行〕。Lan 認為，這些比喻有選擇地將始源域的結構、關係和知識投射到目標域之上，這一過程中產生了多個合成概念，如「善根」、「法林」和「大悲雲」。該研究還指出，這些比喻發揮了使佛教合法化的作用，表現為：建立菩薩的正面道德形象、提升宣教的情感力度、通過證明和反證宣傳佛教教義、通過製造宗教神話強化佛法的無邊廣大。

　　此外，有些研究雖然並未明確參考概念隱喻理論的框架，但是已經不再把比喻視為純語言層面的現象，而是開始有意識地探索語言表達背後的概念世界。如 3.2.1.2（2）「常用喻體」一節所述，丁敏（1996：485～503）歸納了佛教經典中常用的七種譬喻素材：天文、地理、人和鬼、動植物、獸、物和其他。如果運用概念隱喻理論的框架，這七類常用的譬喻素材即是佛經中出現頻次

較高的始源域。而 Sugioka（2009）專注研究「海喻」（ocean metaphor），認為一組海喻描述眾生，一組海喻描述佛陀。這其實分析了〔海〕作為始源域對應的兩個〔目標域〕。

再如 3.2.1.2（3）「比喻闡述的佛教義理」一節所述，丁敏（1996）分析與「佛」有關的譬喻，歸納為多種角色，如「世間眼」、「大醫王」和「福田」等饒益眾生的角色，「船師」、「法橋」、「商主」和「導師」等指引眾生的角色，或者獅子、龍和牛等雄健勇猛的動物。這其實是將〔佛〕視為目標域，進而歸納了用來描述和理解〔佛〕的三個始源域，即〔饒益眾生的人〕、〔指引眾生的人〕和〔雄健勇猛的動物〕。

此外，Cooper（2002：14～17、2002b：308～315）嘗試從隱喻的角度來闡釋佛教的核心概念「空／空性」（empty／emptiness），特別是日本佛教學者對「空」的理解。Cooper 從日常語言中「空」一詞的用法入手，分析了空在佛教教義中的五個涵義：（1）「虛空」，即缺少內容物，如「空冰箱」；（2）「透明」，即無阻礙，如「空道路」；（3）「可容納外物」，如「空屋子」；（4）「簡潔」，即充滿了各種可能性，如「空畫布」；（5）「釋放」，如「雲變空，雨落下」。Cooper 從語言表達入手，回溯背後的思維模式，而他歸納的「空」的五個涵義類似於五個始源域，如（1）和（3）均體現了意象圖式〔容器〕的特徵。

3.3　其他宗教經典的概念隱喻研究

3.3.1　伊斯蘭教經典的概念隱喻研究

按照 3.1 節提到的《聖經》概念隱喻研究的範式，學界以概念隱喻理論為框架對伊斯蘭教經典的研究主要遵循第一個範式，即關注始源域在伊斯蘭教經典中的隱喻含義。

Charteris-Black（2004）調查了《可蘭經》中使用最頻繁的始源域，依次是：〔旅程〕（JOURNEY）、〔天氣〕（WEATHER）、〔火和光〕（FIRE & LIGHT）和〔植物〕（PLANT）。這四個始源域相關的概念隱喻包括：

（1）〔旅程〕：〔精神生活是旅程〕（SPIRITUAL LIFE IS A JOURNEY）。

（2）〔天氣〕：〔神的懲罰是惡劣天氣〕（DIVINE PUNISHMENT IS A HOSTILE WEATHER CONDITION），〔神的保佑是良好天氣〕（DIVINE BLESSING IS A FAVOURABLE WEATHER CONDITION）。

（3）〔火和光〕：〔精神知識是光〕（SPIRITUAL KNOWLEDGE IS LIGHT），〔精神無知是黑暗〕（SPIRITUAL IGNORANCE IS DARKNESS），〔阿拉是光〕（ALLAH IS LIGHT），〔善是光／惡是暗〕（GOOD IS LIGHT／EVIL IS DARKNESS），〔撒旦是黑暗〕（SATAN IS DARKNESS），〔神的憤怒是火〕（DIVINE ANGER IS FIRE）。

（4）〔植物〕：〔精神是自然〕（SPIRITUAL IS NATURAL），〔精神勝利是土地肥沃〕（SPIRITUAL SUCCESS IS FERTILITY）。

El-sharif（2011、2012）對伊斯蘭教《先知穆罕默德的語錄》中的隱喻進行了詳細的分析，總結了主要的始源域和相關的概念隱喻：

（1）〔容器〕：〔身體是原罪的容器〕（THE BODY IS A CONTAINER FOR SINS），〔身體是情感的容器〕（THE BODY IS A CONTAINER FOR EMOTIONS），〔穆斯林的身體是可蘭經的容器〕（THE MUSLIM'S BODY IS A CONTAINER FOR THE QURAN），〔建築物是容器〕（A BUILDING IS A CONTAINER）。

（2）〔事件結構〕：〔信仰是上〕（FAITH IS UP），〔神的承認是空間的距離〕（RECOGNITION BY GOD IS PHYSICAL CLOSENESS），〔精神生活是旅程〕（SPIRITUAL LIFE IS A JOURNEY），〔可蘭經是嚮導〕（QURAN IS A GUIDE），〔伊斯蘭教是路徑〕（ISLAM IS A PATH）。

（3）〔存在鏈〕：又包含七組隱喻，分別涉及神、人、生命體的行為（如生死、健康）、人的行為（如衝突、商業）、社會和文化（如家庭、奴役）、動物、植物。

Berrada（2006）重點關注〔光〕（LIGHT）和〔黑暗〕（DARKNESS）這兩個始源域在《可蘭經》中的隱喻含義，發現了如下三組概念隱喻：

（1）〔阿拉是光〕（ALLAH IS LIGHT），〔穆罕默德是光〕（MUHAMMAD IS LIGHT），〔可蘭經是光〕（QURAN IS LIGHT）

（2）〔好的品質是光〕（GOOD QUALITY IS LIGHT）

（3）〔壞的品質是黑暗〕（BAD QUALITY IS DARKNESS）

Mohamed（2014）重點關注《可蘭經》中與自然有關的四個始源域：〔雨〕、〔山〕、〔風〕、〔光明－黑暗〕，涉及的概念隱喻如下：

（1）〔神的懲罰是雨〕（DIVINE PUNISHMENT IS RAIN）

（2）〔神的指引是山〕（DIVINE GUIDANCE IS A MOUNTAIN）

（3）〔神的仁慈是風〕（DIVINE GRACE IS WIND）

（4）〔信奉神是光明／不信神是黑暗〕（BELIEF IN GOD IS LIGHT / DISBELIEF IS DARKNESS）

此外，也有一些研究從目標域出發，關注某個宗教概念如何借助隱喻得以認知。如 Golzadeh & Pourebrahim（2013）分析了《可蘭經》對〔死亡〕的理解，共發現了三組概念隱喻：

（1）〔死亡是旅程的階段〕（DEATH IS A STAGE OF A JOURNEY），這隸屬於另一個根本隱喻，即〔人生是旅程〕（LIFE IS A JOURNEY）。

（2）〔死亡是實體〕（DEATH IS AN ENTITY），即將死亡理解為某種事物，如毒酒、疾病、戰爭。

（3）〔死亡是人〕（DEATH IS A PERSON），Golzadeh & Pourebrahim 認為這是《可蘭經》中最主要的〔死亡〕隱喻，〔死亡〕被描述為多種不同的人物形象，包括〔召喚者〕（CALLER）、〔趕駱駝的人〕（CAMEL DRIVER）、〔追趕者〕（SEEKER）、〔不速之客〕（UNINVITED GUEST）、〔敵人〕（OPPONENT）、〔罪犯〕（GUILTY）、〔殺手〕（KILLER）、〔武士〕（WARRIOR）。

Al-Saggaf et al.（2013）對比了兩種《可蘭經》英譯本中隱喻表達的翻譯，發現了四組共有的概念隱喻：

（1）〔人生是旅程〕（LIFE IS A JOURNEY），信奉阿拉的人得到引導走光明之路，不信阿拉的人會被誤導走黑暗之路。

（2）〔信仰是商品〕（FAITH IS COMMERCE），信仰被理解為一種商業交換，善行和供奉如同投資會得到回報，行使儀式是償還罪惡的債務。

（3）〔心是容器〕（HEARTS ARE CONTAINERS），心被理解為容器，其中裝著信仰。

（4）〔靈魂是人〕（SOUL IS A PERSON），即認為人的靈魂和肉體是分離的，靈魂被理解為另一個人。

Al-Saggaf et al.（2014）進一步對比了《可蘭經》原文和英譯本中與〔靈魂－人〕有關的概念隱喻。他們認為，《可蘭經》原文更強調〔靈魂是人〕（SOUL IS A PERSON），即人同時擁有靈魂與肉體，是二元的；而英譯本更強調〔人是物體〕（A PERSON IS A PHYSICAL ENTITY），即強調人的物理身體而忽視人的精神層面，或者將二者合為一體。

Dorst & Klop（2017）採用訪談的方法考察了荷蘭穆斯林青少年理解真主

阿拉所使用的隱喻，特別是他們對基督教常見上帝隱喻的反應。Dorst & Klop
採用 Achtemeier（1992）的研究發現，即上帝在《聖經》中的五種隱喻形象：
〔國王〕、〔父親〕、〔主人〕、〔法官〕和〔丈夫〕。訪談調查荷蘭穆斯林青少年
日常使用哪些始源域概念理解真主，是否認為上帝的上述五種形象適合用於
描述真主。調查結果顯示訪談參與者對真主的描述主要圍繞四個始源域：〔支
撐物〕、〔至上〕、〔領導〕和〔法官〕。在上帝的五種形象中，參與者只能接受
〔法官〕和〔主人〕，認為〔父親〕、國王〕和〔丈夫〕不適合用於描述真主，
因為這些概念過於世俗。

3.3.2　道教經典的概念隱喻研究

　　我們也發現了少數關於道教經典概念隱喻的研究，這些研究也可歸為 3.1
節所述的三種範式。第一種範式關注目標域。李文中（2015）從目標域出發，
分析了道教經典《道德經》英譯本中圍繞核心概念〔道〕的概念隱喻，發現了
三個大的隱喻群：

　　　（1）〔道是母性〕（DAO IS MOTHER），即用〔母〕、〔女〕／〔牝〕來表達〔道〕
　　　　　創生和始源的特性，具有玄遠、神秘和沉靜的特徵，並能勝過其對
　　　　　立的屬性。

　　　（2）〔道是水〕（DAO IS WATER），即用〔水〕、〔溪〕、〔江海〕等形象表現
　　　　　〔道〕的柔弱特性和利物功用。

　　　（3）〔道是谷〕（DAO IS A VALLEY），即用〔谷〕表現〔道〕的空無、虛靜
　　　　　和淵深。

通過分析不同隱喻體系中的詞彙搭配，李文中發現三大隱喻群共享一些搭配
詞，也有獨享的搭配詞，因此在意義上既有聯繫，也有獨立意義，相互交織，
共同解釋核心概念〔道〕。郭奕（2013）將《道德經》中的〔道〕概念細化，
將「道化隱喻」分為四組：

　　　（1）〔道〕的隱喻，用〔母〕和〔水〕概念理解〔道〕化生萬物、至善至
　　　　　柔的特徵。

　　　（2）〔德〕的隱喻，用〔嬰兒〕和〔山谷〕理解〔德〕之純和厚。

　　　（3）〔無為〕的隱喻，用〔水〕的特徵說明〔不爭〕的道理。

　　　（4）〔辯證法〕的隱喻，用〔高－下〕、〔柔弱－剛強〕、〔窪－盈〕等對立
　　　　　特徵的關係說明辯證法的道理。

　　第二種範式從始源域出發，如趙靜（2015）重點關注《道德經》中的雌性隱喻，認為雌性隱喻既是道教特有的一種隱喻體系，同時也是理解道教核心概念〔道〕的主要隱喻。圍繞〔雌性〕這一始源域概念，趙靜發現了四組概念隱喻：

(1)〔母〕隱喻，即用〔母〕、〔胎〕和〔生〕來理解〔道〕作為萬物和天下之源的特徵，用〔母子關係〕理解道和萬物的關係。

(2)〔雌／牝〕隱喻，即用〔雌〕、〔牝〕和〔谷〕等與女性有關的概念理解〔道〕陰性靜柔的特徵，同時用〔牝和牡〕、〔雌和雄〕的對比解釋「柔弱勝剛強」的道理。

(3)〔天父地母〕隱喻，即將天地喻為父母，用〔父母和子女〕之間的關係來理解〔人與自然〕和諧相處的方式。

(4)〔陰陽男女〕隱喻，即用〔男女〕之間的關係來理解宇宙間〔陰陽〕二元素之間相互依賴、相互幫助的關係。

　　第三種範式關注隱喻的篇章功能等，如房娜（2009）和陳海慶、高思楠（2013）都以另一部道教經典《莊子》為例分析了篇章比喻的結構特徵和意義構建。房娜（2009）將《莊子》中的寓言故事視為篇章比喻，寓言故事構成始源域，莊子的思想則是目標域，前者的元素映射到後者之上。《莊子》使用歷史人物、神話傳說和自然題材等故事解釋「以道為本」、「萬物齊一」、「自然無為」和「逍遙而遊」的思想。陳海慶、高思楠（2013）綜合概念隱喻和關聯理論，探討了篇章比喻在《莊子》中構建語篇意義的作用。該研究認為，概念隱喻作為隱含前提和「明說」過程進行結合獲得隱含意義，形成較大的語境效果，形成合理的關聯性；同時概念隱喻也符合認知的經濟原則，以較少的認知努力獲得較大的關聯性。

3.3.3　印度教經典的概念隱喻研究

　　對印度教經典的研究很少關注隱喻，採用概念隱喻視角的研究則更少（Rajandran，2017：163）。我們只發現了兩位學者的研究通過分析印度教經典的語言表達探究其背後的隱喻思維。Naicker（2016、2017）全面分析了印度教大師辨喜（Swami Vivekananda）作品中的概念隱喻，共發現了 26 個始源域概念，主要包括：〔水〕、〔上下〕、〔明暗〕、〔動物〕、〔植物〕、〔束縛〕、〔循環〕、〔家庭〕和〔主僕〕。在這些概念隱喻中，〔水〕是最顯著的，其所轄隱喻表達

占所有隱喻表達的三分之一以上。Naicker 認為〔水〕是印度教中最重要的始源域概念，被用來理解〔思維〕、〔神〕、〔生命〕、〔宇宙〕等概念，如：〔思維是湖〕（THE MIND IS A LAKE）、〔神是海洋〕（GOD IS OCEAN）、〔生命是漩渦〕（LIFE IS A WHIRLPOOL）、〔宇宙是大水體〕（THE UNIVERSE IS A BIG BODY OF WATER）。

　　Rajandran（2017）分析了古印度神聖典籍《博伽梵歌》（Bhagavad Gītā）中與〔覺悟〕（ENLIGHTENMENT）有關的隱喻。Rajandran 發現在《博伽梵歌》中奎師那天神（Krishna）向阿朱那王子（Arjuna）講授教義時使用大量的隱喻，其中〔覺悟〕的道理主要通過四個概念隱喻來解釋：

（1）〔覺悟是旅程〕（ENLIGHTENMENT IS A JOURNEY），人的覺悟過程被理解為從生死輪迴到天堂的旅程，四種修行方法被理解為四種道路。

（2）〔知識是視覺〕（KNOWLEDGE IS SIGHT），未覺悟者被理解為盲人，已覺悟者則是明眼人，可以引導未覺悟者。

（3）〔知識是味覺〕（KNOWLEDGE IS TASTE），如體驗覺悟被描述為品嘗花蜜。

（4）〔知識是物體〕（KNOWLEDGE IS OBJECT），如知識被描述為可燒毀障礙的火和武器。

　　Rajandran 認為在這些隱喻背後，人被視為肉體、思想和靈魂的組合；其中肉體和思想是物質的，而靈魂是精神的，前者構成人類的身心體驗，幫助後者覺悟。

3.4　《聖經》和佛經的概念隱喻對比研究

　　近年來，有少數研究開始嘗試在概念隱喻理論的框架下對比《聖經》和佛經中的隱喻現象。Somov（2017）從《聖經》翻譯的角度分析了《聖經》中的〔死亡〕（DEATH）和〔復活〕（RESURRECTION）隱喻在佛教文化背景國家的翻譯策略。Somov 指出圍繞〔死亡〕和〔重生〕《聖經》和佛教經典表現出不同的概念隱喻。在《聖經》中，人在死亡後進入陰司，處於一種虛弱如夢境的狀態，即〔死亡〕被理解為〔睡眠〕；〔復活〕擺脫了死亡的狀態，則被理解為〔睡醒〕，如被描述為「醒來」（wake up）、「起身」（stand up）。在佛教文化中，眾生處於生死輪迴的狀態，死亡本身就是再生，因此佛教並沒有《聖經》中的〔復活〕（RESURRECTION）概念，而〔死亡是睡眠〕隱喻只在某些佛教文化背景的地區

存在。

Somov 分析了〔死亡是睡眠〕、〔復活是睡醒起身〕和〔生命是向上移動〕三個隱喻在三個佛教背景國家的《聖經》譯本中的翻譯策略，即卡爾梅克（Kalmyk）、布里亞特（Buryat）和圖旺（Tuvan）。以〔死亡是睡眠〕為例，圖旺和布里亞特語中有體現該隱喻的表達，如將「死亡」喻為「長眠」（eternal sleep），因此這兩國的《聖經》譯本中一般直譯〔死亡是睡眠〕相關的表達；卡爾梅克語中的「睡眠」一詞並沒有與「死亡」相關的意義，因此該國的《聖經》譯本一般將「死亡」譯為「去往更好的世界」、「回家」等。Somov 認為在翻譯時應考慮基督教文化和佛教文化對〔死亡〕相關概念的認知差異。

Schlieter（2013）從概念隱喻視角考察了西方基督教世界將佛教的〔業〕（KARMA）理解為〔銀行賬務〕（BANK ACCOUNTING）的隱喻，並通過分析早期佛教巴利文經典中的〔業〕隱喻指出〔業是賬務〕是受基督教文化影響得出的隱喻，並不能充分解釋佛教對業的認識。Schlieter 追蹤近現代以來西方基督教世界對佛教〔業〕的描述，認為這些描述體現了〔業是賬務〕的概念隱喻：業如同貨幣，天界像一個銀行；每個生命的業的總和則像一個銀行賬戶，人可以從中存取款；善業是存款，惡業是取款；因此賬戶有盈或虧，業的盈虧決定人在來世能否再生入天界。

Schlieter 分析早期佛教巴利文經典後發現〔業〕主要借助三個始源域理解：（1）〔農業〕（AGRICULTURE），即將業理解為種子，種下善業可得善果，種下惡業則得惡果，但是同時也受天氣等因素影響，因此業之果何時到來有不確定性；（2）〔明暗〕（LIGHT-DARK），用明和暗來理解善業和惡業；（3）〔繼承〕（INHERITANCE），用財產的繼承來理解業的傳遞。Schlieter 在早期佛教經典中發現了將業喻為債（debt）的表達，但是認為這並不能體現〔業是賬務〕的隱喻，因為佛教認為惡業和善業並不能像借款和貸款一樣轉換，無法實現收支的平衡或盈虧。善業必然帶來善果，惡業必然帶來惡果，並不存在善業可抵消惡業的情況。因此，〔農業〕隱喻更能準確解釋佛教關於業的教義。

對此，Schlieter 認為〔農業〕隱喻反映了佛教最早出現在一個農業為主的社會，而〔銀行賬務〕隱喻則需要一個銀行業較發達的社會環境，即猶太教和基督教所產生的環境。此外，Schlieter 認為〔業是賬務〕是西方將對基督教〔罪〕的理解複製到佛教〔業〕之上的結果：在《聖經》中，〔罪〕被理解一種〔債務〕，世人需要贖罪，就像償還債務，之後才能獲得拯救；在此過程中，上帝

如同裁判，掌管並記錄每個人的罪債帳簿（sin accountbook），並裁決人是否還清債務，是否可獲得寬恕。

Lu（2017）收集了中國臺灣地區官方輓聯範文中的中文輓聯，在其中發現了 59 個佛教習語，八個基督教習語，並分析了習語背後與〔死亡〕有關的隱喻。在佛教習語中，Lu 發現了六個隱喻，即〔死亡是重生〕（DEATH IS REBIRTH）、〔死亡是朝向重生的旅程〕（DEATH IS A JOURNEY TOWARDS REBIRTH）、〔重生是西方〕（REBIRTH IS WEST）、〔生命是循環〕（LIFE IS A CIRCLE）、〔人是蓮花〕（A PERSON IS A LOTUS）、〔天界充滿蓮花〕（HEAVEN IS FULL OF LOTUSES）；基督教習語則反映了三個隱喻，即〔死亡是休息〕（DEATH IS REST）、〔天堂是永恆的家〕（HEAVEN IS AN ETERNAL HOME）和〔死亡是歸程〕（DEATH IS A RETURN JOURNEY）。兩個宗教共享〔死亡是旅程〕的隱喻，但是也有差異，如旅程的終點不同；兩個宗教雖有不同的〔死亡〕隱喻，但是其隱喻被發現可在同一個輓聯中共存。

從以上三個研究可以發現，對比基督教和佛教的概念隱喻可以幫助我們更好地理解兩個宗教的教義。從既有文獻來看，基督教和佛教的概念隱喻對比研究還存在較大的空白：在語料方面，Lu（2017）的研究收集的例子較少（基督教隱喻習語只有八個），且悼詞並非來自宗教經典，Schlieter（2013）只分析了佛教經典，基督教〔罪〕的隱喻似乎轉自其他文獻，而 Somov（2017）沒有明確說明使用何種語料分析佛教和基督教隱喻；在覆蓋的目標域方面，三個研究關注了〔死亡〕、〔罪〕和〔業〕等概念，對同樣基礎的〔世界〕、〔時間〕、〔上帝〕／〔神〕等概念尚未涉及。

3.5　小結

綜觀有關宗教語篇的隱喻研究，特別是概念隱喻研究，我們可以初步得出以下結論。

第一，宗教語言具有較高的隱喻性，宗教文本中一般都有較多的比喻表達，而且表現為詞句、篇章等多種形式，如《聖經》中的耶穌比喻（parable）和佛經中的譬喻故事。

第二，眾多宗教概念，如〔上帝〕、〔人生〕、〔死亡〕和〔道德〕等，都借助隱喻得以構建，隱喻研究亦可以幫助我們更好地理解這些概念。

第三，隱喻思維在宗教領域中的作用不僅體現在宗教經典文獻中，基於實

驗和訪談的研究發現在人們的日常宗教體驗中隱喻思維同樣廣泛存在。

第四，不同宗教在概念隱喻上既有一致性也有差異性。如基督教、佛教和伊斯蘭教都有〔人生是旅程〕這個概念隱喻，但是基督教和伊斯蘭教將人生理解為路上的旅程（cf. Golzadeh & Pourebrahim，2013；Jäkel，2003），而佛教則將人生理解為渡河的旅程（cf. Lan，2012）。

第五，對宗教領域的概念隱喻研究尚存較多空白。首先，與《聖經》相比，佛教經典的概念隱喻受到的關注較少。其次，即使是研究者關注較多的《聖經》，有些基本概念仍然較少涉及，如〔世界〕、〔時間〕和〔天國〕等。再者，只有極少數研究涉及這兩種宗教的概念隱喻對比，覆蓋的概念亦較少。

第四章　研究方法

　　本文借鑒 Charteris-Black（2004）的批評隱喻分析法（Critical Metaphor Analysis）進行語料收集和分析。該方法結合語篇批評分析和概念隱喻理論，分三個步驟研究隱喻：識別（identification）、理解（interpretation）和闡釋（explanation）。第一步，細讀文本，根據始源域和目標域之間的語義衝突來識別比喻表達。第二步，分析比喻表達與其背後的認知和語用功能之間的關係，總結比喻表達背後的概念隱喻。第三步，分析概念隱喻產生的社會機制，闡釋概念隱喻的語篇功能。

　　Charteris-Black（2004）使用批評隱喻分析法分析了政治（如英國政黨宣言、美國總統演講）、媒體（如體育報導和經濟報導）和宗教（如《聖經》和《可蘭經》）三個領域的隱喻現象。之後，這種方法被不少學者用於分析各類文本中的隱喻，如社會科學文獻中與人的思想、態度和價值觀有關的隱喻（Cameron et al.，2009），法律文書中的文化戰爭隱喻（Bruce，2009），新聞報導中與恐怖主義有關的隱喻（Hülsse & Spencer，2008；Spencer，2012），以及政治演講中與集體記憶有關的隱喻（Gavriely-Nuri，2014）等。

　　本章分為兩節，4.1 介紹分析文本的選擇及選擇的原因，4.2 介紹隱喻識別、標記和統計的方法和結果。

4.1　文本的選擇

4.1.1　《聖經》經卷的選擇

　　基督教《聖經》包括兩部分，即《舊約》和《新約》，《舊約》共 39 卷，

《新約》正典共 27 卷，結構宏大，內容繁複（孫毅，2005）。限於本文的篇幅和細讀文本的研究方法所意味的工作量，本研究在《舊約》和《新約》中各選擇一卷進行系統分析。所做選擇主要遵循兩個原則：第一，所選經卷內容能較大程度上反應《聖經》的主題；第二，所選經文中含有較多的比喻表達（Charteris-Black，2004：178）。

本文選定分析的經卷為《舊約》的《詩篇》（Psalms）和《新約》的《馬太福音》（Matthew）。縱覽基督教《聖經》的《舊約》和《新約》，主題都是上帝與人立約：《舊約》強調上帝與以色列人立約，《新約》強調上帝借耶穌與信徒另立新約（Geisler，1986：15；王新生，2010：4；卓新平，1992：2）。本文選擇《舊約》中的《詩篇》，是因為《詩篇》多方面表現了人和上帝的關係，特別是以色列人與上帝之間的聖約關係（孫毅，2005：106），在基督教會的應用最為廣泛，影響也極為深遠（梁工，2013：272）；選擇《新約》中的《馬太福音》，是因為《馬太福音》是四部福音書的第一部，與其他三部福音書相比，相對全面地記載了耶穌的生活、言行和講道內容（梁工，2013：413；孫毅，2005：192）。

需要指出的是，本文所選的兩部經卷在以往文獻中已有學者從概念隱喻的角度嘗試做過分析，包括 Basson（2005，2006）、Charteris-Black（2004）、Cousins（2008）和 Wong（2010）對《詩篇》的研究，Charteris-Black（2004）和 Wang（2008）對《馬太福音》的研究（cf. 3.1.2 節）。本文與這些研究主要有兩點不同。第一，覆蓋的文本範圍不同。本文以文本細讀的方式儘量窮盡《詩篇》和《馬太福音》中與所研究的宗教概念相關的比喻表達。相比之下，Charteris-Black（2004）只分析了《馬太福音》和《詩篇》150 篇詩文的前 100 篇，且其目的是從中找出高頻的始源域詞彙，然後在《聖經》全文中搜索這些詞彙以研究《聖經》中最活躍的始源域，而非分析《馬太福音》和《詩篇》本身；Basson（2005，2006）只分析了《詩篇》的八篇詩文，即第 7、17、31、35、44、59、74 和 80 篇；Wong（2010）只分析了《詩篇》的第 91 篇；Wang（2008）只分析了《馬太福音》中的三則比喻故事，即「十童女」、「塔蘭特」和「芥菜種」。

第二，分析的視角不同。本文關注的是目標域，意在探索如何通過隱喻識別和分析來理解宗教概念以及多個宗教概念之間的關係。Charteris-Black（2004）關注的則是始源域，重點考察《聖經》主要使用哪些始源域來構建概

念隱喻。Basson（2005，2006）和 Cousins（2008）只關注了〔上帝〕這一個目標域，特別是〔上帝是庇護所〕這一個概念隱喻，而沒有涉及其他宗教概念或與〔上帝〕有關的其他概念隱喻。

　　除了選擇經卷，本文還需選擇《聖經》的譯本。《聖經》的《舊約》最初以希伯來文寫成，《新約》最初以希臘文寫成，之後被翻譯成各種語言。據 Riches（2013：163），「《聖經》部分經卷已被譯成 2212 種語言，《聖經》全書則被譯成 350 多種語言」，而且「估計還有 700 多項聖經翻譯工作正在進行中」（米勒、休伯，2005：48）。在眾多的譯本中，本文選擇的是中國基督教兩會（即中國基督教三自愛國運動委員會和中國基督教協會）於 2008 年出版的《聖經‧中英對照》版本。該版本的英文部分採用「英語標準譯本」（English Standard Version，ESV），中文部分採用「和合本」，本文主要參考英文部分。

　　《和合本聖經》於 1919 年問世，翻譯質量高，是全球華人教會中流傳最廣的版本；ESV 由英國聖經公會和福音出版社於 2001 年出版，以過去 500 年英語聖經翻譯的主流為基礎，綜合了信實度、精確度、簡練和華麗（中國基督教兩會，2008：出版前言）。此外，本文進行隱喻識別需要對比經文的字面意義和實際意義之間是否存在語義衝突，而 ESV 的翻譯原則和方法可以最大程度再現經文原始文本的意義：

> ESV 的每一個詞和短語都細心地與原始的希伯來文、亞蘭文及希臘文相核對，以保證充分的精確度和明晰度，並防止錯譯和漏譯原始文本的任何語義。……ESV 的翻譯原則基本上是直譯，它盡可能尋求得到原始文本的精確詞義和每一聖經作者的個人風格。這樣，它著重於「詞與詞」的對應，同時考慮到現代英語和原文語言之間在文法、句法和成語方面的差異。尋求原始文本的透明度，讓讀者盡可能地看到原始文本的結構與意義。（中國基督教兩會，2008：出版前言）

4.1.2　佛經的選擇

　　與基督教只有一部《聖經》〔註1〕不同，佛教的經典浩如煙海，目前版本最佳、流通最廣的中文大藏經就收錄了佛書 3360 部，共計 13520 卷〔註2〕。

〔註 1〕《聖經》的《舊約》和《新約》分別都有《次經》，即《聖經》正典以外的書卷，但是一般都不收入正經（梁工，2015：136～137）。

〔註 2〕http://www.fodian.org/DCD17/2011-05-22/92276.html

因此，古人有「閱藏知津」的說法，意思是「閱讀佛典，如同過河、走路，要先知道津梁渡口或方向路標，才能順利抵達彼岸或避免走彎路；否則只好望河興歎或事倍功半」（賴永海，2010：1）。本文選擇的渡口就是《法華經》。

《法華經》全稱《妙法蓮華經》，是大乘佛教的代表經典（李海波，2013：3），在古印度即廣受重視，傳入中國後影響更加深遠，與《楞嚴經》和《華嚴經》並稱「經中之王」（王彬，2010：1；惟賢法師，2003：75），甚至被認為是漢譯佛經中最具代表性、影響最大的經典，其在東方的地位相當於西方的《聖經》（李利安、謝志斌，2014：1）。《法華經》的思想極其豐富，代表並彰顯了大乘佛教的基本意趣和特色（李利安、謝志斌，2014：2）。《法華經》的影響主要體現在三方面：第一，歷代注疏眾多，廣受重視；第二，為中國第一個大乘佛教宗派「天台宗」的產生奠定了基礎；第三，影響了印度和中國佛教徒的修行方式（王斌，2010：7～9）。

《法華經》自成書以來多次被譯為漢語，流傳後世的漢譯本有三種。第一種是西晉時印度僧人竺法護所譯，第二種是後秦時著名佛經翻譯大師鳩摩羅什所譯，第三種是隋朝時印度僧人智德所譯。在這三種譯本中，鳩摩羅什的譯本流傳最廣，影響最大（王彬，2010：2），被公認為最契合佛祖最初講經的意思（惟賢法師，2003：69），歷代《法華經》注疏也多以此譯本為依據（俞學明、向慧，2012：1）。因此，本文選擇鳩摩羅什所譯版本作為分析的樣本。

4.2　隱喻的識別

4.2.1　識別方法

批評隱喻分析法識別隱喻的核心標準是語義衝突或不一致（semantic tension or incongruity），即詞語的字面意義和語境意義不一致，存在語義域的變化（Charteris-Black，2004：35）。比如，《聖經》中把上帝稱為 father（父親），《法華經》中把人稱為「佛子」。father 和「子」本是人與人的一種親屬關係，在《聖經》和《法華經》中卻被用於描述人類和上帝／佛的關係，語義域的變化帶來了隱喻，即〔上帝是父親〕和〔佛是父親〕。

在隱喻的語言形式上，藍純（2012：26）指出明喻和暗喻表達都應納入研究範圍，因為「語言中的明喻表達和暗喻表達皆由認知層面的概念隱喻機制所引發」，而且「漢語中的『比喻』概念同時涵蓋明喻和暗喻，這說明在中國人

的思維中明喻和暗喻的共性是一直被強調的」。

結合 Charteris-Black（2004）和藍純（2012）的分類方法，我們在《聖經》和《法華經》中識別出三種詞句比喻表達以及一種篇章比喻。詞句表達分為明喻表達、暗喻表達和音譯比喻表達。其中，明喻表達和暗喻表達為《聖經》和《法華經》共有，音譯比喻表達為《法華經》獨有。

明喻表達一般由比喻詞標記，例如：

（1）The righteous flourish *like* the palm tree and grow like a cedar in
Lebanon. (Psalms, 92.12)

（2）佛此夜滅度，*如*薪盡火滅，分布諸舍利，而起無量塔。（《法華經》第一品）

例（1）和例（2）均含有比喻標記詞，即 like（像）和「如」。前者將義人喻為棕樹和香柏樹，體現了〔人是植物〕這一概念隱喻；後者將佛的滅度喻為火的熄滅，體現了〔生命是火〕這一概念隱喻。

暗喻表達雖沒有比喻詞標記，但是同樣體現概念隱喻，例如：

（3）He restores my soul. He leads me in *paths* of righteousness for his
name's sake. (Psalms, 23.3)

（4）佛子所*行道*，善學方便故，不可得思議。（《法華經》第四品）

例（3）中的 paths（道路）和例（4）中的「行道」體現了同樣的概念隱喻，即〔生命是旅程〕。

音譯比喻表達是佛經中特有的，其中的漢字作為注音符號使用，不再具有原來的意義，但是音譯表達整體則傳遞了梵語所攜帶的比喻義。例如：

（5）即集此眾生，宣布法化，示教利喜，一時皆得*須陀洹*道、*斯陀含*道、*阿那含*道、*阿羅漢*道，盡諸有漏，於深禪定皆得自在，具八解脫。（《法華經》第四品）

例（5）中的「須陀洹」、「斯陀含」、「阿那含」和「阿羅漢」分別為梵語 Sotapanna、Sakadagami、Anagamin 和 Arhat 的音譯詞，在梵語中均有比喻義。以「斯陀含」為例，其意譯為「一往來」，指一往天道、一來人道，即先生為天道之生命，再生為人道之生命（陳秋平、尚榮，2010：25）。很明顯，「往」和「來」都是描述旅程的動作動詞，「往」指上升到天道，「來」指下降回人道。因此，我們認為「斯陀含」這個音譯詞同樣體現了〔生命是旅程〕這一概念隱喻。

篇章比喻指《聖經》中的「耶穌比喻故事」（parable）和《法華經》中的

佛教譬喻故事。我們認同既往的宗教概念隱喻研究的觀點，即篇章比喻和詞句表達一樣體現了思維中的概念隱喻（Lan，2012；Wang 2008；Wilcox，2011；陳海慶、高思楠，2013；房娜，2009）。在這些篇章比喻中，故事中的要素都有對應的宗教意義，因此可將故事整體視為始源域或始源場景，其要素映射到相應的宗教概念之上。

如《聖經·馬太福音》中的「稗子的比喻」（Parable of the Weeds）用收割麥子和稗子的故事來理解天國審判善人和惡人的過程，始源域〔收割〕和目標域〔天國審判〕之間形成豐富的映射（cf. 5.4.2.1 節）。又如《法華經》中的「火宅喻」，如來先用很長的篇章講述了一個長者救孩子們逃出火宅的故事，之後更詳細解釋了這個故事的含義：三界如同一個火宅，其中的火指眾生在三界所受的苦，眾生受苦而不自知如同孩子在火宅嬉戲而不知災禍將至；佛陀如同長者愛護自己的孩子一樣愛護眾生，為了幫助眾生脫離世間苦，根據眾生的品性先以聲聞乘、辟支佛乘和菩薩乘予以引導，之後再用一佛乘度化眾生成佛。這個故事中的多個要素都有宗教含義，形成豐富的映射，如表 4.1 所示。

表 4.1 〔三界是火宅〕的主要映射

始源域		目標域
火宅	→	三界
宅中火	→	世間苦
門	→	佛教
長者	→	佛陀
孩子	→	眾生
車	→	佛法
羊車	→	聲聞乘
鹿車	→	辟支佛乘
牛車	→	菩薩乘
大白牛車	→	一佛乘

由於篇章比喻以整個故事為始源場景，所以僅在詞句層面無法準確理解篇章比喻，特別是《法華經》中的譬喻故事一般都很長，如「火宅喻」包含 234 句，5913 字，其中很多句子只有放在整個篇章的背景下才能理解其背後的隱喻含義。因此，在識別篇章比喻時，我們在整體理解篇章主題的情況下，歸納

故事要素和目標域之間的主要映射，根據映射找出篇章中反映這些映射的詞
句表達。但是，整個故事中並非所有的句子都能體現篇章的主題隱喻，如：

（6）汝等莫得樂住三界*火宅*，勿貪粗弊色聲香味觸也。若貪著生

愛，則為所*燒*。汝速出三界，當得三*乘*——聲聞、辟支佛、

佛*乘*。我今為汝保任此事，終不虛也。汝等但當勤修精進。

（《法華經》第三品）

例（6）選自「火宅喻」，共有五個句子，其中前三個句子中的「火宅」、「燒」
和「乘」都可反映〔火宅〕與〔三界〕之間的映射，因此我們將其識別為「三
界火宅喻」的詞句表達；但是後兩個句子是佛祖解釋完火宅故事的含義後鼓勵
和叮囑弟子的話，並未反映〔火宅〕與〔三界〕之間的映射，因此我們未將其
識別為「三界火宅喻」的詞句表達。

此外，除了故事的主題之外，一個篇章比喻往往涉及多個始源域和目標
域，體現多個概念隱喻。如「火宅喻」的主題是火宅，首先體現了〔三界是火
宅〕的主題隱喻（cf. 6.1.3 節）；同時這個譬喻故事也用父子關係理解佛與眾生
之間的關係，因此也體現了〔佛陀是父親〕的概念隱喻（cf. 6.5.4.2 節）；用不
同的車喻指不同的佛法則體現了〔佛是嚮導〕、〔修行是旅程〕和〔涅槃是旅程
終點〕的隱喻（cf. 6.4.3 節）。因此，在識別篇章比喻時，我們會標記相應詞句
表達的始源域和目標域，將其歸入不同的概念隱喻。

再者，篇章比喻中的某些詞句體現的概念隱喻可能與篇章的主題不相關，
無法納入篇章主題隱喻的映射之中，但是卻體現了其他的概念隱喻，如：

（7）Then the righteous will shine like the sun in the kingdom of their

Father. He who has ears, let him hear. (Matthew, 13.43)

（8）如是展轉，至無數劫，從地獄*出*，當*墮*畜生。（《法華經》第三

品）

例（7）為《馬太福音》「稗子的比喻」部分的一節經文，並不能納入〔天國審
判是收割〕的映射（cf. 5.4.2.1 節）中，但是其中 father（父親）指上帝，體現
了〔上帝是父親〕的隱喻。例（8）選自《法華經》中的「火宅喻」，同樣無法
納入〔三界是火宅〕的映射中，但是其中「出」字體現了〔地獄是容器〕的隱
喻，「墮」字則體現了〔惡道位於低處〕的隱喻（cf. 6.3.2 節）。因此，除了在
篇章的主題背景下根據篇章故事要素的映射理解篇章中的詞句表達之外，我
們還識別了不屬於篇章主題的其他詞句比喻表達，與經文中不屬於某個篇章

範圍內的詞句表達一起進行統計和分析。

4.2.2 統計方法

在語言表達上，隱喻並非以孤立的詞語的形式存在，而是取決於我們在具體語境中對詞語的理解（Charteris-Black，2004：176）。因此，在統計某個文本中的比喻表達時，就不能只計算相關詞語的數量。針對英語《聖經》中的隱喻識別和統計，Charteris-Black（2004：178～180）確立了一套具體的方法和準則，即以《聖經》固有的分節（verse）為單位，再以語言表達和概念隱喻為標準進行統計和計算。佛經不像《聖經》有約定俗成的分節。為了使用統一的計算標準，本文將《法華經》進行了分句，以句號、問號和感歎號作為句子的標誌。簡言之，統計《聖經》中比喻表達的數量時以分節為單位，統計《法華經》中比喻表達的數量時以句子為單位。

以分節為單位，《聖經》的《詩篇》共有 2461 節，《馬太福音》共有 1071 節，共計 3532 節；以句子為單位，《法華經》共有 2943 句。兩者的單位不完全對等，這是兩個宗教經卷的特點決定的，也是本文不得不面對的局限之一。但是，上述處理方式可以使我們在《聖經》和《法華經》比喻表達的識別和統計上保持最大程度的一致。

本文在統計《聖經》和《法華經》中詞句比喻表達的數量時基本遵循 Charteris-Black（2004）確定的標準，具體包含如下四條原則：

第一，同一分節／句內，若不同的語言表達體現不同的概念隱喻，則按照兩個計算，如：

（9）They have neither knowledge nor understanding, they *walk about in darkness*; *all the foundations of the earth* are shaken. (Psalms, 82.5)

在這一節中，walk about in darkness（在黑暗中走來走去）體現了〔生命是旅程〕這一概念隱喻；the foundations of the earth（地的根基）體現了〔世界是房屋〕這一概念隱喻，因此此例按照含兩個比喻表達計算。

第二，同一分節／句內，若不同的語言表達體現同樣的概念隱喻，也分別計算，如：

（10）The LORD *reigns*; let the peoples tremble! He sits *enthroned* upon the cherubim; let the earth quake! (Psalms, 99.1)

例（10）是《詩篇》第 99 篇的第 1 分節，其中的 reign（統治）和 enthroned
（加冕的、登基的）體現了同樣的概念隱喻，即〔上帝是國王〕，但是因為語
言表達形式不同，所以計作兩個比喻表達。

　　第三，同一分節／句內，若同樣的語言表達體現同樣的概念隱喻，則按照
一個計算，如：

> （11）... for the LORD knows the *way* of the righteous, but the *way* of
> the wicked will perish. (Psalms, 1.6)

例（11）中，way（道路）出現了兩次，但是體現了同樣的概念隱喻〔生命是
旅程〕，因此此例計為一個比喻表達。

　　第四，在不同分節／句內，若同樣的語言表達體現同樣的概念隱喻，則分
別計算。如例（11）中的 way，以及形容上帝的 father（父親）、rock（岩石）、
shepherd（牧羊人）出現的頻率非常高，這些詞語出現在不同分節時，每出現
一次即計算一次。

　　由於 Charteris-Black（2004）對英語《聖經》文本的隱喻識別和統計均以
詞句為單位，並未涉及篇章比喻，所以我們補充了如下三條統計和計算篇章比
喻的原則，以補充 Charteris-Black 提出的標準。

　　第五，針對篇章比喻，在整體理解篇章主題的情況下，歸納主題隱喻中的
主要映射，根據映射找出篇章中反映這些映射的詞句表達，然後按照前述四條
標準統計這些詞句表達。

　　第六，在篇章比喻的經文範圍內，有的句子雖不能體現篇章主題隱喻的映
射，但是反映了其他的概念隱喻，則按照前述四條標準統計這些句子中的詞句
表達，如例（7）和例（8）所引的句子。

　　第七，在篇章比喻經文範圍內的其他句子，若既不能體現篇章主題隱喻的
映射，也不含能反映其他概念隱喻的詞句，則不予統計，如例（6）中的後兩
個句子。

4.2.3　標記方法

　　在以往的隱喻研究中，我們並未發現便於標記較大規模宗教文本中的比
喻表達並能準確提取出與特定始源域或目標域相關的全部表達的方法。本文
分析的《聖經》文本共計 3532 節經文，74464 字；《法華經》文本共計 2943 句
經文，85212 字，文本規模較大。針對《聖經》和《法華經》文本的特點，我

們嘗試了一種基於分節／分句的標記方法。

　　我們將《聖經》和《法華經》的文本分節／分句後對經文進行編號〔註3〕，然後將一部經卷的全部文本放入表格中，每節／每句經文佔據一個單元格。識別出一處比喻表達後，在每處表達右側的單元格中標記目標域標記詞和始源域標記詞，如表 4.2 所示。

表 4.2　標記方法示例（1）

編號	經　文	目標域	始源域
1.1	¹˙¹ Blessed is the man who walks not in the counsel of the wicked, nor stands in the way of sinners, nor sits in the seat of scoffers;	生命－旅程	旅程－行走
1.2	² but his delight is in the law of the LORD, and on his law he meditates day and night.		
1.3	³ He is like a tree planted by streams of water that yields its fruit in its season, and its leaf does not wither. In all that he does, he prospers.	生命－空間	存在鏈－植物
1.4	⁴ The wicked are not so, but are like chaff that the wind drives away.	生命－空間	存在鏈－植物

　　表 4.2 所示為《聖經·詩篇》第一章的前四節經文，其中經文 1.1 中 walk（行走）一詞體現了〔生命是旅程〕的概念隱喻（cf. 5.3.3 節），因此我們在該節經文右側單元格內分別標出該句表達的目標域和始源域標記詞。

　　始源域和目標域的標記詞是在閱讀和分析文本的基礎上確定並細化的，以便後期提取並總結概念隱喻。以表 4.2 中目標域一列的〔生命〕概念為例，我們在詳細閱讀和分析後發現《聖經》和《法華經》從三個維度理解〔生命〕，即空間維度、時間維度以及綜合時空維度將其理解為〔旅程〕，因此我們將其標記詞細化為「生命－空間」、「生命－時間」和「生命－旅程」。再如表 4.2 中的始源域一列，〔旅程〕概念的要素包含〔終點〕、〔嚮導〕、〔行走方式〕等，我們依據這些要素對標記詞進行細化；又如 1.3 節經文體現了〔人的生命是植物〕的隱喻（cf. 5.3.1 節），屬於存在鏈隱喻，因此我們將其標記詞記為「存在鏈－植物」，以便後期與「存在鏈－動物」、「存在鏈－人」等始源域歸為一大類。

〔註3〕《聖經》採用約定俗成的分節編號，我們參照其方式對《法華經》的分句進行編號。

按照 4.2.2 節所述統計方法的第一和第二條標準，若同一節／句經文被統計為不止一處比喻表達，則將該經文複製並分別標記，如表 4.3 所示：

表 4.3　標記方法示例（2）

編　號	經　　文	目標域	始源域
1.8.12	若人遭苦，厭老病死，為說涅槃，盡諸苦際。		
1.8.13	若人有福，曾供養佛，志求勝法，為說緣覺。		
1.8.14	若有佛子、修種種行，求無上慧，為說淨道。	佛	父親
1.8.14	若有佛子、修種種行，求無上慧，為說淨道。	涅槃	旅程－道路
1.8.14	若有佛子、修種種行，求無上慧，為說淨道。	涅槃	旅程－道路
1.8.15	文殊師利！		
1.8.16	我住於此，見聞若斯，及千億事，如是眾多，今當略說。		

表 4.3 所示為《法華經》第一品的經文，其中第 8.14 句經文「若有佛子、修種種行，求無上慧，為說淨道」僅有十六字，但是「佛子」體現了〔佛是父親〕的概念隱喻，「行」和「道」以不同詞句形式體現了〔涅槃是修行旅程終點〕的概念隱喻，因此我們對本句經文進行複製後分別標記目標域和始源域，並按照三處比喻表達統計。

對全部經文完成標記後，我們首先使用 Microsoft Word 的排序功能以目標域一欄的標記詞為標準對全部經文進行排序，提取出圍繞某個目標域（如〔生命〕）的所有表達。如前所述，由於我們對目標域標記詞進行了細化，如〔生命〕細化為「生命－時間」、「生命－空間」和「生命－旅程」，因此自動排序後圍繞〔生命〕的所有表達又可細分為三組。之後，我們再按照始源域標記詞對圍繞某個目標域的所有表達進行分類，提取出反映該目標域具體概念隱喻的表達。以〔上帝〕為例，根據始源域標記詞可將所有表達分為〔無生命物體〕、〔動物〕、〔人〕三組，圍繞〔無生命物體〕的表達又可細分為〔光〕、〔城堡〕、〔盾牌〕等更多分組，圍繞〔人〕的表達又可細分為〔牧羊人〕、〔國王〕、〔法官〕、〔父親〕等更多分組。

按照這種方法，本研究以相對一致的方式對兩種語言共計約 16 萬字的語料進行了系統的梳理和分析，並從中提取出圍繞《聖經》五大概念和《法華經》五大概念的全部比喻表達，又將每個概念的比喻表達按照始源域進行分類，歸納出相應的概念隱喻。

4.2.4　識別結果

　　本文將《聖經》的考查重點放在五個宗教概念的比喻表達上，分別是：〔空間〕、〔時間〕、〔生命〕、〔天國〕和〔上帝〕；與此相應，在《法華經》中我們也重點關注五個概念：〔空間〕、〔時間〕、〔生命〕、〔涅槃〕和〔佛〕。

　　選擇這五對概念作為重點考查的目標域出於以下兩個原因。首先，我們在初步閱讀文本時注意到這些概念激發了豐富的比喻表達。其次，這些概念都是《聖經》和《法華經》中的核心概念。〔空間〕、〔時間〕和〔生命〕是所有宗教都要解釋的基本概念（Bowker，1990），〔天國〕和〔涅槃〕是基督教和佛教的宗教理想，〔上帝〕和〔佛〕則分別是基督教和佛教的核心角色。本文選擇重點考查圍繞這些概念的比喻表達，是為了以這五對概念為起點，對基督教和佛教的概念隱喻體系進行對比。

　　基於 4.2.1 和 4.2.2 所述的識別和統計方法，我們發現在《聖經》的《詩篇》和《馬太福音》中含有與〔空間〕、〔時間〕、〔生命〕、〔天國〕和〔上帝〕有關的比喻表達的經文共 1332 節，計 35415 字，占全部經文節數的 37.72%，占全部經文字數的 47.56%。可見，僅就以上五個概念而言，《聖經》的經文已表現出較高的比喻性，若將其他概念納入分析，經文的比喻性會更高。在這1332 節經文中，我們圍繞〔空間〕、〔時間〕、〔生命〕、〔天國〕和〔上帝〕識別出的比喻表達數量如表 4.4 所示。

表 4.4　《聖經》文本隱喻識別和統計結果

目標域	比喻表達的數量		
	總　計	《詩篇》	《馬太福音》
空間	98	84	14
時間	86	57	29
生命	350	313	37
天國	219	0	219
上帝	868	597	271
總計	1621	1051	570

　　對於表 4.4，有三點需要說明。第一，《聖經》文本中含有與五大概念有關的比喻表達的經文共 1332 節，但是如表 4.4 所示，圍繞這五個概念我們識別出的比喻表達共計 1621 處。這是因為按照 4.2.2 所述統計方法的前兩條原則，

同一節經文可能重複計算。第二，表 4.4 中與〔天國〕有關的比喻表達全部來
自《馬太福音》，這是因為我們在識別過程中注意到〔天國〕似乎是《新約》
特有的一個概念，在《舊約·詩篇》中並未出現。第三，從表 4.4 還可以發現，
對於除〔天國〕外的其他四個概念，《詩篇》比《馬太福音》含有的比喻表達
都要多。但是本文將《聖經》文本視為一個整體進行分析，因此不對兩部經卷
的比喻表達的數量進行對比。

在《法華經》中，含有與〔空間〕、〔時間〕、〔生命〕、〔涅槃〕和〔佛陀〕
有關的比喻表達的句子為 1584 句，計 51434 字，占全經句子總數的 53.82%，
占全經字數的 60.36%。可見，《法華經》的經文同樣有很高的比喻性，甚至比
《聖經》的比喻性更高。在《法華經》的 1584 句經文中，我們圍繞〔空間〕、
〔時間〕、〔生命〕、〔涅槃〕和〔佛陀〕識別出的比喻表達數量如表 4.5 所示。

表 4.5　《法華經》文本隱喻識別和統計結果

目標域	比喻表達的數量
空間	452
時間	270
生命	150
涅槃	702
佛陀	1265
總計	2839

從表 4.5 可見，與《聖經》文本的識別結果類似，《法華經》文本中含有
與〔空間〕、〔時間〕、〔生命〕、〔涅槃〕和〔佛陀〕有關的比喻表達的經文共 1584
節，但是圍繞這五個概念我們識別的比喻表達共計 2839 處，比經文節數多 1255
處。這是因為同一節經文可能重複計算，而且這在《法華經》中尤其顯著，如
表 4.3 所引的經文，雖然只有 16 字，但是統計為三處比喻表達。

關於本文的研究方法，還有幾點需要說明。第一，本研究的隱喻識別、標
記和統計主要由筆者一人完成，在此過程中（主要集中在 2015 年 9 月至 2017
年 12 月），為儘量減少主觀性，加強識別的信度，筆者通過所在學院的認知語
言學工作坊對部分語料識別結果進行交叉驗證。工作坊成員對概念隱喻理論
都較為熟悉，且有四人同時在進行與概念隱喻相關的研究。筆者定期彙報研究
進展，分享存疑的語料，與工作坊成員進行集體分析和討論，以確定最終識別

結果。第二，本研究採用客觀的研究者視角而非宗教信徒的視角，因此對語料的理解和分析，尤其涉及宗教教義的部分，可能與宗教信徒並不完全相同。第三，在術語使用上，本文討論思維層面的現象時使用「隱喻」或「概念隱喻」；討論語言層面的現象時使用「比喻」或「比喻表達」，包含「明喻」、「暗喻」、「音譯比喻」和「篇章比喻」四種語言形式（cf. 藍純，2012），不過第三章綜述英語文獻時，遵循慣例將文獻中專指語言層面的 metaphorical expression 譯為「隱喻表達」。

第五章　《聖經》中的隱喻分析

　　本章重點分析《舊約·詩篇》和《新約·馬太福音》中與下列五個概念有關的隱喻，即：〔空間〕、〔時間〕、〔生命〕、〔天國〕和〔上帝〕。其中，〔空間〕、〔時間〕和〔生命〕是相對普遍的概念，〔天國〕和〔上帝〕則是基督教特有的概念。本章將從較普遍的概念入手，再分析基督教特有的概念。

5.1　〔空間〕

　　「空間的認知是我們思維的核心」（Levinson，2004：xvii），借助空間隱喻來理解其他概念，如〔時間〕、〔親屬關係〕、〔社會結構〕、〔音樂〕和〔情感〕，是人類語言的一大共性（ibid.：16）。我們注意到《詩篇》和《馬太福音》中並未直接使用 space（空間）一詞，也並未明確構建一個宏大抽象的〔空間〕概念，只使用了幾個更具體的空間概念，即〔世界〕（WORLD）及其組成部分——〔大地〕（EARTH）、〔天堂〕（HEAVEN）和〔地獄〕（HADES / SHEOL）。圍繞這幾個具體的目標概念，我們在《詩篇》和《馬太福音》中共發現了 98 條比喻表達，歸屬四個始源域，如表 5.1 所示。

表 5.1　《聖經》中〔世界〕的始源域分布

始源域	比喻表達的數量和比例			
	《詩篇》	《馬太》	總　計	比　例
〔創造物〕	18	0	18	18.37%
〔容器〕	21	6	27	27.55%
〔房屋〕	27	6	33	33.67%
〔上下〕	18	2	20	20.41%

這些比喻表達背後主要的概念隱喻可概括為：

- 〔世界是上帝的創造物〕（THE WORLD IS A CREATION OF GOD）
- 〔世界是上下層級系統〕（THE WORLD IS A HIERARCHY）
- 〔世界是容器〕（THE WORLD IS A CONTAINER）
- 〔世界是房屋〕（THE WORLD IS A HOUSE）

5.1.1 〔世界是上帝的創造物〕

我們發現的第一個顯著的概念隱喻是〔世界是上帝的創造物〕（THE WORLD IS A CREATION OF GOD）。在我們分析的《聖經》文本中，世界上的一切都被描繪成上帝創造的成果。比如，《詩篇》中多次稱上帝為「製造天和地的人」（who made heaven and earth）：

（1）a. May you be blessed by the LORD, who *made* heaven and earth! (Psalms, 115.15)

b. My help comes from the LORD, who *made* heaven and earth. (Psalms, 121.2)

c. Our help is in the name of the LORD, who *made* heaven and earth. (Psalms, 124.8)

d. May the LORD bless you from Zion, he who *made* heaven and earth! (Psalms, 134.3)

在例（1）所引的經文中，made（製造）一詞都很明顯地體現了世界的組成部分天和地是上帝的創造物。上帝不僅「製造天和地」，他還製造了世界的其他組成部分：

（2）a. Before the mountains were brought forth, or ever you had *formed* the earth and the world, from everlasting to everlasting you are God. (Psalms, 90.2)

b. ⁵to him who by understanding *made* the heavens…; ⁶to him who *spread out* the earth above the waters…; ⁷to him who *made* the great lights…; ⁸the sun to rule over the day…; ⁹the moon and stars to rule over the night…. (Psalms, 136.5~9)

c. ⁴In his hand are the depths of the earth; the heights of the mountains are his also. ⁵The sea is his, for he *made it*, and his hands *formed the dry land*. [6]…let us kneel before the LORD, our *Maker*! (Psalms, 95.4~6)

d. [4]He determines the number of the stars; he gives to all of them their names…[8]He covers the heavens with clouds; he prepares rain for the earth; he makes grass grow on the hills. [9]He gives to the beasts their food, and to the young ravens that cry… [16]He gives snow like wool; he scatters hoarfrost like ashes. [17]He hurls down his crystals of ice like crumbs; who can stand before his cold? (Psalms, 147.4~17)

根據例（2）a，上帝形成了大地和世界（formed the earth and the world）。例（2）b 詳細描述了上帝製造天體（made the heavens）、鋪開大地（spread out the earth）以及製造大光體、太陽、月亮和星星（made the great lights， the sun， the moon and stars）的過程。此外，如例（2）c 所示，上帝還製造了大海（made the sea）、形成了陸地（formed the dry land），因此被稱為「製造者」（Maker）。例（2）d 更加詳細地描繪了上帝創造世界的過程，如決定星體的數量，製造雲、雨、風和雪等。

上帝不但創造了世界，之後還繼續眷顧這個世界：

（3） [9]You visit the earth and water it; you greatly enrich it; the river of God is full of water; you provide their grain, for so you have prepared it. [10]You water its furrows abundantly, settling its ridges, softening it with showers, and blessing its growth. [11]You crown the year with your bounty; your wagon tracks overflow with abundance. (Psalms, 65.9~11)

例（3）描述了上帝如何眷顧他創造的世界：他降雨澆灌大地和草場，使大地肥美，牛羊成群，五穀豐登。在這一過程中，上帝繼續扮演〔創造者〕的角色。

因為上帝創造了世界，所以世界被稱為他的「作品」，《詩篇》中有多處相關的表達：

（4） a. O LORD, how manifold are your works! In wisdom have you made them all; the earth is full of your *creatures*. (Psalms, 104.24)

b. When I look at your heavens, *the work of your fingers*, the moon and the stars, which you have set in place. (Psalms, 8.3)

  c. ***The works of his hands*** are faithful and just; all his precepts are trustworthy. (Psalms, 111.7)

從例（4）的三節經文可見，上帝的「作品」（works）很多，大地上充滿了他的「創造物」（creatures），這些作品都是上帝「手指的作品」（work of your fingers）或「手的作品」（works of his hands）。

  上帝的〔創造者〕角色也體現在其與〔時間〕和〔生命〕的關係上，後文將進行分析。

5.1.2 〔世界是上下層級系統〕

  我們發現，在《聖經》構建的世界中，一個主要的維度是〔上下〕。世界被理解為一個按照上下層級排列的結構：天堂在上，大地居中，地獄在下。

  （5）a. …an angel of the Lord ***descended from heaven*** … (Matthew, 28.2)

   b. He bowed the heavens and ***came down***… (Psalms, 18.9)

   c. If I ***ascend to heaven***, you are there! … (Psalms, 139.8)

   d. And you, Capernaum, will you be ***exalted*** to heaven? You will be brought ***down*** to Hades… (Matthew, 11.23)

從例（5）a-c 可以看出，上帝和天使是從天堂下降（descend, come down）到大地，而人是從大地上升（ascend, exalt）到天堂，可見天堂在上。例（5）d 還提到，迦百農（Capernaum）不能升入（exalt）天堂，而是會降到（down）冥府（Hades），可見地獄在下。又如：

  （6）a. Let death steal over them; let them go ***down*** to Sheol alive; for evil is in their dwelling place and in their heart. (Psalms, 55.15)

   b. O LORD, you have brought ***up*** my soul from Sheol; you restored me to life from among those who go ***down*** to the pit. (Psalms, 30.3)

在例（6）中，人進入陰間（Sheol）被描述為向下（down）的過程，上帝拯救人的靈魂則是將其從陰間帶上來（up）。

  空間的〔上下〕維度也體現在《聖經》對〔生命〕和〔天國〕等概念的理解中，我們將在相應的小節再做分析。

5.1.3 〔世界是容器〕

〔容器〕（CONTAINER）是最基礎的空間意象圖式之一，也是人類認識眾多抽象概念的基礎之一（Lakoff & Johnson，1980）。我們在《聖經》文本中發現了 27 處以〔容器〕為始源域的比喻表達，其背後的概念隱喻為〔世界是容器〕（THE WORLD IS A CONTAINER）。

體現〔容器〕隱喻的表達主要分為兩組：第一組強調世界這個容器的邊界（boundary），第二組強調世界這個容器的內容物（fullness）。首先，〔容器〕的基本特徵之一是有邊界，《詩篇》和《馬太福音》均在多處提及世界的邊界：

（7）a. …their words to ***the end of the world***… (Psalms, 19.4)

b. …she came from ***the ends of the earth***… (Matthew, 12.42)

c. You have fixed all ***the boundaries of the earth***… (Psalms, 74.17)

d. …they will gather his elect … from ***one end of heaven to the other***. (Matthew, 24.31)

例（7）的四節經文分別提到了「世界的盡頭」（end of the world）、「大地的盡頭」（ends of the earth）、「大地的邊界」（boundaries of the earth）以及「天堂的盡頭」（end of heaven）。從這些表達可以看出，在《聖經》中〔世界〕、〔大地〕和〔天堂〕都被描繪成一個有邊界的容器。

〔世界〕和〔大地〕作為容器並非中空，而是充滿了內容物，這也是〔容器〕的另一個重要特徵：

（8）a. …for the world and its ***fullness*** are mine. (Psalms 50.12)

b. The earth is the LORD's and the ***fullness*** thereof, the world and those who dwell therein, (Psalms, 24.1)

c. Have regard for the covenant, for the dark places of the land are ***full*** of the habitations of violence. (Psalms, 74.20)

d. Blessed be his glorious name forever; may the whole earth be ***filled*** with his glory! Amen and Amen! (Psalms, 72.19)

從例（8）a-b 可以看出，世界和大地都有內容物（fullness），例（8）c-d 中的 full（滿的）和 filled（填滿）也同樣體現了世界和大地裝滿了填充物。

〔容器〕對內容物的包容（containment）可以是二維的，也可以是三維的（Johnson，1987：21～22）。在以上所引的比喻表達中，「充滿」（full，fullness 和 filled）體現了〔世界〕作為一個立體容器的三維特徵，「邊界」（end 和

boundary）則體現了其組成部分〔大地〕的二維特徵。又如例（2）b 提到上帝「鋪展開」（spread out）大地，這裡的大地似乎也是一個二維平面。

此外，《聖經》還描述了〔天堂〕和〔地獄〕作為〔容器〕的一些其他特徵：

（9）a. …*the heavens were opened* to him, and he saw the Spirit of God descending like a dove and coming to rest on him… (Matthew, 3.16)

b. [29]…your whole body be thrown *into hell*. [30]…your whole body go *into hell*. (Matthew, 5.29~30)

從例（9）a-b 可以看出，天堂能夠打開（open），而外物可以進入（into）地獄，再次說明二者都是容器。

5.1.4 〔世界是房屋〕

〔房屋〕是一種典型的〔容器〕，在《聖經》文本中，我們注意到〔世界是容器〕這一基礎概念隱喻最常見的一個類屬隱喻便是〔世界是房屋〕（THE WORLD IS A HOUSE）。在這一隱喻的統領下，《聖經》將〔世界〕、〔大地〕、〔天堂〕甚至〔地獄〕都描繪成〔房屋〕。

（10）a. When the earth totters, … it is I who keep steady its *pillars*. (Psalms, 75.3)

b. They have neither knowledge nor understanding, they walk about in darkness; all the *foundations* of the earth are shaken. (Psalms, 82.5)

c. … the *foundations* of the world were laid bare at your rebuke… (Psalms, 18.15)

從例（10）a-c 可以看出，大地有「柱子」（pillar），大地和世界都有「地基」（foundation），而這些都是〔房屋〕的重要特徵。

〔房屋〕的另一個重要特徵，〔門〕，在《聖經》中也經常出現，被用來理解地獄和天堂的入口，如：

（11）a. … *the gates of hell* shall not prevail against it. (Matthew, 16.18)

b. … they drew near to *the gates of death*. (Psalms, 107.18)

從例（11）地獄之「門」和死亡之「門」這兩處表達可以看出，地獄被理解為

一個房屋，死亡就是從這個門進入地獄。當然，人除了進入地獄之門這一條道路之外，也可以通過其他的門進入其他的房屋：

  （12）a. ¹⁹Open to me **the gates of righteousness**, that I may enter through them and give thanks to the LORD. ²⁰This is **the gate of the LORD**; the righteous shall enter through it. (Psalms, 118.19~20)

    b. ¹³**Enter by the narrow gate**. For the **gate** is wide and the way is easy that leads to destruction, and those who enter by it are many. ¹⁴For the **gate** is narrow and the way is hard that leads to life, and those who find it are few. (Matthew, 7.13~14)

    c. but lay up for yourselves treasures in heaven, where neither moth nor rust destroys and where thieves do not **break in** and steal. (Matthew, 6.20)

從例（12）的三段經文可以看出，天堂也被理解為一個房屋，也有門。這個門被稱為「義門」（the gate of righteousness）或「上帝之門」（the gate of the Lord）。而且，這是一個「窄門」（the narrow gate），能進入的人很少。此外，賊人還可能以武力闖入（break in）天堂偷竊財物。

〔房屋〕需要〔建築師〕，世界（包括天堂和地獄）這個房屋的建築師就是上帝。這在《聖經》中也有體現，如：

  （13）a. The heavens are yours; the earth also is yours; the world and all that is in it, you have **founded** them. (Psalms, 89.11)

    b. … he has **founded** it upon the seas and **established** it upon the rivers. (Psalms, 24.2)

    c. He **set** the earth on its foundations, so that it should never be moved. (Psalms, 104.5)

如例（13）所示，上帝「建造」了（found, establish, set）世界、大地和天穹，這體現了上帝作為建築師的角色。

綜合 5.1.1～5.1.4 的內容，我們可以這樣歸納《聖經》中關於空間的概念隱喻：〔世界是上帝建造的房屋〕（THE WORLD IS A BUILDING FOUNDED BY GOD）。這一隱喻涵蓋了《聖經》中〔世界〕概念的兩個重要特徵：「上帝的創造物」和「房屋」，這在下例中同時得到體現：

（14）Of old you laid the foundation of the earth, and the heavens are the
　　　work of your hands. (Psalms, 102.25)

例（14）一方面說上帝立了大地的根基，一方面說天是上帝之手的作品，總之，
〔世界〕是上帝建造的〔房屋〕。

5.2　〔時間〕

以往的時間隱喻研究一般關注時間的三個維度，即時間的流逝（time passing）、順序（time sequence）和跨度（time span）（Núñez & Cooperrider，2013）。我們在《聖經》文本中識別的比喻表達也體現了時間在這三個維度上的特徵，如表 5.2 所示。

表 5.2　《聖經》中〔時間〕的始源域分布

始源域		比喻表達的數量		
		《詩篇》	《馬太》	總　計
〔流逝〕	〔時間移動〕	7	11	18
	〔自我移動〕	5	1	6
〔持續〕	〔長度〕	40	8	48
〔順序〕	〔前後〕	5	9	14

這些比喻表達可歸納為如下三組概念隱喻：
- 〔時間的流逝〕
  ○〔時間的流逝是移動〕（TIME PASSING IS MOTION）
- 〔時間的跨度〕
  ○〔時間的持續是空間的長度〕（TIME DURATION IS SPATIAL LENGTH）
- 〔時間的順序〕
  ○〔早在前〕（EARLIER IS FRONT）
  ○〔晚在後〕（LATER IS BACK）

5.2.1　〔時間的流逝是移動〕

關於〔時間流逝〕最根本的概念隱喻是〔時間的流逝是移動〕（TIME PASSING IS MOTION），它有兩個版本：「時間移動版」，即時間的流逝是時間向自我（ego）

的移動;「自我移動版」,即時間的流逝是自我(ego)向時間的移動(Lakoff &
Johnson,1980)。在我們識別的比喻表達中,有 18 處體現前者,僅有 6 處體
現後者。下列經文均體現了〔時間的流逝是時間向自我的移動〕:

(15)a. …it is the time to favor her; *the appointed time has come*.
(Psalms, 102.13)

b. …he sees that *his day is coming*. (Psalms, 37.13)

c. …*The days will come* when the bridegroom is taken away from
them, and then they will fast. (Matthew, 9.15)

d. …whoever speaks against the Holy Spirit will not be forgiven,
either in this age or in *the age to come*. (Matthew, 12.32)

例(15)的四節經文中都有表示移動的動詞 come(來):「指定的日期已經來
了」(the appointed time has come),「他的日子正在來」(his day is coming)或
者「日子將要到來」(the days will come),將來的時代則被稱為「即將到來的
時代」(the age to come)。從這些表達可以看出,〔時間〕被理解為向「我」移
動的〔物體〕。〔時間〕在移動到「我」所在的位置後,經過「我」繼續移動,
如:

(16)a. For my days *pass away* like smoke…. (Psalms, 102.3)

b. The years of our life are … soon *gone*, and we fly away. (Psalms,
90.10)

如例(16)所示,時間從我身邊「經過」(pass away),很快就會離去(be gone)。
綜合例(15)和(16)可見,〔時間〕的移動以靜止的「自我」為參照點,未
來是尚未到來但正向自我而來的時間,現在是自我所在的時間,過去是經過自
我而去的時間。

在《聖經》文本中,〔時間〕的「自我移動版」也有所體現,但不如「時
間移動版」那麼普遍。在「自我移動版」中,〔時間的流逝〕表現為人的移動,
如:

(17)a. [37]… for there is a future for the man of peace. [38]But … *the future
of the wicked shall be cut off*. (Psalms, 37.37~38)

b. The LORD will keep your going out and your coming in *from
this time forth and forevermore*. (Psalms, 121.8)

在例(17)a 中,和平之人有未來,而邪惡之人的未來則會被「截斷」(cut off)。

根據《牛津英語詞典》，cut off 是指「阻礙到達某地的通道」（block the usual means of access to a place）。因此，cut off the future of the wicked 即指截斷惡人通向「未來」的道路。這裡「未來」似乎被理解為一個等著人接近的物體，人向前移動，逐漸接近未來，但只有和平之人可以到達未來，邪惡之人則無法到達。例（17）b 中雖然沒有表示移動的動詞，但是方向性副詞 forth（向前）說明時間的流逝被理解為以「現在」（this time）為起點向未來的移動。

簡言之，在「自我移動版」的時間隱喻中，〔時間〕類似一片靜止的風景，「未來」是自我尚未到達的時間，「現在」是自我當下所處的時間，「過去」則是自我已經經過的時間。

5.2.2 〔時間的持續是長度〕

〔時間的持續〕（TIME DURATION）指時間的跨度（span），是可以感知的或可以量化的時間量度，如「五分鐘」、「幾天」、「整個上午」（Núñez & Cooperrider，2013）。〔時間的持續〕一般借助〔體積〕和〔長度〕等空間維度來理解，甚至「時間跨度」（span）本身就是一個空間概念，如其在下面的經文中的使用：

> （18）The years of our life are seventy, or even by reason of strength
>
> eighty; yet their **span** is but toil and trouble; they are soon gone,
>
> and we fly away. (Psalms, 90.10)

在例（18）中，span 用來表述人的一生所經歷的年歲（years）。根據《牛津英語詞典》，span 的本義是指「某物從一端到另一端的全部範圍」（the full extent of something from end to end）或者「某物覆蓋的空間量」（the amount of space that something covers），前者是長度，後者是面積，都是明顯的空間概念。因此可知，例（18）中的 span 是以空間比喻意出現的。

我們在《聖經》中識別的比喻表達主要使用〔長度〕這一空間維度來理解〔時間的持續〕：

> （19）a. Behold, you have made my days a few **handbreadths**, and my
>
> lifetime is as nothing before you. Surely all mankind stands as
>
> a mere breath! (Psalms, 39.5)
>
> b. He asked life of you; you gave it to him, **length of days** forever
>
> and ever. (Psalms, 21.4)

      c. Now after *a long time* the master of those servants came and settled accounts with them. (Matthew, 25.19)

例（19）a 用一手寬（handbreadth）來度量時日（day）。根據《牛津英語詞典》，handbreadth 是一種非正式的長度單位，指一拃，約 7.8 釐米。例（19）b 和 c 更加明顯，直接使用長度表達（length of days, a long time）來形容時間。

    我們在《聖經》中注意到 long 一詞的多種用法，都和〔時間的持續〕有關：

（20）a. *Long* have I known from your testimonies that you have founded them forever. (Psalms, 119.52)

      b. *How long*, O LORD? Will you forget me forever? How long will you hide your face from me? (Psalms, 13.1)

      c. For when I kept silent, my bones wasted away through my groaning *all day long*. (Psalms, 32.3)

      d. Lead me in your truth and teach me, for you are the God of my salvation; for you I wait all *the day long*. (Psalms, 25.5)

      e. I consider the days of old, the years *long ago*. (Psalms, 77.5)

      f. And Jesus said to them, "Can the wedding guests mourn *as long as* the bridegroom is with them?..." (Matthew, 9.15)

例（20）的六節經文展示了 long 在《聖經》中的六種典型用法：在 a 中，long 單獨使用，表示「長時間地」；在 b 中，how long 表示「多久」或「多長時間」；在 c 和 d 中，all day long 和 all the day long 意為「整天」，long 指從早到晚這段時間；在 e 中，long ago 意為「很久以前」或「長時間以前」；在 f 中，as long as 一般譯為「只要」，但是此處指新郎和陪伴之人同在的「時間」。總之，long 的這六種典型用法都和時間跨度有關。

    除了「長」，「短」也被用來形容時間的持續，同樣體現了〔時間的持續是空間長度〕這一概念隱喻：

（21）a. Remember how *short* my time is! ... (Psalms, 89.47)

      b. ...he has *shortened* my days. (Psalms, 103.23)

      c. ...The Teacher says, My time is *at hand*. ... (Matthew, 26.18)

例（21）a-b 分別慨歎時間之「短」（short）和時日被「縮短」（shorten）。例（21）c 稱上帝的時間「近在手邊」（at hand），也是借助距離的近（短）來理解時間的近。

5.2.3 〔時間的順序是前後〕

與流逝和跨度相比，時間的第三個維度，順序（sequence），在《聖經》中體現得較少。〔時間的早晚〕順序一般借助〔空間的前後〕順序來理解，如：

（22）a. … Have you come here to torment us *before* the time? (Matthew, 8.29)

b. …Day *after* day I sat in the temple teaching, and you did not seize me. (Matthew, 26.55)

在例（22）中，時間的早晚順序主要體現在 before（在……之前）和 after（在……之後）兩個詞上。雖然這兩個詞的空間意義比較古老（Núñez & Cooperrider，2013），但是仍然體現了〔早是前／晚是後〕的概念隱喻，即較早存在的時間或發生的事被理解為在前，較晚存在的時間或發生的事被理解為在後。

5.2.4 〔時間的性質和形態〕

5.2.1～5.2.3 小節分析了〔時間〕的〔流逝〕、〔持續〕和〔順序〕，這是學界比較認可的體現在語言表達中的時間的三個基本維度（Núñez & Cooperrider，2013）。如果進一步追問，可以看出這三個維度都反映出人類對時間本身所具有的性質或形態的構想，即時間是什麼或時間是什麼樣的。這一點在既往的文獻中似乎被相對忽視。根據我們在《聖經》文本中識別的比喻表達，時間主要被理解為〔移動的物體〕、〔點線〕和〔創造物〕。因為時間的性質和形態主要是由時間的流逝、持續和順序間接反映出來的，所以我們對這些比喻表達未做重複統計，在表 5.2 中也未體現。

首先，在〔時間的流逝是移動〕的「時間移動版」中，時間似乎是一個移動的物體，可以「來」和「去」，如：

（23）a. … it is the time to favor her; *the appointed time has come*. (Psalms, 102.13)

b. For my days *pass* away like smoke, and my bones burn like a furnace. (Psalms, 102.3)

在例（23）a 中，「指定的時間」（the appointed time）像一個物體，從未來移動到了「我」所處的現在；在例（23）b 中，「我的時日」（my days）也被描述為煙狀物體，從「我」的身旁飄過。

其次，在〔時間的流逝是移動〕的「自我移動版」中，時間則是點連成的

線，如：

(24) a. …for there is a future for the man of peace. But transgressors shall be altogether destroyed; *the future* of the wicked shall *be cut off.* (Psalms, 37.38)

在例（24）中，「未來」被理解成一個終點，等待著人到達，中間的時間則像一段道路，人在其上移動。換言之，時間的形態是由無數的點串連成的線。〔時間的持續是長短〕也體現了時間的線狀形態，如：

(25) a. Behold, you have made my days a few *handbreadths*…! (Psalms, 39.5)

b. He asked life of you; you gave it to him, *length of days* forever and ever. (Psalms, 21.4)

c. Now after *a long time* the master of those servants came…. (Matthew, 25.19)

從例（25）可以看出，當時間的持續被理解為空間上的長度，時間就像一個可測量的線段，與「自我移動版」中的時間形態類似。

此外，我們在《聖經》中注意到〔時間〕還和〔世界〕一樣，被理解為上帝的〔創造物〕，如：

(26) a. [19]He *made* the moon to mark the seasons; the sun knows its time for setting. [20]You *make* darkness, and it is night, when all the beasts of the forest creep about. (Psalms, 104.19~20)

b. [7]to him who *made* the great lights, for his steadfast love endures for ever; [8]the *sun* to rule over the *day*, for his steadfast love endures forever; [9]the *moon* and *stars* to rule over the *night*, for his steadfast love endures forever. (Psalms, 136.7~9)

c. *[16]Yours is the day, yours also the night*; you have established the heavenly lights and the sun. [17]You have fixed all the boundaries of the earth; you have *made* summer and winter. (Psalms, 74.16~17)

例（26）a 指出，上帝「製造」（made）月亮來標記季節，又「製造」了黑暗，於是才有了夜晚。例（26）b 指出上帝「製造」光體來標記時間，其中太陽管轄白晝，月亮和星星管轄夜晚。例（26）c 則直言白天和黑夜都是上帝的，上

帝「製造」了夏季和冬季。從 a 和 b 可以看出，上帝通過創造光體而創造了時間；在 c 中，上帝更是直接創造了時間。

綜觀 5.2.1～5.2.4 可以發現，《聖經》似乎更加關注〔時間的流逝〕和〔持續〕，而較少關注〔時間的順序〕。〔時間的流逝〕被理解為〔移動〕，〔時間的持續〕被理解為〔長度〕，〔時間的順序〕被理解為〔前後〕，而〔移動〕、〔長度〕和〔前後〕都是空間概念。因此，以上時間隱喻背後的根隱喻是〔時間是空間〕（TIME IS SPACE）。這一隱喻在全世界很多語言中都得到了證實（cf. Núñez & Cooperrider，2013；Radden，2011）。時間的形態主要表現為〔移動的物體〕和〔點線〕。此外，〔時間〕還被視為上帝的〔創造物〕，這一隱喻具有較明顯的基督教特點，似與世俗對時間的理解不同。

5.3 〔生命〕

5.1 和 5.2 小節關於〔空間〕和〔時間〕的分析為我們理解〔生命〕提供了基礎。我們在《聖經》中識別的比喻表達中，與〔生命〕有關的表達數量僅次於〔上帝〕，共計 350 條。這些比喻表達的始源域分布如表 5.3 所示。

表 5.3 《聖經》中〔生命〕的始源域分布

始源域		比喻表達的數量		
		《詩篇》	《馬太》	總　計
空間	〔創造物〕	11	1	12
	〔上下層級〕	18	7	25
〔流逝〕	〔時間移動〕	3	0	3
	〔世代移動〕	7	2	9
	〔自我移動〕	4	0	4
〔持續〕	〔長度〕	19	2	21
	〔其他〕	8	0	8
〔旅程〕		243	25	268

從表 5.3 可以看出，這些表達主要從空間和時間兩個維度來理解〔生命〕。在空間維度上，〔生命〕被理解為上帝的〔創造物〕，不同的生命形式之間構成縱向的空間關係；在時間維度上，〔生命〕承繼了〔時間〕的兩個特徵，即流

逝和跨度；綜合空間和時間兩個維度，〔生命〕就成為〔旅程〕。

5.3.1 〔生命〕的空間維度

　　與 5.1 節所討論的〔世界是上帝的創造物〕和〔世界是上下層級系統〕這兩個空間隱喻相應，《聖經》中的〔生命〕在空間維度上也體現出兩個隱喻：〔生命是上帝的創造物〕和〔生命是上下層級系統〕。

　　在《聖經》中，上帝創造了世界萬物，包括生命。《詩篇》第 139 篇描述了上帝創造人的細節：

> （27）...

（27）¹³For you *formed* my inward parts; you *knitted* me together in my mother's womb. ¹⁴I praise you, for I am fearfully and wonderfully *made*. Wonderful are your *works*; my soul knows it very well. ¹⁵My frame was not hidden from you, when I was being *made* in secret, intricately *woven* in the depths of the earth. ¹⁶Your eyes saw my *unformed* substance; in your book were written, every one of them, the days that were *formed* for me, when as yet there was none of them. (Psalms, 139.13~16)

例（27）的四節經文使用了 form（形成）、knit（編織）、make（製造）和 wove（紡織）等動詞，把人描繪成上帝的織物或作品（works）。上帝不止創造生命的形式，還在書中規定了人的生命經歷的時日（days）。因此，人的生命的形式和時間都是上帝的創造。又如：

（28）a. He answered, "Have you not read that he who *created* them from the beginning made them *male* and female." (Matthew, 19.4)

　　　b. Yet you are he who took me from the womb; you made me trust you at my mother's breasts. (Psalms, 22.9)

　　　c. He asked life of you; you *gave* it to him, length of days forever and ever. (Psalms, 21.4)

在例（28）a 中，上帝不僅創造了（created）人，而且將他們做成（made）男女兩種性別。例（28）b 指出人是從母體出生的，但是是上帝將人從母體接出，是上帝賦予了人以生命。例（28）c 則強調上帝不僅創造了人的生命形式，也賜予（gave）人生命的長度。

　　在《聖經》中，人只是生命的形式之一，上帝還創造了其他生命形式：

（29）³When I look at your heavens, the work of your fingers, the moon and the stars, which you have set in place, ⁴what is man that you are mindful of him, and the son of man that you care for him? ⁵Yet you have **made** him a little **lower** than the heavenly beings and crowned him with glory and honor. ⁶You have given him **dominion over the works of your hands**; you have put all things **under** his feet, ⁷all sheep and oxen, and also the beasts of the field, ⁸the birds of the heavens, and the fish of the sea, whatever passes along the paths of the seas. (Psalms, 8.3~8)

例（29）記載了基督教關於〔生命〕的豐富信息。首先，人像月亮和星星等上帝的其他作品一樣，也是上帝製造的（made）。其次，除了人，牛羊、野獸、鳥類和魚類等其他生命形式也是上帝之手的作品（works）。再次，除了人和動物，還有一種存在形式，即天國生靈（heavenly being）。

從例（29）我們還可以發現，不同生命形式之間的關係是借助〔上下〕（UP-DOWN）這個意象圖式來理解的。人比天國生靈略「低」一些（lower），而人又凌駕於上帝的其他作品之上（dominion over），動物等生命形式伏在人的腳下（under）。從 low、over 和 under 這些表示上下方位的詞可以看出，不同的生命形式按照上下層級排列，天國生靈最高，人其次，動物最低。層級的高低代表了上帝所賦予的權利或給予的眷顧的多少，位置越高，被賦予的權利越大，受到的眷顧越多。

如果把上帝也理解為一種存在形式（being），那麼他必然處在這個上下層級的最高點。因此，《聖經》中多處把上帝稱為「最高者」（the Most High）：

（30）a. ... that they may know that you alone, whose name is the LORD, are **the Most High** over all the earth. (Psalms, 83.18)

b. ......but you, O LORD, are **on high** forever. (Psalms, 92.8)

c. Be exalted, O God, **above** the heavens! Let your glory be **over** all the earth! (Psalms, 57.11)

d. The LORD is great in Zion; he is **exalted over** all the peoples. (Psalms, 99.2)

e. ⁴The LORD is high **above** all nations, and his glory **above** the heavens! ⁵Who is like the LORD our God, who is seated **on** *high*, ⁶who looks far *down* on the heavens and the earth? (Psalms, 113.4~6)

例（30）所節選的經文以各種方式強調上帝是「最高者」：他位於高處，高過整個大地，高過所有的神，高過所有的國家和人民，遠遠地俯瞰天體和大地。在這些經文中，high、above、over、exalt、down 等表示上下方位的詞均體現了上帝這一存在形式和其他生命形式之間的空間關係。位於高處的上帝代表榮耀、威嚴和仁慈；位於低處的人及其他生命形式則代表謙卑、虔誠，如：

（31）a. Faithfulness springs *up* from the ground, and righteousness looks *down* from the sky. (Psalms, 85.11)

　　 b. And he said to him, "All these I will give you, if you will fall *down* and worship me." (Matthew, 4.9)

在例（31）a 中，人的忠誠自下而上從地面升起（spring up），上帝的公正則自上而下從天空俯視（look down）；在 b 中，崇拜上帝的表現形式是跪下或拜倒（fall down）。這裡上下方位被賦予強烈的宗教意義，體現了人和上帝之間的本質關係。

此外，《聖經》中還有大量和人有關的比喻表達把人喻為其他的生命形式，主要是植物和動物，如：

（32）a. ⁴They have venom *like the venom of a serpent, like the deaf adder* that stops its ear, ⁵so that it does not hear the voice of charmers or of the cunning enchanter. (Psalms, 58.4~5)

　　 b. My days are *like an evening shadow*; I wither away like grass. (Psalms, 102.11)

　　 c. But *I am a worm*, not a man, scorned by mankind and despised by the people. (Psalms, 22.6)

　　 d. Man in his pomp yet without understanding is *like the beasts* that perish. (Psalms, 49.20)

例（32）a 將惡人喻為蟒蛇、蝰蛇和獅子，以突顯他們心中有惡，不聽善言。例（32）b 用傍晚的影子和草的枯萎比喻人生之短。例（32）c 將被他人羞辱藐視的人喻為蟲子。例（32）d 將不醒悟的富人喻為死亡的畜類。與人相比，蛇、草、蟲和畜類都是更低級的生命形式，把人喻為較低級的生命形式是用後者來突顯人的邪惡和脆弱。

　　季納（2013：30～31）指出，將人喻為更低級的生命形式是猶太人一種典型的論證法，他將其稱為「更何況」，如：

（33）Look at the birds of the air: they neither sow nor reap nor gather into barns, and yet your heavenly Father feeds them. Are you not of more value than they? (Matthew, 6.26)

在例（33）中，耶穌說，天父會眷顧空中的飛鳥，使它們不必勞作即可溫飽，更何況是比鳥更珍貴的人呢？天父必定會眷顧人。這個「更何況」式的論證突出了人是比鳥更高級的生命形式。在《馬太福音》中，耶穌還以這種論證將人與百合花、麻雀和羊進行比較，以體現人的優越。

　　有意思的是，我們發現《聖經》中主要用低級的生命形式來理解高級的生命形式，如用動植物理解人，或者用人理解上帝（cf. 5.5 節），相反的情況則非常少。我們在《詩篇》和《馬太福音》中只發現了三處用高級生命形式來理解低級生命形式的表達：

（34）a. For in the resurrection they neither marry nor are given in marriage, but are *like angels* in heaven. (Matthew, 22.30)

　　　b. [4]... In them he has set a tent for the sun, [5]which comes out *like a bridegroom* leaving his chamber, and, *like a strong man*, runs its course with joy. (Psalms, 19.4~5)

　　　c. The mountains skipped *like rams*, the hills *like lambs*. (Psalms, 114.4)

在例（34）a 中，耶穌說，復活之後的人不再需要婚娶，就像天上的天使一樣（季納 2013：82）。在例（34）b 中，太陽出現並在天空運行被喻為新郎離開居室和壯士行路，在例（34）c 中，當上帝降臨時大山和小山像公羊和羊羔一樣跳躍，這兩例都是為無生命的物體賦予生命。

　　《聖經》中還有一些將人喻為其他生命形式的表達分別用兩類植物或兩類動物喻指兩類人，一善一惡，如：

（35）[15] "Beware of false prophets, who come to you in *sheep's* clothing but inwardly are ravenous *wolves*. [16]You will recognize them by their fruits. Are *grapes* gathered from *thornbushes*, or *figs* from *thistles*? [17]So, every healthy tree bears good fruit, but *the diseased tree* bears bad fruit. [18]A healthy tree cannot bear bad fruit, nor can a diseased tree bear good fruit. [19]Every tree that does not bear good fruit is cut down and thrown into the fire. [20]Thus you will recognize them by their fruits. (Matthew, 7.15~20)

例（35）首先使用多組對立來喻指假先知和真先知，即狼和羊（wolf and sheep）、帶刺灌木和葡萄（thornbush and grape）、薊和無花果（thistle and fig），之後又使用兩種果樹的對立進一步說明：假先知就象生病的果樹，真先知則是健康的果樹，從先知的話是否應驗能區別兩種先知，正如從果樹結的果子能區別兩種果樹。

綜上，在空間維度上，〔生命〕主要被理解為〔上帝的創造物〕和〔上下層級系統〕。這兩個生命隱喻都和上帝有關，前者體現了上帝作為創造者的角色，後者體現了上帝的權威——因為上帝處在生命層級的最高層。生命的上下層級結構產出了大量的存在鏈隱喻表達，主要分為三類，即：用一種動植物喻指人的負面品質，用「更何況」比喻突顯人較其他生命形式的尊貴，用兩種動植物喻指兩種人。

5.3.2 〔生命〕的時間維度

在時間維度上，〔生命〕指人的一生所經歷的時間。我們在 5.2 節中分析了〔時間〕的流逝、跨度和順序。生命存在於時間之中，也繼承了時間的這些特徵，尤其是時間的流逝和跨度。5.2 節曾提到，《聖經》較少關注時間的順序，同樣對生命的順序也很少提及。因此，本小節我們將主要從流逝和跨度兩個方面來分析《聖經》中的〔生命〕隱喻。

5.3.2.1 〔生命的流逝〕

和時間的流逝一樣，生命的流逝也被理解為〔移動〕。我們在 5.2.1 小節引用的很多例子，既是描述時間的流逝，也是描述生命的流逝，如：

（36）a. For my *days pass away* like smoke…. (Psalms, 102.3)

b. *The years of our life* are … soon *gone*, and we fly away. (Psalms, 90.10)

這兩節經文此前作為例（16）已經分析過，其中「時日」（days）和「年歲」（years）都指人生命中的時間。在〔時間的流逝是移動〕的「時間移動版」中，時間的流逝被理解為時間從未來向自我的移動。與此相應，生命的流逝也被理解為生命中的時間從未來向自我的移動，一般表述為「時日」或「年歲」的移

動。我們將其稱為「生命時間移動版」，即個體生命中時間的移動。

〔生命的移動〕在《聖經》中還有一層意思，即新一代生命的到來，一般表述為「世代」（generation），如：

（37）a. ...it shall be told of the Lord to ***the coming generation***. (Psalms, 22.30)

b. Let this be recorded for ***a generation to come***.... (Psalms, 102.18)

c. ...this generation will not ***pass away*** until all these things take place. (Matthew, 24.34)

從例（37）中的 come（到來）一詞可以看出，新的一代被理解為尚未到來或將要到來的生命，一代代人的生命似乎是從未來向當下這個世代走來，而當下這個世代也將離去（pass away）。我們稱這種用法為「生命世代移動版」，即整個世代的生命的移動。

無論是個體生命中時間的流逝，還是一代代生命的更替，都是以自我（ego）或自我所代表的當下這個世代（generation）為靜止的參照點，生命向這個參照點移動，然後離參照點而去。換言之，「生命時間移動」和「生命世代移動」共同構成〔生命的流逝是移動〕這一隱喻的「生命移動版」。

和〔時間的流逝是移動〕一樣，〔生命的流逝是移動〕也有「自我移動版」，即生命或生命中的時間節點是參照點，自我相對這個參照點進行移動，如：

（38）a. For the evildoers shall be ***cut off***, but those who wait for the LORD shall inherit the land. (Psalms, 37.9)

b. But he ***passed away***, and behold, he was no more; though I sought him, he could not be found. (Psalms, 37.36)

例（38）a 中的 cut off 和例（17）中的 cut off 一樣，將生命中的某個時間節點視為參照點，自我朝向這個參照點移動：信仰上帝的人能夠到達，繼承上帝賜予的大地，而邪惡之人則會被阻攔（cut off），無法到達終點。例（38）b 中的 pass away（離去）與例（37）c 的 pass away 不同，後者指的是生命的移動，而前者指的是自我的移動。

有時，「生命移動版」和「自我移動版」會同時出現，如：

（39）[9]For ***all our days pass away*** under your wrath; ***we bring our years to an end*** like a sigh. [10]The years of our life are seventy, or even by reason of strength eighty; yet their span is but toil and trouble;

they are soon gone, and ***we fly away***. (Psalms 90.9~10)

例（39）融合了生命的移動和自我的移動。其中的 pass away 和 gone 描述的是生命本身的移動，而「我們將年歲帶至終點」（we bring our years to an end）和「我們飛逝而去」（we fly away）則體現了人在移動，或者人帶著時間移動。

　　綜上，在我們分析的《聖經》文本中，〔生命的流逝是移動〕有「生命移動版」和「自我移動版」：前者又可細分為「生命時間移動版」和「生命世代移動版」，以自我或自我所處世代為靜止的參照點，生命在移動；後者以生命中的時間節點為靜止的參照點，自我在移動。從表 5.3 可以看出來，「世代移動版」出現頻次最高，有 9 處比喻表達；「自我移動版」和「時間移動版」分別只有 4 處和 3 處比喻表達。

5.3.2.2 〔生命的持續〕

　　〔生命〕繼承了〔時間〕的特徵，除了流逝還有持續，即跨度。首先，像〔時間〕一樣，〔生命的跨度〕本身也是一個借助〔空間〕來理解的概念，如：

（40）a. And which of you by being anxious can add a single hour to his

span of life? (Matthew, 6.27)

b. O my God," I say, "take me not away in the ***midst*** of my days-

you whose years endure ***throughout*** all generations!" (Psalms,

102.24)

c. ......but you are the same, and your years have no ***end***. (Psalms,

102.27)

在對例（18）的分析中我們已經看到，span 一詞本來表示「長度」或「體積」，是空間概念。在例（40）a 中，其「長度」義被投射於〔生命〕，這在 b 和 c 中體現得很明顯。在例（40）b 和 c 中，midst（中間）、throughout（從頭到尾）、end（末端）三個詞說明《聖經》中對〔生命〕的理解主要是線性的，而且有頭有尾，其背後的隱喻是〔生命的持續是長度〕。和〔時間〕一樣，對〔生命的持續是長度〕隱喻最直接的體現是 long（長）一詞以及相關的表達，如：

（41）a. With ***long life*** I will satisfy him and show him my salvation.

(Psalms, 91.16)

b. ***Prolong the life*** of the king…! (Psalms, 61.6)

c. ***Long may he live***…! (Psalms, 72.15)

　　　　　d. I will sing to the LORD *as long as* I live…. (Psalms, 104.33)

在例（41）所引的四節經文中，long（長）以不同形式出現，但是都是以長度來形容生命的跨度：a 中的 long 直接形容生命；b 中的 prolong 指「延長」生命；c 中的 long 做副詞指活得「長久」；d 中的 as long as 和例（20）f 中的情形類似，雖然可譯為「只要」，但是也是指生命跨越的時間。這四節經文都體現了〔生命的持續是長度〕。

　　生命有長有短，「短」和「長」一樣，也體現了〔生命的持續是長度〕。《聖經》中尤其強調生命之短，這一點我們在例（21）裏已經有所感受：

　　　　　（42）He …has *shortened my days*. (Psalms, 103.23)

例（42）此前作為例（21）b 已經分析過，其中的 shorten my days（縮短我的時日）雖是在描述時間，但是是生命之中的時間，所以既是指時間被縮短，也是指生命被縮短。《聖經》用「長」形容生命時，一般也是祈求上帝延長人的壽命，如：

　　　　　（43）*Long* may he live; may gold of Sheba be given to him! … (Psalms,
　　　　　　　　72.15)

在例（43）中，詩人向上帝祈求保佑國王「長」生，其實從反面強調了生命的短。

　　除了〔長度〕之外，我們在《聖經》中還觀察到一組比喻表達，用〔植物〕和〔自然現象〕來理解和描述生命之短，如：

　　　　　（44）a. My days are *like an evening shadow*; I wither away *like grass*.
　　　　　　　　　(Psalms, 102.11)

　　　　　　　　b. I am gone like *a shadow at evening*; I am shaken off *like a*
　　　　　　　　　locust. (Psalms, 109.23)

　　　　　　　　c. Man is *like a breath*; his days are like *a passing shadow*.
　　　　　　　　　(Psalms, 94.11)

　　　　　　　　d. [15]As for man, his days are *like grass*; he flourishes like *a flower*
　　　　　　　　　of the field; [16]for the wind passes over it, and it is gone, and its
　　　　　　　　　place knows it no more. (Psalms, 103.15~16)

　　　　　　　　e. For all our days pass away under your wrath; we bring our years
　　　　　　　　　to an end *like a sigh*. (Psalms, 90.9)

在例（44）所引的經文中，用來形容生命之短的形象可分為兩類。第一類是動

植物，如：草（grass）、花（flower）、蝗蟲（locust），它們都很容易被風等外力摧殘；第二類是自然現象，如：傍晚的影子（an evening shadow）、消逝的影子（a passing show）、呼吸（a breath）、歎息（a sigh），它們都有轉瞬即逝的特點。這組比喻表達背後的概念隱喻可總結為〔（人的）生命是動植物（的週期）〕和〔（人的）生命是（短暫的）自然現象〕。

綜上，我們共發現兩組關於〔生命跨度〕的隱喻。第一，〔生命的持續是長度〕直接用空間的長度概念來理解生命在時間維度上的持續；第二，〔（人的）生命是動植物（的週期）〕和〔（人的）生命是（短暫的）自然現象〕通過描述生命是什麼來間接形容生命之短。

5.3.3 〔生命是旅程〕

除了〔空間〕和〔時間〕兩個維度，我們在《聖經》中識別的 268 處〔生命〕比喻表達還體現了另一個概念隱喻：〔生命是旅程〕（LIFE IS A JOURNEY）。這一概念隱喻中的始源域〔旅程〕綜合了〔空間〕和〔時間〕兩個維度，既體現了生命在時間上的流逝和持續，也體現了不同的生命形式之間的空間關係和生命所處的位置。這一隱喻在始源域〔旅程〕和目標域〔生命〕之間激發了非常豐富的映射，如表 5.4 所示。

表 5.4 《聖經》中〔生命是旅程〕的主要映射

始源域		目標域
道路	→	生命
筆直的道路	→	正確的人生
彎曲的道路	→	錯誤的人
行走	→	生活
嚮導	→	上帝
終點	→	死亡
交通工具	→	信仰

5.3.3.1 〔旅程〕的要素：道

在《聖經》中，〔生命是旅程〕最明顯和直接的表現是生命之「道」，即人生被描述為在一條道路上行走，如：

（45）a. You make known to me *the path of life*…. (Psalms, 16.11)

    b. This God—his *way* is perfect…. (Psalms, 18.30)

    c. [4]…I have avoided the *ways* of the violent. [5]My *steps* have held fast to your *paths*; my feet have not *slipped*. (Psalms, 17.4~5)

    d. He restores my soul. He *leads* me in *paths* of righteousness for his name's sake. (Psalms, 23.3)

從例（45）可以看出，生命之道一般被表述為 path 或 way。例（45）a 最明顯，直接使用「生命之道」（the path of life）這個表達。不同的生命方式被描述為不同道路：例（45）b 聲稱上帝之道是完滿的，是最正確的；例（45）c 指出應遵循上帝之道，避免走暴力之道；例（45）d 宣稱上帝會拯救人的靈魂，帶人走上正義之道。

《聖經》中描述了多種正確或錯誤的道路，正確的人生之道是平坦的、筆直的，錯誤的人生之道是崎嶇的、彎曲的。前者如例（46）所示：

（46）a. Lead me, O LORD…; make your way *straight* before me. (Psalms, 5.8)

    b. …Prepare the way of the Lord; make his paths *straight*. (Matthew, 3.3)

    c. Teach me your way, O LORD, and lead me on a *level* path because of my enemies. (Psalms, 27.1)

例（46）所引的三節經文提到了兩種道路：筆直的（straight）和平坦的（level）。a 中的道路是上帝鋪就的，b 中的道路是耶穌備好的，c 中的道路是上帝引導的，都是正確的、正義的道路。錯誤的道路則相反，如：

（47）a. …But those who turn aside to their *crooked ways* the LORD will *lead away* with evildoers! Peace be upon Israel! (Psalms, 125.5)

    b. The wicked …*go astray* from birth, speaking lies. (Psalms, 58.3)

    c. But God will strike the heads of his enemies, the hairy crown of him who walks in his *guilty ways*. (Psalms, 68.21)

例（47）a 宣稱，上帝會善待為善和正直的人，至於走彎路（crooked way）的人上帝則會引他們與作惡的人一起走邪路（lead away）。這裡善和惡的對比非常明顯，「彎路」（crooked ways）指錯誤的人生方式，與為善和正直相對；兩

種人生方式的結果的差異也很明顯，被「引入邪路」指上帝將使其遭受懲罰。除了「彎路」，錯誤的道路還有「走入歧途」（go astray）或者「有罪之路」（guilty way）。

5.3.3.2　〔旅程〕的要素：行走

既然〔人生〕是一條〔道路〕，那麼生活就像行走。我們在《聖經》中發現了大量和〔行走〕有關的動詞，描述了各種各樣的人生和人生中發生的事件。其中，使用最頻繁的動詞是 walk（行走），如：

（48）¹O LORD, who shall sojourn in your tent? Who shall dwell on your holy hill? ²He who ***walks blamelessly*** and does what is right and speaks truth in his heart; ³who does not slander with his tongue and does no evil to his neighbor, nor takes up a reproach against his friend; ⁴in whose eyes a vile person is despised, but who honors those who fear the LORD; who swears to his own hurt and does not change; ⁵who does not put out his money at interest and does not take a bribe against the innocent. He who does these things shall never be moved. (Psalms, 15.1~5)

例（48）是《詩篇》第 15 篇詩文的全文，開篇即提出一個問題：誰能寄居在上帝的帳篷？誰能住在上帝的聖山？詩文給出的答案描述了能夠獲得上帝拯救、進入天堂的人的品行。在一系列的描述中，使用的第一個動詞是 walk（行走），它統領了接下來的描述；而修飾 walk 的是 blamelessly（無可指謫地、正直地），這說明 walk 在這裡並不是指字面意義的「行走」，而是喻指人的「行事」。在《詩篇》中 walk 的使用一般都附有對行事方式的抽象修飾，如：

（49）a. ¹Vindicate me, O LORD, for I have ***walked in my integrit***... and I ***walk in your faithfulness***. (Psalms, 26.1~3)

b. If his children forsake my law and do not ***walk according to my rules***... (Psalms, 89.30)

c. ...he who ***walks in the way that is blameless*** shall minister to me. (Psalms, 101.6)

d. Blessed are those whose way is blameless, who ***walk in the law of the LORD***! (Psalms, 119.1)

e. Blessed are the people who know the festal shout, who ***walk, O***

> **LORD, in the light of your face**... (Psalms, 89.15)

> f. Blessed is the man who **walks not in the counsel of the wicked**, nor stands in the way of sinners, nor sits in the seat of scoffers... (Psalms, 1.1)

在例（49）節選的六段經文中，我們可以發現多種行走：憑著個人的正直行走（walk in my integrity）、憑著對上帝的信仰行走（walk in your faithfulness）、根據上帝的規則行走（walk according to my rules）、遵循上帝的律法行走（walk in the law of the Lord）、借助上帝的光行走（walk in the light of your face），當然也可能有人聽從惡人的計謀行走（walk in the counsel of the wicked）。這些行走都是抽象的，是用行走喻指人生的行事方式。

除了 walk，《聖經》中還使用了其他表示行走的詞語，我們將其分為兩類。第一類和 walk 相近，如：

> （50）a. ...who **seek after** God. (Psalms, 53.2)

> b. Turn away from evil and do good; **seek** peace and **pursue** it. (Psalms, 34.14)

> c. The sorrows of those who **run after** another god shall multiply... (Psalms, 16.4)

在例（50）所引的三節經文中，seek after、pursue 和 run after 都表示「追尋」，喻指正確的行走。第二類強調行走中發生的各種意外，如：

> （51）a. [2]...my feet had almost **stumbled**, my steps had nearly **slipped**. [3]For I was envious of the arrogant when I saw the prosperity of the wicked. (Psalms, 73.2~3)

> b. ...let me not **wander** from your commandments! (Psalms, 119.10)

> c. ...nor have our steps **departed** from your way. (Psalms, 44.18)

> d. Blessed is the man who makes the LORD his trust, who does not turn to the proud, to those who **go astray** after a lie! (Psalms, 40.4)

> e. They have all **turned aside**; together they have become corrupt... (Psalms, 14.3)

> f. They have all **fallen away**; together they have become corrupt...

(Psalms, 53.3)

例（51）a 描述行走過程中的跌倒（stumble）和打滑（slip），喻指人生之路上所犯的錯誤，如對上帝的信念動搖、萌生貪念等等。例（51）b 至 f 描述行走過程中對正確路線的偏離，包括徘徊（wander）、折返（turn back）、偏離（depart）、迷路（go astray）、轉向（turn aside）和掉隊（fall away）。這些詞也都喻指人生之路上的錯誤，如不按照上帝的規則糾正，可能將如例（51）e 和 f 所述，「變為污穢」（become corrupt）。值得慶幸的是，罪人也有悔改的機會，偏離了路線之後也可以重新回來：

（52）Then I will teach transgressors your **ways**, and sinners will **return to** you. (Psalms, 51.13)

如例（52）所示，犯錯的罪人可以學習上帝之「道」（ways），「重回」（return to）上帝的身邊。

5.3.3.3 〔旅程〕的要素：終點

始源域〔旅程〕的另一個重要特徵是終點，對此《聖經》有非常豐富的描述。《聖經》描述了人生之旅的兩個終點：一是進入地獄，即死亡；一是進入天堂，即永生。前者如例（53）：

（53）a. For my soul is full of troubles, and my life **draws near to** Sheol. (Psalms 88.3)

b. ...your whole body **go into** hell. (Matthew, 5.30)

c. The wicked shall **return to** Sheol, all the nations that forget God. (Psalms, 9.17)

d. ...let the wicked be put to shame; let them **go** silently **to** Sheol. (Psalms, 31.17)

例（53）所引的四節經文都使用了表示移動或行走的動詞：接近（draw near to）、進入（go into）、回到（return to）、去到（go to）。這些表達除了體現人生是旅程，也突出了旅程的終點，即地獄，在《舊約》中一般稱為 Sheol，《新約》中一般稱為 hell。地獄作為終點主要有三種形象：一是房屋或亡者的居所，二是大坑，三是充滿火的場所：

（54）a. they loathed any kind of food, and they drew near to **the gates of death**. (Psalms, 107.18)

b. If I ascend to heaven, you are there! If I **make my bed in Sheol**, you are there! (Psalms, 139.8)

c. ⁷Truly no man can ransom another, or give to God the price of his life, ⁸for the ransom of their life is costly and can never suffice, ⁹that he should *live on forever and never see the pit*. ¹⁰For he sees that even the wise die; the fool and the stupid alike must perish and leave their wealth to others. ¹¹Their graves are ***their homes forever, their dwelling places to all generations***, though they called lands by their own names. (Psalms, 49.7~11)

例 54（a）將瀕死描述為接近死亡的大門（gates of death），例（54）b 提到在地獄中鋪床（make bed），例（54）c 則將墳墓描述為亡者的家（homes）和居所（dwelling places）。在這三節經文中，作為人生之旅的終點之一，地獄均被理解為房屋。這與我們在 5.1 節中討論的〔世界是房屋〕相吻合。此外，例（54）c 還將永生不死描述為「永不見大坑」（never see the pit），可見「大坑」是地獄的另一個形象。又如：

（55）a. But you, O God, will cast them down into *the pit of destruction*; men of blood and treachery shall not live out half their days. But I will trust in you. (Psalms, 55.23)

b. But those who seek to destroy my life shall go down into *the depths of the earth*. (Psalms, 63.9)

例（55）a 祈求上帝將惡人降入「滅亡的坑」（pit of destruction），例（55）b 則詛咒惡人進入「大地深處」（depths of the earth），都是將死亡理解為進入地獄，而地獄則是地下的一個大坑。

地獄的另一個形象是充滿火的場所，如：

（56）⁸And if your hand or your foot causes you to sin, cut it off and throw it away. It is better for you to *enter life* crippled or lame than with two hands or two feet to be thrown into *the eternal fire*. ⁹And if your eye causes you to sin, tear it out and throw it away. It is better for you to *enter life* with one eye than with two eyes to be thrown into *the hell of fire*. (Matthew, 18.8~9)

在例（56）中，耶穌說失去一手一腳進入生命（enter life）要強過不失手腳進入永恆之火（the eternal fire），失去一眼進入生命要強過兩眼齊全進入火之地

獄（hell of fire）。可見人生有兩個終點，要麼是在天堂永享生命，要麼是在地獄永受烈火焚燒的懲罰。

此外，從例（55）兩節經文中的 down（向下）一詞還可以看出，走向地獄的旅程是向下的旅程。5.1.4 小節提到，在《聖經》構建的世界中，一個重要的維度是〔上下〕，天堂在上，大地在中，地獄在下。因此，進入天堂的旅程是向上的，進入地獄的旅程則是向下的，如：

> （57）And you, Capernaum, will you be **exalted** to heaven? You will be
>
> brought **down** to Hades... (Matthew, 11.23)

在例（57）中，耶穌說迦百農不會上到（exalt）天堂，而是會被降到（bring down）冥府（Hades）。又如：

> （58）a. Let death steal over them; let them go **down** to Sheol alive...
>
>   (Psalms, 55.15)
>
>   b. What profit is there in my death, if I go **down** to the pit?...
>
>   (Psalms, 30.9)
>
>   c. For when he dies he will carry nothing away; his glory will not
>
>   go **down** after him. (Psalms, 49.17)

例（58）所引的三節經文也都使用了 down，無論是入地獄，還是入大坑，都是向下的旅程。既然地獄在下，那麼上帝拯救接近地獄或已經進入地獄的人就是將他們從地獄中救「上」來，如：

> （59）a. ...O you who lift me **up** from the gates of death. (Psalms, 9.13)
>
>   b. O LORD, you have brought **up** my soul from Sheol; you
>
>   restored me to life from among those who go down to the pit.
>
>   (Psalms, 30.3)

在例（59）中，詩文作者祈求上帝拯救自己，將自己從死亡之門提「上」來，或者從地獄帶「上」來，這都表明死亡是向下，獲救是向上。

與〔地獄〕相對，人生之旅還有另一個終點——〔天堂〕，如：

> （60）[23]Nevertheless, I am continually with you; you **hold my right hand.**
>
>   [24]You **guide me with your counsel**, and afterward you will **receive**
>
>   **me** to glory. [25]Whom have I **in heaven** but you? ... (Psalms,
>
>   73.23~25)

從例（60）我們可以看到上帝牽著一個人的手，引導著他，將他接進了榮耀之

地，也就是天堂。這類描述綜合了生命之旅的各種要素，有行走的人，有作為
嚮導的上帝，還有目的地天堂。

在《聖經》中，〔天堂〕也被描述為供人進入的〔房屋〕：

（61）a. ***Enter by the narrow gate***. For the gate is wide and the way is
easy that leads to destruction, and those who enter by it are
many. (Matthew, 7.13)

b. This is ***the gate of the LORD***; the righteous shall ***enter*** through
it. (Psalms, 118.20)

例（61）中所述的「窄門」（narrow gate）和「上帝之門」（gate of the Lord）都
是進入天堂的門。除了強調天堂之門，《聖經》中還直接描述了作為房屋的天
堂，如：

（62）a. Surely goodness and mercy shall follow me all the days of my
life, and I shall ***dwell in the house of the LORD*** forever.
(Psalms, 23.6)

b. Let me ***dwell in your tent*** forever! Let me take refuge under the
shelter of your wings! (Psalms, 61.4)

例（62）將天堂描述為上帝的房屋（house）或帳篷（tent），而且是人希望的永
住之所，代表了人祈求的永生。

和通向地獄的人生之旅一樣，天堂之旅也是有方向的。前者向下，後者向
上，如：

（63）a. And you, Capernaum, will you be ***exalted*** to heaven? You will
be brought down to Hades... (Matthew, 11.23)

b. If I ***ascend*** to heaven, you are there! If I make my bed in Sheol,
you are there! (Psalms, 139.8)

在例（63）中，描述進入天堂使用的動詞是 exalt（提升）和 ascend（上升），
都喻指進入天堂是向上的旅程。

5.3.3.4 〔旅程〕的要素：嚮導

〔旅程〕的另一個要素是嚮導，我們在例（60）中對此曾有提及。在《聖
經》中，人生之旅的嚮導主要是上帝：

（64）***Lead*** me, O LORD, in your righteousness because of my enemies;
make your way straight before me. (Psalms 5.8)

如例（64）所示，在人生之旅上，上帝用正義「帶領」（lead）著人，並為人鋪就筆直的道路。除了「帶領」，上帝作為嚮導還擔負了其他職責，如：

（65）a. ...you *lead* me and *guide* me; you *take me out of the net* they have hidden for me, for you are my refuge. (Psalms, 31.3~4)

b. My eyes are ever toward the LORD, for he will *pluck my feet out of the net*. (Psalms, 25.15)

c. ...He *drew me up from the pit of destruction, out of the miry bog, and set my feet upon a rock, making my steps secure*. (Psalms, 40.1~2)

d. *Make me to know your ways*, O LORD; *teach me your paths*. (Psalms, 25.4)

在例（65）a 中，上帝除了「帶領」（lead）人，還「引導」（guide）人，把善人從敵人設置的網中拯救出來。例（65）b 和 c 詳細描述了上帝作為旅人拯救者的角色，他把人的腳從網中拔出來，或者把人從大坑和泥沼中拉上來放到岩石上，使人的腳步安穩。在例（65）d 中，上帝則扮演「導師」的角色，教人走正確道路。

如果說在善人的人生之旅上，上帝是嚮導，幫助他們走在正確的路上，那麼在惡人的人生之旅上，上帝則扮演了一個阻礙他們行走的角色。我們姑且將這一角色稱為「反嚮導」，如：

（66）a. Truly you set them in slippery places; you make them fall to ruin. (Psalms, 73.18)

b. [4]Let them be put to shame and dishonor who seek after my life! Let them be *turned back* and disappointed who devise evil against me! [5]Let them be like chaff before the wind, with the angel of the LORD *driving them away!* [6]*Let their way be dark and slippery*, with the angel of the LORD *pursuing them*! (Psalms, 35.4~6)

例（66）a 中，上帝使「他們」（即惡人）走在濕滑的路上，使他們摔倒。例（66）b 的描述更加詳細：上帝使惡人「折返」（turn back），使他們的道路黑暗濕滑（let their way be dark and slippery）；而且上帝派出天使在惡人的路上「驅散」他們（drive away），「追趕」他們（pursue）。

從例（66）還可以看出，人生旅程上的嚮導除了上帝，還有一些輔助者，我們不妨稱其為「輔助嚮導」。比如例（66）b 中的天使即代替上帝行使了「反嚮導」的角色。又如：

（67）a. For he will command his angels concerning you to **guard** you in all your **ways**. (Psalms, 91.11)

b. Then I will **teach** transgressors your **ways**, and sinners will return to you. (Psalms, 51.13)

c. ...Behold, I send my messenger before your face, who will **prepare your way** before you... (Matthew, 11.10)

d. ...Teacher, we know that you are true and **teach the way of God** truthfully... (Matthew, 22.16)

例（67）描述了四種輔助嚮導。在例（67）a 中，上帝派遣天使在人行走的道路上保衛他們（guard）：石頭絆住人時，天使會攙扶；猛獸襲擊人時，天使會救助。例（67）b 中的「我」（I）指的是以色列王大衛（David），根據這節經文，他教越軌的人學會上帝之道，重回上帝身邊，扮演了一種類似「導師」的角色。例（67）c 講到上帝會派出使者（messenger），為人準備好道路。例（67）d 中，門徒對耶穌說相信他就是上帝的使者，會教人們走上帝之道。在這四種情形中，天使、大衛、使者和耶穌代替上帝行使人生之旅上的嚮導角色。

除了輔助嚮導，人生之旅上還有另一種嚮導，我們稱其為「假嚮導」。有別於上帝及其助手等真嚮導帶人走正確的道路，假嚮導把人領入歧途，如：

（68）a. Let them alone; they are **blind guides**. And if the blind lead the blind, both will **fall into a pit**. (Matthew, 15.14)

b. And many false prophets will arise and **lead many astray**. (Matthew, 24.11)

在例（68）a 中，耶穌將法利賽人比喻為瞎眼的嚮導（blind guide），他們自己會跌入大坑（fall into a pit），他們引導的人也會跌入大坑。在例（68）b 中，耶穌說會有假先知冒充他的名義，將很多人帶上歧途（lead astray）。在這兩種情形中，法利賽人和假先知都扮演了人生之旅上假嚮導的角色。

5.3.3.5 〔旅程〕的其他要素

除了前面分析的道路、行走、終點和嚮導，〔旅程〕的其他要素，如交通工具和行李，在《聖經》中也被映射於〔人生〕：

（69）a. ⁷Some trust in **chariots** and some in **horses**, but we trust in the name of the LORD our God. ⁸They collapse and fall, but we rise and stand upright. (Psalms, 20.7~8)

　　 b. For my iniquities have gone over my head; like **a heavy burden**, they are too **heavy** for me. (Psalms, 38.4)

　　 c. ²⁸Come to me, all who labor and are **heavy laden**, and I will give you rest. ²⁹Take my **yoke** upon you, and learn from me…. ³⁰For my **yoke** is easy, and my **burden is light**." (Matthew, 11.28~30)

例（69）a 描述了兩種不同的人的信仰和承擔的後果。有的人信仰車和馬，結果摔倒了；「我們」信仰上帝之名，結果筆直地站著。這裡信仰被喻為人生之旅上的交通工具，不同的工具會帶來不同的後果。例（69）b 將罪惡喻為重擔，負擔太重會導致人無法繼續行走。例（69）c 綜合了負擔和動物兩種要素：耶穌號召那些背負重擔（be heavy laden）的人跟隨他，因為耶穌的軛（yoke）是容易的，耶穌的擔子是輕的（my burden is light）。軛是牛馬等動物背負的器具，背負耶穌的軛是指順從耶穌，跟隨耶穌走上帝之道。不過總體而言，《聖經》中交通工具和負擔等〔旅程〕要素出現頻次較低，在全部 268 處〔人生是旅程〕的比喻表達中僅出現 6 處。

　　綜合本小節可見，在空間維度上，〔生命〕被理解為〔上帝的創造物〕和〔上下層級系統〕；在時間維度上，〔生命〕繼承了〔時間〕在〔流逝〕和〔持續〕上的特徵，〔生命的流逝〕被理解為〔移動〕，表現為「時間移動版」、「世代移動版」和「自我移動版」；綜合空間和時間，〔生命〕被理解為〔旅程〕，這一隱喻同時也反映了《聖經》對〔世界〕、〔地獄〕、〔天堂〕和〔上帝〕等概念的理解。

5.4 〔天國〕

　　〔天國〕〔註1〕（THE KINGDOM OF HEAVEN）是《新約》中出現的概念，也稱為「上帝之國」（the Kingdom of God），指的是在末世來臨時，上帝降臨人間，對世人進行審判，清除惡人，建立新的國度（陳俊偉，2009）。在《新約》

─────────────

〔註1〕〔天國〕與前文提及的〔天堂〕有很大的相關性，但二者之間實有差別。

裏，〔天國〕概念是對〔生命〕概念的延續，因為〔天國〕代表著末世，所有的生命都將在此獲得一個歸宿：善的人將獲得永生，惡的人將永滯地獄。如《馬太福音》所述：

> （70）²⁸Jesus said to them, "Truly, I say to you, in the new world, when the Son of Man will sit on his glorious throne, you who have followed me will also sit on twelve thrones, *judging* the twelve tribes of Israel. ²⁹And everyone who has left houses or brothers or sisters or father or mother or children or lands, for my name's sake, will receive a hundredfold and will *inherit eternal life*."
> (Matthew, 19.28~29)

據例（70），耶穌稱在末世之時，聖子將代表上帝對世人進行審判（judging），相信上帝的人將獲得永生（eternal life）。

　　作為其傳教的重要內容，在《馬太福音》中耶穌用大量比喻詞句和故事來解釋天國的福音，從中我們共識別出 219 處關於〔天國〕的比喻表達，其始源域分布如表 5.5 所示。

　　從表 5.5 可以看出，這些始源域可分為兩組：第一組為〔容器〕及其類屬概念〔房屋〕；第二組為〔事件〕，我們將其分為〔行業事件〕、〔家庭事件〕和〔其他事件〕。據此，我們將有關〔天國〕的概念隱喻總結為〔天國是容器〕和〔天國是事件〕，前者描述〔天國〕的靜態狀態，後者描述〔天國〕的動態過程。

表 5.5　《聖經》中〔天國〕的始源域分布

始源域		比喻表達的數量和比例			
〔容器〕		13			5.94%
〔房屋〕		7			3.20%
〔行業事件〕	〔農業〕	33	26.19%	126	57.53%
	〔捕魚〕	5	3.97%		
	〔牧羊〕	21	16.67%		
	〔園藝〕	36	28.57%		
	〔商業〕	31	24.60%		

〔家庭事件〕	〔主僕〕	38	55.88%	68	31.05%
	〔婚禮／婚宴〕	28	41.18%		
	〔遭賊〕	2	2.94%		
〔其他事件〕			5		2.28%

5.4.1 〔天國是容器〕

首先，〔天國〕或〔上帝之國〕被理解為一種〔容器〕。這個容器是眾生祈求進入的地方，但是並非所有人都能進入。《馬太福音》在多處強調「進入」天國之難，如：

（71）a. Not everyone who says to me, 'Lord, Lord,' will ***enter the kingdom of heaven***, but the one who does the will of my Father who is in heaven. (Matthew, 7.21)

b. For I tell you, unless your righteousness exceeds that of the scribes and Pharisees, you will never ***enter the kingdom of heaven***. (Matthew, 5. 20)

c. [23]And Jesus said to his disciples, "Truly, I say to you, only with difficulty will a rich person ***enter the kingdom of heaven***. [24]Again I tell you, it is easier for a camel to go through the eye of a needle than for a rich person to ***enter the kingdom of God***." (Matthew, 19.23~24)

根據例（71）a 和 b，遵循上帝意願行事的人和正義之人才能「進入」天國；例（71）c 則強調富人「進入」上帝之國的難度，甚至比駱駝穿過針眼還要難。這三節經文使用的 enter（進入）都體現了〔天國〕作為〔容器〕的主要特徵，即有邊界且可容外物進入。

〔天國是容器〕這一基礎概念隱喻含類屬隱喻〔天國是房屋〕，如：

（72）a. But woe to you, scribes and Pharisees, hypocrites! For you ***shut the kingdom of heaven*** in people's faces. … (Matthew, 23.13)

b. I will give you ***the keys of the kingdom of heaven***… (Matthew, 16.19)

例（72）所引的兩節經文均體現了〔天國〕作為房屋的特徵：天國可以關閉（shut），之後就無法進入；但是同時天國也有鑰匙（keys），用鑰匙打開關閉的門就可以進入。這兩節經文雖然沒有提到天國的門，但是「關閉」和「鑰匙」

都暗示了門的存在，體現了天國的房屋形象。除此之外，《馬太福音》中對天國的其他描述也體現了其作為房屋的特徵，如：

（73）a. I tell you, many will come from east and west and *recline at table with Abraham, Isaac, and Jacob in the kingdom of heaven*… (Matthew, 8.11)

b. I tell you I will not drink again of this fruit of the vine until that day when I *drink it new with you in my Father's kingdom*. (Matthew, 26.29)

例（73）a 描述了來自各方的猶太人與他們的祖先在天國中倚著桌子的形象，「反映出猶太人對於未來在神國裏歡筵的意象」（季納，2013：34）；在例（73）b 中，耶穌說未來他也會在天父的國裏與眾門徒再次飲酒。從這兩節描述可以看出，天國被想像成一座房子，裏面有桌子，猶太人將在其中宴飲。

〔天國是容器〕和〔天國是房屋〕共同描述了上帝統治世人的狀態，我們認為其背後是更加基礎的根隱喻〔狀態是容器〕。但是〔天國〕是一個非常複雜的概念，它不僅是一種最終的狀態，更是「指上帝的作為與行動，是動態而非靜態的觀念」（陳俊偉，2009：137），具有複雜的過程和豐富的特徵。在《馬太福音》裏，這些過程和特徵通過〔天國是事件〕這一隱喻得以呈現。

5.4.2 〔天國是事件〕

在《馬太福音》中，耶穌用大量的比喻故事（parable）向門徒及眾人解釋何為天國。在這些故事中，天國被描述成一個事件（event），事件中的要素對應〔天國〕中的要素，形成豐富的映射。這些事件共同呈現了上帝之國降臨人間、發展壯大並最終審判遴選世人的過程。

《馬太福音》中用來理解〔天國〕的事件非常多樣，我們粗略將其分為三組，如前文表 5.5 所示：第一組和行業有關，如農業、園藝、牧羊、捕魚、商業；第二組和家庭生活有關，如婚禮、宴席、主僕關係；第三組是幾個類型不明確的事件，如發現寶藏。有兩個事件跨越了兩個組別，即「銀子的比喻」和「不饒恕的僕人的比喻」，二者既是商業事件，又是體現主僕關係的家庭事件。

5.4.2.1 行業事件

在《馬太福音》中，耶穌用多種行業來解釋天國降臨時發生的事件，我們將其分為五類：農、漁、牧、林、商。

1. 農業事件

耶穌講述的第一個比喻故事，即「稗子的比喻」（the Parable of the Weeds），就是用〔收割〕這一農業事件來理解〔天國〕降臨時審判遴選世人的情況：

（74）²⁴He put another parable before them, saying, "***The kingdom of heaven may be compared to*** a man who sowed good seed in his field, ²⁵but while his men were sleeping, his enemy came and sowed weeds among the wheat and went away. ²⁶So when the plants came up and bore grain, then the weeds appeared also. ²⁷And the servants of the master of the house came and said to him, 'Master, did you not sow good seed in your field? How then does it have weeds?' ²⁸He said to them, 'An enemy has done this.' So the servants said to him, 'Then do you want us to go and gather them?' ²⁹But he said, 'No, lest in gathering the weeds you root up the wheat along with them. ³⁰Let both grow together until the harvest, and at harvest time I will tell the reapers, Gather the weeds first and bind them in bundles to be burned, but gather the wheat into my barn.' " (Matthew, 13.24~30)

這個故事將〔天國審判〕比作〔收割〕的過程：田地的主人播下好種子，即麥子的種子；敵人偷偷播下壞種子，即稗子的種子。僕人問主人是否要拔除稗子，主人說拔除稗子可能殃及麥子，因此要等到收割時，讓收割的人把稗子捆起來燒掉，把麥子收進穀倉。故事中始源域〔收割〕的各個要素都有宗教意義，映射到目標域〔天國審判〕之上。在《馬太福音》第 13 章第 37 至 42 小節耶穌對此給出了更詳細的解釋：

（75）³⁷He answered, "The one who sows the good seed is the Son of Man. ³⁸The field is the world, and the good seed is the sons of the kingdom. The weeds are the sons of the evil one, ³⁹and the enemy who sowed them is the devil. The harvest is the close of the age, and the reapers are angels. ⁴⁰Just as the weeds are gathered and burned with fire, so will it be at the close of the age. ⁴¹The Son of Man will send his angels, and they will gather out of his kingdom all causes of sin and all law-breakers, ⁴²and throw them into the

fiery furnace. In that place there will be weeping and gnashing of
teeth. (Matthew, 13.37~42)

根據耶穌的解釋，收割實際上描述了天國來臨時發生的事：播麥子種子的人指
耶穌，田地就是世界，耶穌在世界上教化善人，而惡魔在誘惑惡人犯罪，就像
在田裏播下稗子的種子。但是上帝並不急於除去惡人，而是要等到收割時，即
末世之時。到時，耶穌會派出天使，將惡人投入地獄，將善人帶入天堂，就像
收割工人把稗子投入火爐，把麥子收入穀倉。我們以表 5.6 總結〔收割〕和〔天
國審判〕之間豐富的映射：

表 5.6 《聖經》中〔天國審判是收割〕的主要映射

始源域		目標域
收割	→	天國審判
播種人／主人	→	人子（耶穌）
田地	→	世界
好種子	→	天國之子（善人）
壞種子	→	惡人之子（惡人）
收割人	→	天使
收割	→	末世
火爐	→	地獄
穀倉	→	天國／天堂

可以看出，以〔事件〕為視角來看〔天國〕比以〔容器〕為視角來看〔天
國〕能構建出更豐富的意義，因為容器是靜態的，而事件是動態的；不僅如此，
容器還可以作為一種組成成分參與事件。以〔天國審判是收割〕為例，〔收割〕
的組成成分之一，「穀倉」，就是一個容器，代表靜態的天國，即善人最終會進
入的上帝之國。在我們接下來要分析的其他事件中，一般也都會有某個具體的
容器代表狹義的天國。

除了比喻故事，我們在《馬太福音》中還發現了〔天國審判是收割〕這一
概念隱喻的其他表現形式，例如：

（76）[37]Then he said to his disciples, "**The harvest** is plentiful, but the
laborers are few; [38]therefore pray earnestly to **the Lord of the
harvest** to send out **laborers** into his **harvest**." (Matthew, 9.37~38)

例（76）中的兩節經文不像比喻故事那樣豐富，但是經文將上帝稱為「收割的上帝」（the Lord of the harvest），可見這裡的收割仍然指天國降臨時發生的事（季納，2013：40）：田地裏有很多莊稼，因此需要很多工人來收割；同樣，世上有很多惡人和善人，因此需要更多門徒來審判和篩選。

　　「稗子的比喻」和類似例（76）的表達用〔收割〕理解〔天國〕事件中上帝對善人和惡人的審判。在《馬太福音》第 13 章第 3 至 9 節，耶穌進一步用「撒種人的比喻」（the Parable of the Sower）來描述人們聽到天國的道理之後不同的反應和結果：

（77）³And he told them many things in parables, saying: "A sower went out to sow. ⁴And as he sowed, some seeds fell along the path, and the birds came and devoured them. ⁵Other seeds fell on rocky ground, where they did not have much soil, and immediately they sprang up, since they had no depth of soil, ⁶but when the sun rose they were scorched. And since they had no root, they withered away. ⁷Other seeds fell among thorns, and the thorns grew up and choked them. ⁸Other seeds fell on good soil and produced grain, some a hundredfold, some sixty, some thirty. ⁹He who has ears, let him hear." (Matthew, 13.3~9)

在這個故事中，撒種的人撒播種子後，種子落在了不同地方，並經歷不同的生長過程：落在路邊的種子被鳥吃掉了，落在岩石上的很快發芽又很快枯萎了，落在荊棘裏的被荊棘淹沒了，落在沃土上的得到了豐碩的收成。隨後，耶穌在第 13 章第 18 至 23 節解釋了這個故事的宗教意義：

（78）¹⁸ "Hear then the parable of the sower: ¹⁹When anyone hears the word of the kingdom and does not understand it, the evil one comes and snatches away what has been sown in his heart. This is what was sown along the path. ²⁰As for what was sown on rocky ground, this is the one who hears the word and immediately receives it with joy, ²¹yet he has no root in himself, but endures for a while, and when tribulation or persecution arises on account of the word, immediately he falls away. ²²As for what was sown among thorns, this is the one who hears the word, but the cares of the world and the deceitfulness of riches choke the word, and it proves unfruitful. [23]As for what was sown on good soil, this is the one who hears the word and understands it. He indeed bears fruit and yields, in one case a hundredfold, in another sixty, and in another thirty." (Matthew, 13.18~23)

從例（78）的解釋可以看出，撒種的人指耶穌或門徒，種子指關於天國的道理，種子生長的四種環境指人們聽聞天國的道理後四種不同的態度：第一種人聽到道理但不明白，惡人一來就把道理忘了；第二種人聽到道理立即接受，但是意志並不堅定，一遇困難立即放棄；第三種人聽到道理接受了，但是後來被思慮和錢財迷惑，天國的道理無法結果；第四種人聽到道理明白了，並在後來結出豐碩的果實。在這個故事中，天國的發展過程中被喻為種子的生長過程。「芥菜種的比喻」（the Parable of the Mustard Seed）同樣體現了〔天國的發展是種子的生長〕這一隱喻：

（79）[31]He put another parable before them, saying, "***The kingdom of heaven is like*** a grain of mustard seed that a man took and sowed in his field. [32]It is the smallest of all seeds, but when it has grown it is larger than all the garden plants and becomes a tree, so that the birds of the air come and make nests in its branches." (Matthew, 13.31~32)

在這個故事中，耶穌將天國的發展喻為芥菜種的生長過程：一個人將芥菜種播撒在田裏，一開始芥菜種很小，最後卻能長成參天大樹，讓飛鳥在其中做窩棲息。這裡播種的人指耶穌，他現在傳播天國福音的工作看似微不足道，但是最終卻會帶來一個偉大榮耀的上帝之國（斯諾德格拉斯，2008：455～457）。

2. 漁業事件

在《馬太福音》中，〔捕魚〕事件也被用來理解〔天國審判〕，如：

（80）And he said to them, "Follow me, and I will make you ***fishers of men***." (Matthew, 4.19)

在例（80）中，耶穌對兩位本是漁人的門徒說：天國近了，人要悔改，所以要將他們變成「捕人的漁人」（fisher of men）。漁人從水中撈魚，同樣，門徒滿世界尋找能進入天國的人。之後，耶穌在第 13 章第 47 至 50 節講述的「撒網

的比喻」（the Parable of the Net）中進一步發展了〔天國審判是捕魚〕這一概念隱喻，使其內容更加豐富：

（81）[47] "Again, ***the kingdom of heaven is like*** a net that was thrown into the sea and gathered fish of every kind. [48]When it was full, men drew it ashore and sat down and sorted the good into containers but threw away the bad. [49]So it will be at the close of the age. The angels will come out and separate the evil from the righteous [50]and throw them into the fiery furnace. In that place there will be weeping and gnashing of teeth. (Matthew, 13.47~50)

漁人把網撒進大海，捕上來各種魚，將好魚裝進容器，壞魚則扔掉。在末世到來時也一樣，天使會將善人和惡人分開，惡人被扔進熔爐，即地獄，善人則會進入天國。我們以表 5.7 總結〔捕魚〕和〔天國審判〕這兩個概念域之間豐富的映射。

表 5.7　《聖經》中〔天國審判是捕魚〕的主要映射

始源域		目標域
捕魚	→	天國審判
漁人	→	天使
大海	→	世界
好魚	→	善人
壞魚	→	惡人
火爐	→	地獄
容器	→	天堂

3. 牧羊事件

〔牧羊〕是《聖經》中使用頻繁的另一個事件類始源域概念。在《舊約・詩篇》中上帝被理解為以色列人的牧羊人，他眷顧和領導以色列人，就像牧羊人照顧和引領羊群。在《新約・馬太福音》中，〔牧羊〕則被用來理解〔天國審判〕，主要體現在兩個故事中，即「失羊的比喻」（the Parable of the Lost Sheep）和「分羊的比喻」（the Parable of the Sheep and the Goats）。前者出現在《馬太福音》第 18 章第 10 至 14 節：

（82）[10] "See that you do not despise one of these little ones. For I tell

you that in heaven their angels always see the face of my Father
who is in heaven. [12]What do you think? If a man has a hundred
sheep, and one of them has gone astray, does he not leave the
ninety-nine on the mountains and go in search of the one that went
astray? [13]And if he finds it, truly, I say to you, he rejoices over it
more than over the ninety-nine that never went astray. [14]So it is
not the will of my Father who is in heaven that one of these little
ones should perish. (Matthew, 18.10~14)

耶穌用這個故事說明天國之中的上帝不會拋棄任何一個微小的善人:牧羊人有
100 隻羊,即使只有一隻走失,他也會去找回這隻羊,而且找到時會歡喜快樂;
同樣,上帝不會放棄任何一個迷失的人,而且在拯救了那個人時也會歡喜快樂。

　　在《馬太福音》第 25 章第 31 至 46 節,耶穌用「分羊」的故事描述「最
終審判」(the Final Judgment)時善人和惡人不同的歸宿:

　　(83)　[31]"When the Son of Man comes in his glory, and all the angels with
him, then he will sit on his glorious throne. [32]Before him will be
gathered all the nations, and he will separate people one from
another *as a shepherd separates the sheep from the goats*. [33]And
he will place the sheep on his right, but the goats on the left.
[34]Then the King will say to those on his right, 'Come, you who
are blessed by my Father, inherit the kingdom prepared for you
from the foundation of the world. ......[41] "Then he will say to
those on his left, 'Depart from me, you cursed, into the eternal fire
prepared for the devil and his angels.......[46]And these will go
away into eternal punishment, but the righteous into eternal life."
(Matthew, 25.31~46)

根據這個故事,最終審判到來時,耶穌會篩選不同的民族,正如牧羊人區分羊
群:綿羊放在右邊,山羊放在左邊;右邊的是善人,會得到上帝的祝福,繼承
他的國,進入永生;左邊的是惡人,會被烈火焚燒,進入永恆的懲罰。「烈火
焚燒之地」與〔收割〕以及〔捕魚〕兩個始源域中的「火爐」相似,代表永恆
的地獄;「永生之地」則與〔收割〕及〔捕魚〕中的「穀倉」或「容器」相似,
代表永恆的天堂。表 5.8 總結了〔天國審判是分羊〕這一隱喻的映射。

表 5.8　《聖經》中〔天國審判是分羊〕的主要映射

始源域		目標域
分羊	→	天國審判
牧羊人	→	天使
綿羊	→	善人
山羊	→	惡人
火爐	→	地獄
容器	→	天堂

4. 林業事件

園林業在《聖經》關於天國的描述中出現得也很頻繁。為了解釋天國，耶穌講述了三個發生在葡萄園（vineyard）中的比喻故事，分別是：「葡萄園的雇工」（Laborers in the Vineyard）、「兩個兒子的比喻」（the Parable of the Two Sons）和「佃戶的比喻」（the Parable of the Tenants）。第一個故事出現在《馬太福音》第 20 章第 1 至 16 節：

（84）[1]"For ***the kingdom of heaven is like*** a master of a house who went out early in the morning to hire laborers for his vineyard. [2]After agreeing with the laborers for a denarius a day, he sent them into his vineyard. [3]And going out about the third hour he saw others standing idle in the marketplace, [4]and to them he said, 'You go into the vineyard too, and whatever is right I will give you.' [5]So they went. Going out again about the sixth hour and the ninth hour, he did the same. [6]And about the eleventh hour he went out and found others standing. And he said to them, 'Why do you stand here idle all day?' [7]They said to him, 'Because no one has hired us.' He said to them, 'You go into the vineyard too.' [8]And when evening came, the owner of the vineyard said to his foreman, 'Call the laborers and pay them their wages, beginning with the last, up to the first.' [9]And when those hired about the eleventh hour came, each of them received a denarius. [10]Now when those hired first came, they thought they would receive more, but each of them also received a denarius. [11]And on receiving it they grumbled at the master of the house, [12]saying, 'These last worked only one hour, and you have made them equal to us who have borne the burden of the day and the scorching heat.' [13]But he replied to one of them, 'Friend, I am doing you no wrong. Did you not agree with me for a denarius? [14]Take what belongs to you and go. I choose to give to this last worker as I give to you. [15]Am I not allowed to do what I choose with what belongs to me? Or do you begrudge my generosity?' [16]So the last will be first, and the first last." (Matthew, 20.1~16)

在這個故事中，耶穌將天國審判比作一所房子的主人雇人去葡萄園做工：清早、第三小時（上午 9 點）、第六小時（中午 12 點）、第九小時（下午 3 點）、第十一小時（下午 5 點）分別讓五批雇傭的工人進入葡萄園做工，最後所有工人得到了同樣的報酬。較早進入葡萄園、工作時間較長的人有所抱怨，但主人說他可以隨意分配自己的東西。這裡的主人指上帝，他在賜予的時候總是慷慨仁慈，無論是以色列人還是外邦人，他在未來天國中尤其會特別恩待那些受壓迫的人（季納，2013：72～73）。

在《馬太福音》第 21 章第 28 至 32 小節，耶穌講述了「兩個兒子的比喻」（the Parable of the Two Sons），即兩個兒子到葡萄園做工的故事：

（85）[28]"What do you think? A man had two sons. And he went to the first and said, 'Son, go and work in the vineyard today.' [29]And he answered, 'I will not,' but afterward he changed his mind and went. [30]And he went to the other son and said the same. And he answered, 'I go, sir,' but did not go. [31]Which of the two did the will of his father?" They said, "The first." Jesus said to them, "Truly, I say to you, the tax collectors and the prostitutes go into the kingdom of God before you. [32]For John came to you in the way of righteousness, and you did not believe him, but the tax collectors and the prostitutes believed him. And even when you saw it, you did not afterward change your minds and believe him.

(Matthew, 21.28~32)

在這個故事中，父親讓兩個兒子到葡萄園做工，第一個兒子口頭拒絕但是實際上去了葡萄園，第二個兒子口頭答應但是並未付諸行動。第一個兒子真正遵循了父親的意願。同樣，稅吏和妓女比貌似虔誠的人會更早進入上帝的天國，因為他們真正相信了上帝的道。從耶穌的解釋可以看出，故事中的父親對應上帝，兩個兒子對應兩種人，去葡萄園做工泛指上帝的旨意，真正去葡萄園做工就是遵行了上帝的旨意（斯諾德格拉斯，2008：544），而真正遵行上帝旨意的人才能通過審判進入天國。

5. 商業事件

除了農、林、牧、漁四種行業，我們在《馬太福音》中還觀察到一組比喻表達，用商業上的財務事件來解釋〔天國〕概念，如：

（86）For the Son of Man … will *repay* each person according to what he has done. (Matthew, 16.26)

在例（86）中，天國審判被理解為清算帳務，上帝會根據人之前所做的事給人以不同的償還（repay）。這個表達的背後是〔天國審判是清算帳務〕的概念隱喻。

《馬太福音》還講述了兩個主人和僕人清算帳務的故事，也體現了〔天國審判是清算帳務〕。第一個故事被稱為「不饒恕的僕人的比喻」（the Parable of the Unforgiving Servant）：

（87）[23]"**Therefore the kingdom of heaven may be compared to a king who wished to settle accounts with his servants**. [24]When he began to settle, one was brought to him who owed him ten thousand talents. [25]And since he could not pay, his master ordered him to be sold, with his wife and children and all that he had, and payment to be made. [26]So the servant fell on his knees, imploring him, 'Have patience with me, and I will pay you everything.' [27]And out of pity for him, the master of that servant released him and forgave him the debt. [28]But when that same servant went out, he found one of his fellow servants who owed him a hundred denarii, and seizing him, he began to choke him, saying, 'Pay what you owe.' [29]So his fellow servant fell down and pleaded with him, 'Have patience with me, and I will pay you.' ^{30}He refused and went and put him in prison until he should pay the debt. ^{31}When his fellow servants saw what had taken place, they were greatly distressed, and they went and reported to their master all that had taken place. ^{32}Then his master summoned him and said to him, 'You wicked servant! I forgave you all that debt because you pleaded with me. ^{33}And should not you have had mercy on your fellow servant, as I had mercy on you?' ^{34}And in anger his master delivered him to the jailers, until he should pay all his debt. ^{35}*So also my heavenly Father will do to every one of you, if you do not forgive your brother from your heart*." (Matthew, 18.23~35)

在這個故事中，一個僕人欠主人大量債務，在他的祈求下主人饒恕了他，但是這個僕人卻苛待欠他少量債務的其他僕人，最後主人懲罰了這個苛刻的僕人。因此，如果人不寬恕自己的兄弟，上帝也不會寬恕這個人。這清晰地點出：天國到來之時，上帝對人進行審判時會寬恕人的罪過，就如同清算人所欠的債務，但是苛責他人的人卻不會得到上帝的寬恕，必需用重大的代價償還所欠的債務。

第二個「主人和僕人清算帳務」的故事被稱為「銀子的比喻」（the Parable of Talents）：

（88）^{14}"For it will be like a man going on a journey, who called his servants and entrusted to them his property. ^{15}To one he gave five talents, to another two, to another one, to each according to his ability. Then he went away. ^{16}He who had received the five talents went at once and traded with them, and he made five talents more. ^{17}So also he who had the two talents made two talents more. ^{18}But he who had received the one talent went and dug in the ground and hid his master's money. ^{19}Now after a long time the master of those servants came and settled accounts with them. ^{20}And he who had received the five talents came forward, bringing five talents more, saying, 'Master, you delivered to me five talents; here I have made five talents more.' [21]His master said to him, 'Well done, good and faithful servant. You have been faithful over a little; I will set you over much. Enter into the joy of your master.' [22]And he also who had the two talents came forward, saying, 'Master, you delivered to me two talents; here I have made two talents more.' [23]His master said to him, 'Well done, good and faithful servant. You have been faithful over a little; I will set you over much. Enter into the joy of your master.' [24]He also who had received the one talent came forward, saying, 'Master, I knew you to be a hard man, reaping where you did not sow, and gathering where you scattered no seed, [25]so I was afraid, and I went and hid your talent in the ground. Here you have what is yours.' [26]But his master answered him, 'You wicked and slothful servant! You knew that I reap where I have not sown and gather where I scattered no seed? [27]Then you ought to have invested my money with the bankers, and at my coming I should have received what was my own with interest. [28]So take the talent from him and give it to him who has the ten talents. [29]For to everyone who has will more be given, and he will have an abundance. But from the one who has not, even what he has will be taken away. [30]And cast the worthless servant into the outer darkness. In that place there will be weeping and gnashing of teeth.' (Matthew, 25.14~30)

這個故事將天國比喻成一個人遠行前把錢財委託給僕人：三個僕人分別得到了五個、三個和一個塔蘭特（talent，古代希伯來的一種銀幣）。很長時間之後，主人回來了並和僕人清算帳務。得到五個塔蘭特的僕人幫主人賺了五個塔蘭特，得到三個塔蘭特的僕人賺了三個塔蘭特，兩個人都得到了主人的獎賞，被允許進入主人的喜悅（enter into the joy of your master）。第三個僕人卻只是把他那一個塔蘭特埋起來，現在又還給了主人。主人認為第三個僕人是邪惡懶惰的，將他扔進哭泣撕咬之地。根據斯諾德格拉斯（2008：1015）的解釋，故事裏的主人指耶穌，前兩個僕人指對耶穌忠誠的人，第三個僕人指對耶穌不忠誠的人。忠誠的人會得到更多恩賜，會進入天國；不忠誠的人會被懲罰，進入地

獄。正如例（88）中的第 29 節經文所言，「有的人會被給予更多，叫他有餘；沒有的人，連他所有的也會被奪走」。

以上兩個事件都體現了〔天國的審判是清算帳務〕，但分別說明〔天國〕的不同特徵：「不饒恕的僕人的比喻」旨在說明天國審判時上帝會寬恕那些寬容的人，強調上帝的仁慈；「銀子的比喻」旨在說明對上帝忠誠的人才能進入天國，強調天國的篩選性。

5.4.2.2　家庭事件

《馬太福音》用來理解和描述〔天國〕的第二組事件和家庭生活有關，包括：婚宴、家宅遭賊和主僕關係。其中最鋪陳的是兩次婚宴。《馬太福音》描述的第一次婚宴被稱為「婚宴的比喻」（the Parable of the Wedding Feast）：

（89）[1]And again Jesus spoke to them in parables, saying, [2] ***The kingdom of heaven may be compared to*** a king who gave a wedding feast for his son, [3]and sent his servants to call those who were invited to the wedding feast, but they would not come. [4]Again he sent other servants, saying, 'Tell those who are invited, See, I have prepared my dinner, my oxen and my fat calves have been slaughtered, and everything is ready. Come to the wedding feast.' [5]But they paid no attention and went off, one to his farm, another to his business, [6]while the rest seized his servants, treated them shamefully, and killed them. [7]The king was angry, and he sent his troops and destroyed those murderers and burned their city. [8]Then he said to his servants, 'The wedding feast is ready, but those invited were not worthy. [9]Go therefore to the main roads and invite to the wedding feast as many as you find.' [10]And those servants went out into the roads and gathered all whom they found, both bad and good. So the wedding hall was filled with guests. [11] "But when the king came in to look at the guests, he saw there a man who had no wedding garment. [12]And he said to him, 'Friend, how did you get in here without a wedding garment?' And he was speechless. [13]Then the king said to the attendants, 'Bind him hand and foot and cast him into the outer darkness. In that place there will be weeping and gnashing of teeth.' [14]For many are called, but few are chosen." (Matthew, 22.1~14)

在這個故事中，耶穌將天國比作一次婚宴：國王為兒子舉行婚宴，派遣僕人去邀請賓客。第一次僕人被拒絕，第二次有的僕人甚至被殺死，國王發怒派兵，殺死兇手並燒毀了他們的城池。之後國王再次派遣僕人邀請來了大量賓客，有好的也有壞的。有一個人未穿參加婚禮的正式袍子（對國王不敬），國王下令將其捆綁並扔到充滿哭泣和撕咬的黑暗處。這個故事體現了上帝召喚人進入天國的情形：國王即是上帝，婚宴的房子即是天國的所在。上帝派遣使者召喚人們進入天國，拒絕回應的人被毀滅了。後來很多人想進入天國，但是上帝將蔑視天國的人扔進了地獄。因此故事最後一節經文說，「被邀請的人很多，但是被選中的人少」，並非人人都能進入天國。

之後，為了說明應隨時做好準備迎接天國的到來，耶穌講述了另一個和婚宴有關的故事，即「十童女的比喻」（the Parable of the Ten Virgins）：

（90）[1]"Then the kingdom of heaven will be like ten virgins who took their lamps and went to meet the bridegroom. [2]Five of them were foolish, and five were wise. [3]For when the foolish took their lamps, they took no oil with them, [4]but the wise took flasks of oil with their lamps. [5]As the bridegroom was delayed, they all became drowsy and slept. [6]But at midnight there was a cry, 'Here is the bridegroom! Come out to meet him.' [7]Then all those virgins rose and trimmed their lamps. [8]And the foolish said to the wise, 'Give us some of your oil, for our lamps are going out.' [9]But the wise answered, saying, 'Since there will not be enough for us and for you, go rather to the dealers and buy for yourselves.' [10]And while they were going to buy, the bridegroom came, and those who were ready went in with him to the marriage feast, and the door was shut. [11]Afterward the other virgins came also, saying, 'Lord, lord, open to us.' [12]But he answered, 'Truly, I say to you, I do not know you.' [13]Watch therefore, for you know neither the day nor the hour. (Matthew, 25.1~13)

這個故事將〔天國降臨〕描述為十童女打著燈籠迎接新郎的過程：五個愚笨的沒有帶燈油，五個聰慧的帶了燈油。因為新郎被耽擱，童女等待時睡著了。午夜時，新郎突然到來，聰慧的童女跟隨新郎進入房屋參加婚宴，愚笨的因為沒有燈油無法點燈迎接新郎被擋在了屋外。耶穌用這個故事告誡人們要時刻預備迎接天國的到來：新郎指上帝，兩組童女對應預備好迎接天國的人和沒預備好迎接天國的人。天國不知何時到來，最終預備好的人進入了天國，沒有預備的人則被擋在了外面。

以上兩個故事都和婚宴有關，但是強調了天國的不同特徵。「婚宴的比喻」強調要響應天國的召喚，否則無法通過天國的遴選審判；「十童女的比喻」則強調天國的不可預測性，它隨時可能到來，因此要隨時做好準備。不可預測性是天國的重要特徵，如《馬太福音》中下面這段經文的描述：

（91）[36]But concerning that day and hour no one knows, not even the angels of heaven, nor the Son, but the Father only…[42]Therefore, stay awake, for you do not know on what day your Lord is coming. (Matthew, 24.36~42)

根據例（91）所引的經文，天國到來的日期和時辰只有聖父上帝（the Father）知道，聖子耶穌（the Son）和天使都不知道，遑論普通人。

為了強調天國到來的不可預測性或突然性，耶穌又接連講了兩個故事，用家庭生活中的兩個事件描述天國的到來，即「家宅遭賊」和「主人檢查僕人的工作」：

（92）[42]Therefore, stay awake, for you do not know on what day your Lord is coming. [43]But know this, that if the master of the house had known in what part of the night the thief was coming, he would have stayed awake and would not have let his house be broken into. [44]Therefore you also must be ready, for the Son of Man is coming at an hour you do not expect. [45] "Who then is the faithful and wise servant, whom his master has set over his household, to give them their food at the proper time? [46]Blessed is that servant whom his master will find so doing when he comes. [47]Truly, I say to you, he will set him over all his possessions. [48]But if that wicked servant says to himself, 'My master is delayed,'

^49and begins to beat his fellow servants and eats and drinks with drunkards, ^50the master of that servant will come on a day when he does not expect him and at an hour he does not know ^51and will cut him in pieces and put him with the hypocrites. In that place there will be weeping and gnashing of teeth. (Matthew, 24.42~51)

例（92）所引經文第 42 至 44 小節為「家宅遭賊」的比喻故事。耶穌警告眾人要保持清醒，因為上帝不知何時會來，正如家主不知賊人會在深夜何時入宅行竊。這裡耶穌並非說上帝像賊人，而是說上帝的到來就像賊人入宅一樣不可預知，需要時刻做好準備。緊接著，從第 45 小節開始，耶穌又講述了「主人檢查僕人工作」的故事：主人來檢視僕人的工作，忠心聰慧的僕人正在做工，因此被主人祝福和信任；邪惡的僕人認為主人會晚來，因此怠工酗酒，被主人處死扔到哭泣撕咬之地。這個故事中的主人對應上帝，兩個僕人對應堅信和不堅信天國隨時可能降臨的人，兩種人得到了不同的結果。其中，「哭泣撕咬之地」和〔收割〕、〔捕魚〕及〔分羊〕事件中對地獄的描寫一致，暗示了「天堂」和「地獄」這兩種人生終點的存在。

《聖經》經常使用「主人」和「僕人」闡述上帝和人之間的關係。除了以上分析的「主人檢查僕人的工作」，之前的例（87）和例（88）中兩個清算帳務的故事也是使用主僕關係來理解上帝和人之間的關係，在此不再贅述。

5.4.2.3　其他事件

第三組事件的類別比較模糊，故事也相對簡單，沒有發展完備的情節。主要有三個故事：「麵酵的比喻」（the Parable of Leaven）、「藏寶的比喻」（the Parable of the Hidden Treasure）和「珍珠的比喻」（the Parable of the Pearl of Great Value）。其中，「麵酵的比喻」最短，只有一節經文：

（93）He told them another parable. "The kingdom of heaven is like leaven that a woman took and hid in three measures of flour, till it was all leavened." (Matthew, 13.33)

在這個故事中，耶穌把天國喻為農婦用酵母發麵：酵母並不多，藏在三倍的麵粉中，卻能夠讓全部麵粉都發酵。根據斯諾德格拉斯（2008：478）的解釋，酵母把大量的麵團發酵起來，對應耶穌做的工讓整個天國都顯露出來。這個故事強調的不是耶穌像農婦，而是耶穌的宣教讓天國之道彰顯，就像酵母讓大量的麵團發酵。

在《馬太福音》第 13 章，耶穌接連講述了兩個和珍寶有關的故事，即「藏寶的比喻」和「珍珠的比喻」：

（94）[44] "The kingdom of heaven is like treasure hidden in a field, which a man found and covered up. Then in his joy he goes and sells all that he has and buys that field. [45] "Again, the kingdom of heaven is like a merchant in search of fine pearls, [46]who, on finding one pearl of great value, went and sold all that he had and bought it. (Matthew, 13.44~46)

「藏寶的比喻」也只有一節經文，即第 13 章第 44 節，其中天國被喻為藏在地裏的珍寶，一個人發現後歡歡喜喜地賣掉所有財產購買了那塊地。緊接著，在第 45 和 46 節，耶穌講述了「珍珠的比喻」：天國像一個商人在尋找珍珠，找到一顆貴重的珍珠後，他賣掉了所有財產購買了那顆珍珠。兩個故事都將天國喻為珍寶，強調其珍貴，但是又有細微的差異：前者強調天國既是隱藏的，又是能夠被發現的；後者強調尋找的重要性。

5.4.3　小結

綜合以上分析，〔天國是容器〕和〔天國是房屋〕描述了天國作為一種最終進入上帝國度的永生狀態，而〔天國是事件〕描述了末日審判時上帝遴選人進入天國的過程，包括天國的降臨、人尋找和發現天國、天國的發展、天國的審判遴選等環節。〔天國是事件〕這個基礎概念隱喻包含以下類屬隱喻：

- 行業事件
  - ○〔天國審判是收割〕
  - ○〔天國審判是捕魚〕
  - ○〔天國審判是分羊〕
  - ○〔天國審判是葡萄園雇工〕
  - ○〔天國審判是去葡萄園做工〕
  - ○〔天國的發展是種子的生長〕
- 家庭事件
  - ○〔天國審判是婚宴〕
  - ○〔天國審判是主人和僕人清算帳務〕
  - ○〔天國降臨是迎接新郎〕

　　○〔天國降臨是家宅遭賊〕

　　○〔天國降臨是主人檢查僕人工作〕

　・其他事件

　　○〔天國的發展是酵母發麵〕

　　○〔發現天國是發現藏寶〕

　　○〔尋找天國是尋找珍寶〕

　　從這些概念隱喻可以發現，〔天國〕不只是一個靜態的〔容器〕或〔房屋〕，更是一個動態的〔事件〕或〔過程〕，涉及眾多的人物角色，其發展可分為多個環節，整個過程也有複雜的特徵。上述〔事件〕隱喻從不同角度描述天國發展過程的不同環節，突顯了耶穌傳播關於天國教義的不同內容。我們用表 5.9 總結不同的事件類型及其對應的比喻故事、描述的天國環節、傳播的關於天國的教義。

表 5.9 〔天國是事件〕隱喻總結

事件類型		耶穌比喻故事	天國的環節	關於天國的教義
行業事件	農業	稗子的比喻	審判	天國的篩選
		芥菜種的比喻	發展	天國的強大
		撒種人的比喻	發展	天國的強大
	捕魚	撒網的比喻	審判	天國的篩選
	牧羊	分羊的比喻	審判	天國的篩選
		失羊的比喻	審判	上帝的仁慈
	林業	葡萄園的雇工	審判	天國的篩選、上帝的慷慨
		兩個兒子的比喻	審判	天國的篩選、對上帝的忠誠
		佃戶的比喻	審判	天國的篩選、對上帝的忠誠
	商業	不饒恕的僕人	審判	天國的篩選、上帝的寬容
		銀子的比喻	審判	天國的篩選、對上帝的忠誠
家庭事件	婚宴	婚宴的比喻	審判	天國的篩選
		十童女的比喻	降臨	天國的突然性
	主僕	主人檢查僕人工作	降臨	天國的突然性
	家宅遭賊	家宅遭賊	降臨	天國的突然性
其他事件	麵酵	麵酵的比喻	發展	天國的強大
	珍寶	藏寶的比喻	尋找	天國的寶貴
		珍珠的比喻	發現	天國的寶貴

　　按照天國作為事件的發展順序，我們先看天國的降臨。天國的降臨具有突然性，即天國何日何時降臨是不可預測的，因此人們若想進入天國必須隨時做好準備。這個特徵主要反映在「十童女」、「家宅遭賊」和「主人檢查僕人的工作」等三個故事中：新郎何時到來，賊人何時入宅行竊，主人何時來檢查工作，都是不可預測的，因此迎接新郎的童女、宅子的主人、做工的僕人隨時都要做好準備，沒有準備的人最後都會遭殃。

　　人一方面要隨時準備好迎接天國的降臨，另一方面也要主動尋找天國，而且一旦找到就應該竭盡所能地珍視天國，因為天國是寶貴的。這條教義體現在「藏寶的比喻」和「珍珠的比喻」兩個小故事中。

　　天國在發展過程中一開始可能是微小的，但是會不斷發展壯大。這個特徵反映在「撒種的比喻」、「芥菜種的比喻」和「麵酵的比喻」三個故事中：芥菜種是最小的種子，但是能長成參天大樹；麵酵雖然少，但是能讓三倍的麵團發酵。

　　但是，天國最重要的特徵體現在審判環節，即天國的「篩選性」。並非人人都能進入天國，天國降臨之時即是末日審判之時，上帝會對人進行篩選：忠誠、寬容的善人進入天堂獲得永生，不忠誠、苛刻的惡人進入地獄永受懲罰。「篩選」的特徵體現在多個故事中，具體如表 5.10 所示：

表 5.10　體現〔天國〕「篩選」特徵的事件

事　件	故　事	善　人	惡　人
收割	稗子的比喻	麥子	稗子
捕魚	撒網的比喻	好魚	壞魚
牧羊	分羊的比喻	綿羊	山羊
園林	兩個兒子的比喻	行動遵守的兒子	口頭遵守的兒子
婚宴	婚宴的比喻	進入婚宴的賓客	未進入婚宴的賓客
婚宴	十童女的比喻	有準備的童女	無準備的童女
主僕關係	主人檢查僕人工作	忠誠的僕人	不忠誠的僕人
主僕關係	銀子的比喻	幫助主人賺錢的僕人	未幫助主人賺錢的僕人

　　從表 5.10 可以發現，每個事件中都有兩個對立的角色，一個代表善人，一個代表惡人。與兩個角色對應，每個事件中往往也有兩種處所，安置這兩個角色。這兩種處所分別代表了天堂和地獄。這在「收割」和「捕魚」事件中尤其明顯：在「收割」喻中（cf. 例 74），麥子放入穀倉，稗子扔進火爐；在「捕

魚」喻中（cf. 例 81），好魚放入容器，壞魚扔進火爐。其他事件雖然沒有明確提及兩種對立的處所，但也都有所暗示，如例（89）的「婚宴」和例（88）的「清算帳務」中，惡人都被扔到「外面的黑暗之所」（the outer darkness），那裏充滿「哭泣和牙齒的撕咬」（weeping and the gnashing of teeth），這和「收割」及「捕魚」事件中對火爐的描述完全相同。

天國又被稱為上帝的國，上帝是其中的重要角色，因此耶穌關於天國的教義也強調了上帝的特徵。「失羊的比喻」反映了上帝的仁慈：審判遴選人進入天國時不會遺忘任何一個義人，正如牧羊人會像珍視另外九十九隻羊一樣珍視那隻走失的羊。「葡萄園的雇工」反映了上帝的慷慨：上帝會拯救所有人，尤其是現在受苦的人，正如葡萄園的主人慷慨贈予所有的工人。「不饒恕的僕人」反映了上帝的寬容：上帝會寬恕人的罪過，正如主人會免除僕人的債務。

耶穌關於天國的教義也對人提出了要求。「不饒恕的僕人」教人要對他人寬容：你若對他人不寬容，上帝也不會寬恕你的罪過，正如苛刻的僕人最終受到了主人的嚴厲懲罰。而人最重要的是對上帝忠誠，只有對上帝忠誠才能通過審判並被遴選進入天國，「兩個兒子的比喻」、「佃戶的比喻」和「銀子的比喻」都反映了這一條教義。

5.5 〔上帝〕

〔空間〕、〔時間〕、〔生命〕和〔天國〕四個概念都涉及〔上帝〕，因為在《聖經》中上帝是世界、事件和生命的創造者，是人生之旅的嚮導，是天國的主人以及眾生能否進入天國的裁決者。在既往的用概念隱喻理論分析《聖經》文本的研究中，〔上帝〕是受關注最多的概念。在我們分析的《詩篇》和《馬太福音》中，〔上帝〕也激發了最多的比喻表達，我們明確識別出的共計 868 處。這些比喻表達用多種始源域來理解和描述上帝，如表 5.11 所示。

從表 5.11 可以看出，這些始源域大致可分為四類。第一類可歸納為〔上帝是至上的〕，即用空間的上下維度來理解上帝；第二類可歸納為〔上帝是無生命物體〕，即將上帝喻為岩石、盾牌和堡壘等無生命的物體；第三類可歸納為〔上帝是動物〕，將上帝喻為鳥和蛀蟲；第四類可歸納為〔上帝是人〕，將上帝喻為牧羊人、國王、父親等角色。其中，〔動物〕所含的比喻表達最少，僅占不足 1%；〔人〕所含的比喻表達最多，占近 80%，其類屬始源域也最多，可

分為多種角色。

〔上帝是至上的〕體現了上帝的地位和人與上帝的關係，在 5.3.1 節分析〔生命〕的空間維度時已有討論，比如《聖經》中把上帝稱為「最高者」（cf. 例 30），認為其位於高處，人應跪倒表示崇敬（cf. 例 31），在此不再贅述。下面我們將重點分析後三組隱喻。

表 5.11 《聖經》中〔上帝〕的始源域分布

始源域			比喻表達的數量和比例			
			《詩篇》	《馬太》	總計	比例
〔上下〕			42	1	43	4.95%
〔無生命物體〕	〔光〕		27	3	30	
	〔岩石〕		20	0	20	
	〔盾〕		16	0	16	
	〔高臺〕		6	0	6	14.52%
	〔城堡〕		14	0	14	
	〔庇護所〕		30	0	30	
	其他		10	0	10	
〔動物〕	〔鳥〕		6	1	7	0.92%
	〔蛀蟲〕		1	0	1	
〔人〕	〔創造者〕		51	2	53	
	〔嚮導〕		68	4	72	
	〔職業角色〕	〔牧羊人〕	21	24	45	
		〔捕魚人〕	0	5	5	
		〔農人〕	0	31	31	
		〔園丁／葡萄園主人〕	23	36	59	
		〔建築師〕	20	0	20	
		〔醫生〕	6	3	9	79.61%
	〔家庭角色〕	〔父親〕	6	62	68	
		〔主人〕	55	42	97	
		〔東道主〕	35	15	50	
	〔機構角色〕	〔國王〕	80	21	101	
		〔法官〕	56	21	77	
	其他		4	0	4	

5.5.1 〔上帝是無生命的物體〕

在《詩篇》中，上帝被描繪成多種無生命的物體，包括：岩石（rock）、堡壘（fortress）、高臺（stronghold）、藏身所（hiding place）、庇護所（refuge）、盾牌（shield）、號角（horn）和光（light），如：

（95）a. I say to God, my *rock*… (Psalms, 42.9)

b. The LORD of hosts is with us; the God of Jacob is our *fortress*. (Psalms, 46.7)

c. The LORD is a *stronghold* for the oppressed… (Psalms, 9.9)

d. You are a *hiding place* for me; you preserve me from trouble… (Psalms, 32.7)

e. …pour out your heart before him; God is a *refuge* for us. (Psalms, 62.8)

f. …bring them down, O Lord, our *shield*! (Psalms, 59.11)

g. The LORD is … the *horn* of my salvation, my stronghold. (Psalms, 18.2)

根據例（95），我們可以發現〔上帝是無生命的物體〕這個概念隱喻下的比喻表達有兩個特點。第一，從語言形式上看，這些表達都具有比較單一的結構，要麼使用「我的／我們的……」這種結構直呼上帝，如例（95）a 中的「我的岩石」（my rock）；要麼使用「上帝是……」的結構，如例（95）b 中的「雅各的上帝是我們的城堡」（the God of Jacob is our fortress）。

第二，例（95）中出現的物體基本都強調了上帝保護和拯救人的特徵，如岩石、高臺、堡壘、藏身所和庇護所都是躲避危險的場所，盾牌可以保護人免受傷害，號角則代表獲救的希望。而且，《詩篇》中描述這些物體時往往也會明確強調它們拯救人的特徵，如將上帝稱為「拯救的岩石」（the rock of our salvation）、「拯救的盾牌」（the shield of your salvation）和「拯救的庇護所」（the saving refuge）。

此外，我們還發現，描述上帝的這些物體常常同時出現在一個表達中，形成強烈的修辭效果，如：

（96）a. Incline your ear to me; rescue me speedily! Be a *rock* of refuge for me, a strong *fortress* to save me! (Psalms, 31.2)

b. You are my *hiding place* and my *shield*; I hope in your word.

(Psalms, 119.114)

    c. he is my steadfast love and my ***fortress***, my ***stronghold*** and my deliverer, my ***shield*** and he in whom I take refuge… (Psalms, 144.2)

    d. The LORD is my ***rock*** and my ***fortress*** and my deliverer, my God, my ***rock***, in whom I take refuge, my ***shield***, and the ***horn*** of my salvation, my ***stronghold***. (Psalms, 18.2)

例（96）的每一節經文中都使用兩個或多個物體來形容上帝，例（96）d 更是連續用五種物體來稱呼上帝：岩石、堡壘、盾牌、號角和高臺。

    在〔上帝是無生命的物體〕這個基本概念隱喻下，〔上帝是光〕是一個特殊的類屬隱喻。與以上分析的〔岩石〕或〔堡壘〕等始源域不同，〔上帝是光〕有更加豐富的語言表達形式，如：

（97）a. The LORD is my ***light*** and my salvation… (Psalms, 27.1)

    b. For the LORD God is a ***sun*** and shield… (Psalms, 84.11)

    c. Out of Zion, the perfection of beauty, God ***shines*** forth. (Psalms, 50.2)

    d. For it is you who ***light*** my lamp; the LORD my God ***lightens*** my darkness. (Psalms, 18.28)

在例（97）中，a 直接將上帝稱為「光」（light），b 則將上帝稱為「太陽」（sun）；c 和 d 則使用動詞體現上帝是光的特徵，如 shine（照耀）、light（點亮）和 lighten（照亮）。此外，《詩篇》還有一些表達用〔光源〕來理解〔上帝〕，如：

（98）a. For with you is the fountain of life; in your ***light*** do we see light. (Psalms, 36.9)

    b. …Lift up the ***light*** of your face upon us, O LORD! (Psalms, 4.6)

    c. The unfolding of your words gives ***light***… (Psalms, 119.130)

    d. ***Light*** is sown for the righteous, and joy for the upright in heart. (Psalms, 97.11)

    e. ***Light*** dawns in the darkness for the upright… (Psalms, 112.4)

例（98）中的經文都體現了〔上帝是光源〕：從 a 和 b 可以看出上帝和上帝的臉龐有光，從 c 可以看出上帝的言語可以給人以光，d 宣稱上帝為正義之人撒

播光明，e 描繪上帝為黑暗中的正直之人降下光。

如果說〔岩石〕或〔堡壘〕等始源域主要強調上帝拯救和保護世人的特徵，那麼〔光〕或〔光源〕則突顯了上帝給人希望、指引人前行的特徵。

5.5.2 〔上帝是動物〕

《聖經》中也有少量表達體現了〔上帝是鳥〕這一概念隱喻，主要集中在《詩篇》中的一組表達：

（99）a. …The children of mankind take refuge in the shadow of your ***wings***. (Psalms, 36.7)

b. He will cover you with his ***pinions***, and under his ***wings*** you will find refuge; his faithfulness is a shield and buckler. (Psalms, 91.4)

和 5.5.1 中的〔岩石〕或〔堡壘〕等始源域一樣，例（99）中的表達也強調了上帝保護人的特徵：人在上帝翅膀的影子（the shadow of your wings）下尋求庇護，或者上帝用翅膀（pinions）護住人。

此外，《馬太福音》中也有一處表達將上帝的靈喻為鴿子：

（100）… he saw the Spirit of God descending like a ***dove*** and coming to rest on him; (Matthew 3.16)

除了鳥，我們在《詩篇》中還注意到一句特殊的表達，將上帝喻為蛀蟲（moth）：

（101）When you discipline a man with rebukes for sin, you consume ***like a moth*** what is dear to him; surely all mankind is a mere breath! (Psalms, 39.11)

例（101）描述了上帝對人的懲罰，即上帝因罪懲罰人，就如同蛀蟲咬噬人珍視的物品。我們參照的《聖經中文和合本》將其譯為人被上帝懲罰，「如衣被蟲所咬」。

總體而言，〔上帝是動物〕在我們分析的《聖經》文本中出現頻次很低，占比不到 1%。

5.5.3 〔上帝是人〕

《聖經》主要使用不同的〔人物〕角色理解和構建〔上帝〕的形象。這

些角色類型非常多樣，除前文討論過的〔創造者〕和〔嚮導〕外，我們粗略
將其分為三組：第一組是行業角色（occupational role），如〔牧羊人〕、〔園丁〕、
〔醫生〕、〔建築師〕；第二組是家庭角色（familial role），如〔父親〕、〔主人〕
（MASTER）、〔東道主〕（HOST）；第三組是機構角色（institutional role），如〔國
王〕、〔法官〕。

　　〔上帝是創造者〕在《聖經》所構建的〔世界〕、〔時間〕和〔生命〕中都
有體現，世界（cf. 5.1.1 節）、時間（cf. 5.2.4 節）以及生活在世界中的生命（cf.
5.3.1 節）都是上帝的創造物。〔上帝是嚮導〕主要體現在〔生命是旅程〕隱喻
中，上帝被理解為生命之旅的嚮導（cf. 5.3.3.4 節）。本小節不再贅述上帝的〔創
造者〕和〔嚮導〕角色，將主要討論上帝的職業、家庭和機構角色。

5.5.3.1　職業角色

　　5.4.2.1 節分析〔天國審判是牧羊〕時曾提到，《聖經》常將上帝喻為牧羊
人，如例（82）「失羊的比喻」中，上帝拯救迷失的人被喻為牧羊人尋找走失
的羊。可以說〔牧羊人〕是《聖經》文本最經常地賦予上帝的角色之一，我們
共發現 45 處相關表達。比如，用「牧羊人」稱呼上帝：

　　（102）a. The LORD is my *shepherd*; I shall not want. (Psalms, 23.1)

　　　　　　b. Give ear, O *Shepherd* of Israel, you who *lead* Joseph like a
　　　　　　flock! You who are enthroned upon the cherubim, shine forth.
　　　　　　(Psalms, 80.1)

例（102）a 直接將上帝稱為「我的牧羊人」（my shepherd），b 則將上帝稱為
「以色列的牧羊人」（Shepherd of Israel）。從 b 還可以看出，一方面上帝是牧
羊人，另一方面他引領的以色列人祖先約瑟夫就像羊群（flock）。又如：

　　（103）a. Then he *led* out his people like *sheep* and guided them in the
　　　　　　wilderness like a *flock*. (Psalms, 78.52)

　　　　　　b. O God, why do you cast us off forever? Why does your anger
　　　　　　smoke against *the sheep of your pasture*? (Psalms, 74.1)

例（103）的兩節經文分別將上帝的子民喻為「羊」（sheep）、「羊群」（flock）
或「上帝草場上的羊」（the sheep of your pasture）。

　　另外，從例（102）b 和例（103）a 中的 lead（引領）一詞可以看出，〔上
帝是牧羊人〕主要強調上帝引領人的特徵，類似於〔人生是旅程〕中的〔嚮導〕
角色。又如：

（104）¹The LORD is my *shepherd*; I shall not want. ²He makes me lie down in *green pastures*. He *leads* me beside still waters. ³He restores my soul. He *leads* me in *paths* of righteousness for his name's sake. ⁴Even though I *walk* through the valley of the shadow of death, I will fear no evil, for you are with me; your *rod* and your *staff*, they comfort me. (Psalms, 23.1~4)

例（104）所引經文的前兩節稱上帝為「牧羊人」（shepherd），他讓大衛躺在「綠草地」（green pastures）上，引領他走過「溪水」（still waters），背後的隱喻是〔上帝是牧羊人〕。在第3節，上帝引領大衛走在正義的「道」（path）上，背後的隱喻是〔人生是旅程〕。第4節則融合了〔牧羊人〕和〔旅程〕兩個始源域：大衛宣稱「走過死亡陰影的山谷」（walk through the valley of the shadow of death）也不會害怕，因為上帝的「杖和竿」（rod and staff）安慰著他。這裡遭受死亡的危險被描述為「走在陰暗的山谷」，而「杖和竿」則是牧羊人的工具。

5.3.1 節在分析〔生命〕的空間維度時曾提到，《聖經》常把人喻為植物。相應地，〔上帝〕作為〔生命〕的創造者則被喻為照看植物的園丁，如：

（105）⁸You brought a vine out of Egypt; you drove out the nations and *planted* it. ⁹You *cleared the ground* for it; it took deep root and filled the land. ¹⁰The mountains were covered with its shade, the mighty cedars with its branches. ¹¹It sent out its branches to the sea and its shoots to the River. ¹²Why then have you broken down its walls, so that all who pass along the way pluck its fruit? ¹³The boar from the forest ravages it, and all that move in the field feed on it. ¹⁴Turn again, O God of hosts! Look down from heaven, and see; have regard for this vine, ¹⁵the stock that your right hand *planted*, and for the son whom you made strong for yourself. ¹⁶They have burned it with fire; they have cut it down; may they perish at the rebuke of your face! (Psalms, 80.8~16)

例（105）將以色列民族的發展比喻為一顆葡萄樹生長的過程：上帝將這棵葡萄樹帶出埃及栽種，為它清理土地，讓它生根發芽長葉。但是，之後上帝又推倒了葡萄樹四周的牆，讓人進來摘它的果子，讓野獸來踐踏它。因此，詩文祈求上帝眷顧他栽下的葡萄樹，懲罰砍伐和燒毀葡萄樹的人。此例所描述的葡萄

樹生長的過程指的是上帝引領以色列人走出埃及，在應許之地定居發展，但是後來上帝不再保護以色列人，致使他們遭受外邦的侵略。這一故事將始源域〔園丁〕的特徵投射到目標域〔上帝〕之上，用園丁和葡萄之間的關係理解和描述上帝和以色列人之間的關係。

上帝的另一個職業角色是〔醫生〕，如例（106）所示：

（106）a. ...**heal** me, O LORD, for **my bones are troubled**. (Psalms, 6.2)

b. The LORD sustains him on his sickbed; in his illness you restore him to full health. (Psalms, 41.3)

c. He heals the brokenhearted and binds up their wounds. (Psalms, 147.3)

可以看出，〔醫生〕這個始源域強調的是上帝安撫人的傷痛的特徵，他可以治癒（heal）人的疾病（illness），使人恢復健康（restore him to full health），包紮傷心人的傷口（bind up their wounds）。

除了〔牧羊人〕、〔園丁〕和〔醫生〕，〔世界是房屋〕隱喻還體現了上帝作為〔建築師〕的角色（cf. 5.1.4）；在〔天國審判是收割〕和〔天國審判是捕魚〕中，上帝還承擔著〔農人〕和〔捕魚人〕的角色（cf. 5.4.2.1）。

5.5.3.2　家庭角色

在〔上帝是人〕這個基本概念隱喻下，多種家庭角色也被用來理解上帝以及上帝和世人之間的關係。其中最顯著的一個角色是〔父親〕。《聖經》中多處直接以「父親」（father）稱呼上帝，如：

（107）a. ...You are my **Father**, my God, and the Rock of my salvation. (Psalms, 89.26)

b. Look at the birds of the air: they neither sow nor reap nor gather into barns, and yet your **heavenly Father** feeds them. Are you not of more value than they? (Matthew, 6.26)

c. Again I say to you, if two of you agree on earth about anything they ask, it will be done for them by my **Father in heaven**. (Matthew, 18.19)

d. And call no man your father on earth, for you have one **Father, who is in heaven**. (Matthew, 23.9)

e. **Father** of the fatherless and protector of widows is God in his holy habitation. (Psalms, 68.5)

從例（107）a-c 可以看出，《聖經》將上帝稱為「父親」（father）、「天上的父親」（heavenly Father）、「在天堂的父親」（Father in heaven）。例（107）d 教導人不要稱地上的父親，因為上帝才是人的父親；e 則宣稱上帝是無父之人的父親，是寡婦的保護者。

因為上帝是父親，所以世人被稱為上帝的「兒子」（son），如：

（108）a. I will tell of the decree: The LORD said to me, "You are my ***Son***; today I have ***begotten*** you. (Psalms, 2.7)

b. "Blessed are the peacemakers, for they shall be called ***sons*** of God. (Matthew, 5.9)

此外，《聖經》中還直接以父子關係來喻指上帝和人之間的關係，如：

（109）a. ⁹Or which one of you, if his ***son*** asks him for bread, will give him a stone? ¹⁰Or if he asks for a fish, will give him a serpent? (Matthew, 7.9~10)

b. As a ***father*** shows compassion to his ***children***, so the LORD shows compassion to those who fear him. (Psalms, 103.13)

為了說明上帝會給人最好的賞賜，例（109）a 問道：如果一個人的兒子問他要麵包，他會給兒子石頭麼？要魚，會給兒子蛇麼？例（109）b 則說，正如父親同情孩子，上帝也會同情畏懼他的人。

前文提到，《馬太福音》常用與主僕關係相關的家庭事件來理解〔天國〕，在這些事件中上帝被視為「主人」（master）（cf. 5.4.2.2 小節）。相應地，《詩篇》的多處經文都將人稱為上帝的「僕人」（servant），體現了〔上帝是主人〕這一概念隱喻，如：

（110）a. …save your ***servant***, who trusts in you-you are my God. (Psalms, 86.2)

b. …I have sworn to David my ***servant***… (Psalms, 89.3)

c. Remember, O Lord, how your ***servants*** are mocked… (Pslams, 89.39)

d. Turn to me and be gracious to me; give your strength to your ***servant***, and save the son of your ***maidservant***. (Psalms, 86.16)

        e. The children of your *servants* shall dwell secure… (Psalms, 105.6)

例（110）a 中，詩文的作者自稱上帝的「僕人」（servant），b 和 c 分別將大衛王和以色列人稱為上帝的「僕人」，d 和 e 則將以色列人稱為上帝的「女僕」（maidservant）和「僕人」的後代。此外，《聖經》中的一些經文也直接使用主人和僕人之間的關係喻指上帝和人之間的關係，如：

    （111）a. Behold, as the eyes of *servants* look to the hand of their *master*,

        as the eyes of a *maidservant* to the hand of her *mistress*, so

        our eyes look to the LORD our God, till he has mercy upon

        us. (Psalms, 123.2)

        b. "No one can *serve two masters*…. You cannot serve God and

        money. (Matthew, 6.24)

在例（111）a 中，詩文的作者說正如男僕（servant）看著男主人（master），女僕（maidservant）看著女主人（mistress），以色列也是看著上帝，祈求上帝降慈悲給他們。在例（111）b 中，為了教導人不要迷戀地上的財富，而要寄希望於天上的財富，耶穌說人不可能同時侍奉上帝和錢財，正如一個僕人不能同時侍奉兩個主人（serve two masters）。

    〔主人〕（MASTER）這一家庭角色一方面突顯了上帝對人的掌控，一方面強調人要侍奉上帝。另一種家庭角色〔東道主〕（HOST）則主要強調上帝對人的眷顧，如：

    （112）a. "Hear my prayer, O LORD, and give ear to my cry; hold not

        your peace at my tears! For I am a *sojourner* with you, a *guest*,

        like all my fathers. (Psalms, 39.12)

        b. [5]You *prepare a table* before me in the presence of my enemies;

        you anoint my head with oil; my cup overflows. [6]Surely

        goodness and mercy shall follow me all the days of my life,

        and I shall *dwell in the house of the LORD* forever. (Psalms,

        23.5~6)

例（112）a 將人喻為一位「暫居上帝居所的人」（sojourner）或一位「客人」（guest），b 則描述了上帝為人擺設宴席（prepare a table），用油膏塗抹他的頭，斟滿他的杯子，讓他住在上帝的居所（dwell in the house of the Lord）。這些表

達都體現了上帝作為東道主的特徵，即為人提供飲食和住宿。《聖經》用不同的方式描述上帝以東道主的身份為人提供各種飲食的場景，如：

（113）a. …Can God **spread a table** in the wilderness? (Psalms, 78.19)

b. They **feast** on the abundance of your house, and you give them **drink** from the river of your delights. (Psalms, 36.8)

c. he who gives **food** to all flesh… (Psalms, 136.25)

d. You have **fed** them with the **bread** of tears and given them tears to **drink** in full measure. (Psalms, 80.5)

e. But he would **feed** you with the finest of the **wheat**, and with **honey** from the rock I would satisfy you." (Psalms, 81.16)

f. …Can he also give **bread** or provide **meat** for his people?" (Psalms, 78.20)

在例（113）a 中，有人質疑上帝，問他能否在曠野「鋪設宴席」（spread a table）；在例（113）b 中，人們在上帝的宅中「宴飲」（feast），上帝為他們提供「飲品」（drink）；例（113）c-f 則描述了上帝如何「餵養」（feed）人，如何提供各種「食物」（food），如「麵包」（bread）、「蜂蜜」（honey）、「小麥」（wheat）和「肉」（meat）。

5.5.3.3　機構角色

在《聖經》中，上帝還有另外兩個典型的角色，即〔國王〕和〔法官〕，我們暫且稱之為機構角色。5.4 節曾提到，天國也被稱為「上帝之國」（kingdom of God），世界（包括大地和天堂）被理解為上帝的「國度」（kingdom），與此相應，《聖經》常常以「國王」（king）稱呼上帝，如：

（114）a. You are my **King**, O God; ordain salvation for Jacob! (Psalms, 44.4)

b. … The LORD of hosts, he is the **King** of glory! (Psalms, 24.10)

c. For God is the **King of all the earth**; sing praises with a psalm! (Psalms, 47.7)

在例（114）中，上帝被稱為「王」（King）、「榮耀的王」（King of glory）或「整個大地的王」（King of all the earth）。

〔國王〕作為始源域強調了上帝對人的統治和權威，如：

（115）a. God **reigns** over the nations; God sits on his holy throne.

(Psalms, 47.8)

b. ...God *rules* over Jacob to the ends of the earth. (Psalms, 59.13)

c. He *subdued* peoples under us, and nations under our feet. (Psalms, 47.3)

d. [17]The *chariots* of God are twice ten thousand, thousands upon thousands; the Lord is among them; Sinai is now in the sanctuary. [18]You ascended on high, *leading* a host of *captives* in your train and receiving gifts among men, even among the rebellious, that the LORD God may dwell there. (Psalms, 68.17~18)

例（115）a 和 b 宣稱上帝「統治」（reign、rule）著雅各及其他民族，c 說上帝會「征服」（subdue）一些民族，d 則詳細描述了上帝征服反抗者的情況：他率領「戰車」（chariot）擊敗敵人，帶回來一大批「俘虜」（captive），接受他們的「供奉」（gift）。這些表達將世俗國王的一些特徵賦予上帝。除此之外上帝還具有國王的一些其他特徵，如：

（116）a. Your *kingdom* is an everlasting kingdom, and your *dominion* endures throughout all generations. (Psalms, 145.13)

b. The LORD is in his *holy temple*; the LORD's throne is in heaven... (Psalms, 11.4)

c. Ascribe to the LORD the glory due his name; bring an offering, and come into his *courts*! (Psalms, 96.8)

d. Gird your *sword* on your thigh, O mighty one, in your splendor and majesty! (Psalms, 45.3)

e. [6]Your *throne*, O God, is forever and ever. The *scepter* of your kingdom is a scepter of uprightness; ... [8]your *robes* are all fragrant with myrrh and aloes and cassia. From ivory *palaces* stringed instruments make you glad; (Psalms, 45.6~8)

f. Bless the LORD, all his *hosts*, his *ministers*, who do his will! (Psalms, 103.21)

g. he makes his *messengers* winds, his *ministers* a flaming fire.

(Psalms, 104.4)

從例（116）可以發現，作為國王的上帝有「王國」（kingdom）、「領土」（dominion）、「聖殿」（holy temple）、「寶座」（throne）、「宮廷」（courts）、「佩劍」（sword）、「權杖」（scepter）、「長袍」（robes）、「宮殿」（palaces）、「軍隊」（hosts）、「大臣」（ministers）和「使者」（messenger）。這些特徵使上帝的〔國王〕形象更加豐富飽滿。

在以上特徵中，對上帝的寶座的描述在《聖經》中最為多樣，如：

（117）a. But the LORD sits *enthroned* forever; he has established his throne for justice, (Psalms, 9.7)

b. The LORD has established his *throne* in the heavens, and his kingdom rules over all. (Psalms, 103.19)

c. Righteousness and justice are the *foundation* of your *throne*; steadfast love and faithfulness go before you. (Psalms, 89.14)

根據例（117），上帝自古至今一直「登基」（enthroned）為王直至永遠，他的寶座（throne）立於天上，寶座的基礎（foundation）是正義和公正。

5.4.2 節曾提到，在用來理解〔天國〕的眾多事件中，都有一個裁決者來區分善人和惡人，這體現了上帝的另一個重要角色，即〔法官〕或〔裁判〕（JUDGE，以下統稱「法官」）。在《聖經》中，「法官」是上帝的眾多稱呼之一，如：

（118）a. God is a righteous *judge*, and a God who feels indignation every day. (Psalms, 7.11)

b. The heavens declare his righteousness, for God himself is *judge*! (Psalms, 50.6)

例（118）中的兩節經文都將上帝稱為「法官」（judge）。作為法官，上帝自然要裁決眾生，如：

（119）a. God has taken his place in the divine *council*; in the midst of the gods he holds *judgment*: (Psalms, 82.1)

b. The LORD *judges* the peoples; *judge* me, O LORD, according to my righteousness and according to the integrity that is in me. (Psalms, 7.8)

c. His ways prosper at all times; your *judgments* are on high, out of his sight; as for all his foes, he puffs at them. (Psalms, 10.5)

從例（119）可以發現，上帝在天國的「議會」（council）中「擁有裁決的權力」（hold judgment），他「評判」（judge）眾生，他的「裁決」（judgment）高高在上。

除了「裁決」，《聖經》還將始源域〔法官〕的其他眾多特徵投射到目標域〔上帝〕之上，如：

（120）a. For you have ***maintained my just cause***; you have sat on the throne, ***giving righteous judgment***. (Psalms, 9.4)

b. ***to do justice*** to the fatherless and the oppressed… (Psalms, 10.18)

c. The LORD has … ***executed judgment***… (Psalms, 9.16)

d. ***Vindicate*** me, O God, and ***defend*** my cause against an ungodly people, from the deceitful and unjust man deliver me! (Psalms, 43.1)

e. Do you indeed ***decree*** what is right, you gods? Do you judge the children of man uprightly? (Psalms, 58.1)

f. [7]The law of the LORD is perfect, reviving the soul; the testimony of the LORD is sure, making wise the simple; [8]the precepts of the LORD are right, rejoicing the heart; the commandment of the LORD is pure, enlightening the eyes. (Psalms, 19.7~8)

從例（120）可以發現，作為法官的上帝擁有「律法」、「證詞」、「準則」、「法令」（law, testimony, precept and commandment），會「維護正義」（maintain my just cause）、「行使正義」（do justice）、「做出裁決」（give judgment、execute judgment）、「證明人的無辜」（vindicate）、「為人辯護」（defend）、「裁決何為正義」（decree）。這些表達使得上帝作為〔法官〕的形象更加豐富飽滿。

上帝作為〔法官〕，除了行使裁決的角色，似乎還執行判決，如：

（121）[11]God is a righteous judge, and a God who feels indignation every day. [12]If a man does not repent, God will ***whet his sword***; he has ***bent and readied his bow***; [13]he has prepared for him his ***deadly weapons, making his arrows fiery shafts***. (Psalms, 7.11~13)

在例（121）中，上帝被描述為正義的法官，面對不知悔改的惡人，他磨好了刀（sword）、拉開了弓（bow），準備用這些武器（weapon）將惡人正法。

我們發現，《聖經》中上帝作為〔國王〕和〔法官〕的形象常常同時出現，如：

（122）a. For you have ***maintained my just cause***; you have sat on the ***throne***, giving righteous ***judgment***. (Psalms, 9.4)

b. The ***King*** in his might loves justice. You have established equity; you have ***executed justice and righteousness*** in Jacob. (Psalms, 99.4)

c. Say among the nations, "The LORD ***reigns***! Yes, the world is established; it shall never be moved; he will ***judge*** the peoples with equity." (Psalms, 96.10)

例（122）中的三節經文都同時描述了上帝作為〔國王〕和〔法官〕的特徵：在 a 中，上帝坐在「王座」（throne）上做出正義的「裁決」（judgment）；在 b 中，上帝被稱為「國王」（King），他「建立公平並行使正義」（execute justice and righteousness）；在 c 中，上帝同時「統治」（reign）和「裁決」（judge）世人。〔國王〕與〔法官〕的同體或許是因為這兩個始源域都體現了上帝的統治和權威。

綜合 5.5.3.1～5.5.3.3 的分析，我們將〔上帝是人〕這個基本概念隱喻下的類屬隱喻歸納如下：

- 〔上帝是創造者〕（GOD IS CREATOR）
- 職業角色
  - 〔上帝是牧羊人〕（GOD IS A SHEPHERD）
  - 〔上帝是園丁〕（GOD IS A GARDENER）
  - 〔上帝是醫生〕（GOD IS A DOCTOR）
  - 〔上帝是建築師〕（GOD IS AN ARCHITECT）
- 家庭角色
  - 〔上帝是父親〕（GOD IS FATHER）
  - 〔上帝是主人〕（GOD IS A MASTER）
  - 〔上帝是東道主〕（GOD IS A HOST）

- 機構角色
  - 〔上帝是國王〕（GOD IS KING）
  - 〔上帝是法官〕（GOD IS JUDGE）

5.5.4 小結

縱觀用來理解〔上帝〕的四大類始源域，即〔上下〕、〔無生命物體〕、〔動物〕和〔人〕，我們可以發現它們主要體現了上帝與世界特別是人的五種關係：（1）創造世界和人；（2）保護和拯救人，（3）餵養和眷顧人，（4）引領和教導人，（5）統治和裁決人。表 5.12 總結了各個始源域所體現的上帝特徵或角色。

首先，上帝的一個根本性的角色是〔創造者〕，這樹立了上帝對世界和人及其他生命的絕對權威，也是上帝所扮演的其他角色的基礎：作為創造者，上帝要保護和眷顧他創造的世界，也有權統治和裁決人。

第二，〔堡壘〕、〔岩石〕和〔盾牌〕等物體都體現了上帝保護和拯救人的特徵（cf. 5.5.1 節）。此外，〔鳥〕（cf. 例 99）和「失羊」故事中的〔牧羊人〕（cf. 例 82）也強調了上帝對人的保護。

第三，上帝餵養和眷顧人的特徵主要由幾個人物角色體現。上帝作為〔東道主〕為人提供飲食和住所（cf. 例 112～113），作為〔父親〕也將其所有賞賜給人（cf. 例 109）。〔園丁〕種植果樹（cf. 例 105）和〔醫生〕治療病人（cf. 例 106）等比喻也強調了上帝對人的眷顧。

表 5.12 〔上帝〕始源域體現的上帝特徵或角色

始源域		體現的上帝特徵／角色
〔上下〕		榮耀和威嚴
〔無生命物體〕	〔光〕	引領人
	〔岩石〕	保護和拯救人
	〔盾〕	保護和拯救人
	〔高臺〕	保護和拯救人
	〔城堡〕	保護和拯救人

		〔庇護所〕	保護和拯救人
		其他	保護和拯救人
〔動物〕		〔鳥〕	保護和拯救人
		〔蛀蟲〕	懲罰（統治）人
〔人〕	〔創造者〕		創造世界和萬物
	〔嚮導〕		引領和教導人
	〔職業角色〕	〔牧羊人〕	保護、拯救和引領人
		〔捕魚人〕	裁決人
		〔農人〕	裁決人
		〔園丁／葡萄園主人〕	眷顧、裁決人
		〔建築師〕	創造世界
		〔醫生〕	眷顧人
	〔家庭角色〕	〔父親〕	餵養和眷顧人
		〔主人〕	統治和裁決人
		〔東道主〕	餵養和眷顧人
	〔機構角色〕	〔國王〕	統治和裁決人
		〔法官〕	統治和裁決人

　　第四，上帝作為〔光〕（cf. 例98）或〔光源〕（cf. 例99）引導人前行。此外，〔牧羊人〕（cf. 例102～103）和〔嚮導〕（cf. 5.3.3.4 節）這兩個角色也強調了上帝引領人和教導人走正確道路的特徵。

　　第五，上帝統治和裁決人的特徵主要由幾個人物角色體現，即〔主人〕（cf. 例110～111）、〔國王〕（cf. 例114～117）和〔法官〕（cf. 例118～122）。

5.6　《聖經》構建的隱喻體系

　　基於本章對《聖經》中〔空間〕、〔時間〕、〔生命〕、〔天國〕和〔上帝〕的隱喻分析，我們可以嘗試構建一個基督教世界的隱喻體系，其中主要的概念隱喻如表5.13 所示。

表 5.13　《聖經》構建的隱喻體系

［空間］
（［世界］）
- ・［世界是上帝的創造物］
- ・［世界是上下層級系統］
- ・［世界是容器］
  - ・［世界是房屋］

［時間］
性質和形態：
- ・［時間是上帝的創造物］
- ・［時間是移動的物體］
- ・［時間是點線］

流逝：
- ・［時間的流逝是移動］

持續：
- ・［時間的持續是長度］

順序：
- ・［時間的早晚是前後］

［生命］
空間層面：
- ・［生命是上帝的創造物］
- ・［生命是上下層級系統］

時間層面：
- ・［生命的流逝是移動］
- ・［生命的持續是長度］

綜合空間和時間：
- ・［生命是從生到死的旅程］

［天國］
靜態：
- ・［天國是容器］
  - ・［天國是房屋］

動態：
- ・［天國是事件］
  - ・［天國降臨是迎接新郎／家宅遭賊／主人檢查工作］
  - ・［發現天國是發現藏寶］
  - ・［尋找天國是尋找珍寶］
  - ・［天國發展是種子生長／酵母發麵］
  - ・［天國審判是收割／捕魚／分羊／葡萄園雇工／婚宴／清算帳務］

```
                  ・〔上帝是至上者〕
                  ・〔上帝是無生命物體〕：〔光〕、〔岩石〕、〔堡壘〕、〔高臺〕、〔盾
                    牌〕、〔高臺〕、〔號角〕
                  ・〔上帝是動物〕：〔鳥〕
        〔上帝〕  ・〔上帝是人〕：
                    ・職業角色：〔創造者〕、〔嚮導〕、〔牧羊人〕、〔園丁〕、〔醫生〕、
                      〔建築師〕
                    ・家庭角色：〔父親〕、〔主人〕、〔東道主〕
                    ・機構角色：〔國王〕、〔法官〕
```

在這個體系中，〔世界〕概念代表了基督教的〔空間〕範疇。〔世界〕被理解為上帝的〔創造物〕。上帝創造的這個〔世界〕由天堂、大地和地獄三部分構成，三部分按照上下維度排列，構成一個〔上下層級系統〕。〔世界〕整體及其組成部分又被理解為〔容器〕和〔房屋〕，是人生前及死後所處的場所。

〔時間〕在《聖經》中同樣被理解為上帝的〔創造物〕，上帝通過創造星體等間接創造了時間。此外，〔時間〕還被理解為〔移動的物體〕和〔點線〕兩種形態。在〔時間〕的三個維度中，〔時間的流逝〕被理解為〔移動〕，包括〔時間的移動〕和〔人的移動〕；〔時間的持續〕被理解為長度，但是強調時間之短；〔時間的早晚順序〕被理解為〔前後〕。

基督教的〔生命〕概念繼承了〔空間〕和〔時間〕的特徵：在〔空間〕維度上，〔生命〕亦被理解為上帝的〔創造物〕，上帝為其所創造的不同生命形式賦予了不同的權力，以此為依據生命形式按照上下維度構成一個〔上下層級系統〕；在〔時間〕維度上，〔生命的流逝〕被理解為〔移動〕，包括〔時間的移動〕和〔世代的移動〕，〔生命的持續〕被理解為〔長度〕，但是強調生命之短。綜合〔空間〕和〔時間〕兩個維度，〔生命是一次從生到死的旅程〕，善人的旅程終點是天堂，惡人的旅程終點是地獄。

〔天國〕是基督教生命的最終歸宿，上帝將在末世降臨，對人進行審判，善人將獲得永生，惡人將永滯地獄。在靜態上，〔天國〕被理解為一種〔容器〕和〔房屋〕，即進入上帝之國與上帝同在的狀態。在動態上，〔天國〕被理解為一個〔事件〕，其降臨像〔迎接新郎〕、〔家宅遭賊〕等事件一樣不可預測；其發展像〔種子生長〕和〔麵酵發麵〕一樣迅速；人應該像〔尋找珍寶〕一樣去主動尋找天國；最終，上帝會像〔收割〕、〔捕魚〕或〔分羊〕一樣審判和篩選善人和惡人。

作為基督教的神，〔上帝〕首先被理解為〔至上者〕，具有至高無上的榮耀。

同時，〔上帝〕也被理解為〔無生命物體〕、〔動物〕和〔人〕等存在形式，這些存在形式體現了上帝的如下特徵和角色：〔上帝〕作為〔創造者〕創造了世界、時間和生命，〔上帝〕像〔光〕一樣引領人，像〔高臺〕、〔城堡〕和〔鳥翼〕一樣庇護人，像〔父親〕和〔東道主〕一樣愛護和眷顧人，在生命之旅中作為〔嚮導〕引領人，在天國末世像〔法官〕、〔國王〕、〔農人〕、〔漁人〕或〔牧羊人〕一樣審判和篩選人。

　　需要指出的是，在《聖經》中，〔空間〕、〔時間〕、〔生命〕、〔天國〕和〔上帝〕這五個概念並不是相互獨立的，而是彼此滲透，共同構築了基督教的認知體系。我們嘗試用圖 5.1 展示其中的一些聯繫。

圖 5.1 《聖經》中五個概念之間的關係

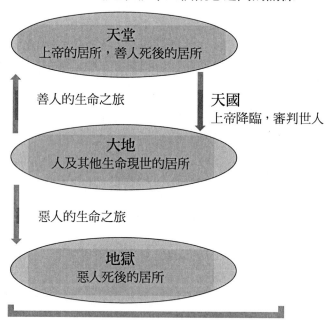

可以看出，〔世界〕的上下層級結構為理解〔生命〕的上下層級結構、〔生命旅程〕的兩個方向和終點以及〔上帝〕的至高地位提供了基礎。《聖經》中的世界被分為三個部分，即天堂、大地和地獄，自上而下構成一個層級系統。天堂是上帝和天界生靈的居所，大地是人在生前的居所，這一方面體現了不同生命形式的上下關係，也突顯了上帝的崇高。此外，天堂和地獄還是生命之旅

的終點，善人死後升上天堂，惡人死後墮入地獄。〔天國〕並非指人進入天堂，而是指上帝降臨人間，審判世人，肅清罪惡，創造上帝之國。

　　此外，如 Tracy（1979：89）所言，任何宗教都是基於一組根隱喻衍生並串起一系列隱喻，構成一個隱喻網，共同描述人類生命的狀態和歸宿。我們認為有兩個根隱喻貫穿了《聖經》中圍繞〔空間〕、〔時間〕、〔生命〕、〔天國〕和〔上帝〕五個概念的隱喻，即關於〔創世〕和〔末世〕的隱喻。創世論和末世論屬於基督教的基本教義（卓新平，1992：3）。在〔創世〕隱喻中，上帝作為〔創造者〕創造了〔世界〕，同時創造了世界存在的形式〔時間〕和其中的〔生命〕。在〔末世〕隱喻中，上帝對生命進行末世審判，用新天新地代替現在的世界，時間也將隨之終結。換言之，上帝創世標誌著世界、時間和生命的開端，同時解釋了三者的來源；天國末世則標誌著三者的終點，同時解釋了三者的歸宿。因為〔上帝創世〕和〔天國末世〕，基督教的世界、時間和生命都有始有終。

第六章 《法華經》中的隱喻分析

　　本章重點分析《法華經》中與〔空間〕、〔時間〕、〔生命〕、〔涅槃〕和〔佛陀〕相關的隱喻。其中,〔空間〕、〔時間〕和〔生命〕是相對普遍的概念,〔涅槃〕和〔佛陀〕則是佛教特有的概念。本章遵循上一章的順序,從前三個相對普遍的概念入手,再分析佛教特有的概念。

6.1 〔空間〕

　　《法華經》中並未出現「空間」一詞,其對〔空間〕的認知主要體現為〔虛空〕概念;此外,《法華經》還構建了〔世界〕以及相關的〔三界〕、〔六道〕、〔佛世界〕、〔濁世〕和〔淨土〕等具體的空間概念。針對〔虛空〕,我們共識別出 32 處比喻表達,均體現了〔虛空是(無邊界的)容器〕這一概念隱喻。針對〔世界〕及相關概念,我們共識別出 420 處比喻表達,其始源域分布如表 6.1 所示。

表 6.1 《法華經》中〔世界〕的始源域分布

始源域	比喻表達的數量
〔層級系統〕	79
〔上下層級〕	15
〔容器〕	33
〔房屋〕	220
〔淨濁〕	73

從表 6.1 可以看出，與〔世界〕對應的始源域可分為三組：第一組可歸為〔世界是容器〕及其類屬隱喻〔世界是房屋〕；第二組可歸為〔世界是層級系統〕及其類屬隱喻〔世界是上下層級系統〕；第三組可歸為〔世俗世界污濁雜亂，佛世界清淨平整〕。

6.1.1 〔虛空是（無邊界的）容器〕

佛經中一般用「虛空」指代空間。「虛空」指「一切諸法存在之場所、空間」，因「虛無形質，空無障礙，故名虛空」（陳秋平、尚榮，2010：18）。如：

（1）a. 世尊說無量，不可思議法，多有所饒益，如**虛空無邊**。（17.3〔註1〕）

b. 復次，菩薩摩訶薩觀一切法空，……如**虛空，無所有性**。（14.5）

c. 是人之功德，無邊無有窮，如**十方虛空，不可得邊際**。（21.4）

d. 譬如**虛空，東西南北、四維上下無量無邊**……（17.10）

從上面幾節經文可以看出，虛空是無邊無際的，而且「無所有性」，即「沒有實在的屬性」（俞學明、向慧，2012：208）。此外，例（1）c-d 還反映了佛教的空間參照框架：虛空共有十個方向（故又稱為「十方虛空」），包括東、西、南、北四個主要方向（合稱「四方」），東南、西南、東北、西北四個中間方向（合稱「四維」），以及上、下兩個垂直方向。

雖然「虛無形質，空無障礙」，但是虛空之中並非空無一物，而是可以填滿某種物體，如：

（2）a. ……見諸菩薩**遍滿無量百千萬億國土虛空**。（15.5）

b. ……雨曼陀羅華、摩訶曼陀羅華、細末堅黑栴檀，**滿虛空中**……（23.3）

c. 於是二子念其父故，踊在虛空，……或現大身**滿虛空中**，而復現小，小復現大……（27.2）

在例（2）a 中，可以看到虛空中布滿了菩薩；在（2）b 中，虛空被各種曼陀羅花填滿；在（2）c 中，兩位王子的身形變大，將虛空充滿。這三節經文中的

〔註1〕 本文所引的中文例子若無特別說明均引自《法華經》，括號內編號指引文所在章節。如 4.2.2 節所述，我們參照《聖經》對《法華經》經文進行了編號，因此括號內的編號僅為本文自行參考使用，並非通行編號。

「滿」字均體現了虛空中可填滿內容物，這是〔容器〕的一個重要特徵。此外，例（2）b-c 中「虛空中」的「中」字也暗示了虛空作為〔容器〕的存在。又如：

　　（3）a. 天鼓*虛空中*，自然出妙聲，天衣千萬種，旋轉而來下。（17.3）

　　　　　b. 是諸菩薩，身皆金色，三十二相，無量光明，先盡在此娑婆世界之下、此界*虛空中*住。（15.2）

　　　　　c. 如是諸子等，學習我道法，晝夜常精進，為求佛道故，在娑婆世界，下方*空中*住。（15.17）

在例（3）所列的各節經文中，「虛空中」或「空中」可容納各種人、物和事件，如天鼓、菩薩、佛子等。

　　除了「滿」和「中」，《法華經》還通過其他表達來體現虛空作為〔容器〕的存在，如：

　　（4）a. 其佛侍者，各各見是菩薩大眾，於三千大千世界四方，從地踴出，*住於虛空*。（15.12）

　　　　　b. 或在須彌峰，為人所推墮，念彼觀音力，如日*虛空住*。（25.16）

在例（4）所列的兩節經文中，菩薩和太陽「住」於虛空，即停留在虛空中。

　　需要指出的是，〔虛空〕作為〔容器〕並不完全等同於 CONTAINER。CONTAINER 的特徵除了中空之外，還有邊界（Johnson，1987：23），但是佛教的虛空似乎是沒有邊界的，至少是不強調其邊界的。因此，我們將其概括為〔虛空是（無邊界的）容器〕。

6.1.2 〔世界是層級系統〕

　　佛教空間觀的另一個重要概念是三千大千世界（俞學明、向慧，2012：130）。三千大千世界是佛教對世界組織結構的描述（陳義孝，1996：48）：以須彌山為中心，以鐵圍山為外廓，同一日月所照的四天下為一「小世界」；一千個小世界構成一個「小千世界」；一千個小千世界構成一個「中千世界」；一千個中千世界構成一個「大千世界」。因大千世界中有小、中、大三個「千世界」，所以被稱為「三千大千世界」（蕭振士，2014：8～9），在《法華經》中也稱「三千大千國土」，如：

　　（5）a. 譬如*三千大千世界*，山川溪谷土地所生卉木叢林及諸藥草，種類若干，名色各異。密雲彌布，遍覆*三千大千世界*，一時等澍，其澤普洽。（5.2）

b. 佛說是時，***娑婆世界三千大千國土***地皆震裂，而於其中，有無量千萬億菩薩摩訶薩同時踊出。（15.2）

c. 我說是如來壽命長遠時，六百八十萬億那由他恒河沙眾生，得無生法忍；復有千倍菩薩摩訶薩，得聞持陀羅尼門；復有***一世界***微塵數菩薩摩訶薩，得樂說無礙辯才；復有***一世界***微塵數菩薩摩訶薩，得百千萬億無量旋陀羅尼；復有***三千大千世界***微塵數菩薩摩訶薩，能轉不退法輪；復有***二千中國土***微塵數菩薩摩訶薩，能轉清淨法輪；復有***小千國土***微塵數菩薩摩訶薩，八生當得阿耨多羅三藐三菩提；復有***四四天下***微塵數菩薩摩訶薩，四生當得阿耨多羅三藐三菩提；復有***三四天下***微塵數菩薩摩訶薩，三生當得阿耨多羅三藐三菩提；復有***二四天下***微塵數菩薩摩訶薩，二生當得阿耨多羅三藐三菩提；復有***一四天下***微塵數菩薩摩訶薩，一生當得阿耨多羅三藐三菩提；復有***八世界***微塵數眾生，皆發阿耨多羅三藐三菩提心。（17.1）

在例（5）中，我們可以看到世界的組成部分：四天下又稱四大洲，指以須彌山為中心分布四方的東勝神洲、西牛賀洲、南贍部洲和北俱盧洲（丁福保，2012：390），是小世界的一部分；然後依次有小千世界，中千世界，大千世界。虛空之中有無數個三千大千世界，每個三千大千世界由一個佛教化，因此又稱一佛世界或一佛土（陳義孝，1996）。例（5）b 中所提的「娑婆世界」指我們所居住的世界，由釋迦牟尼佛教化，「實為現實的世界」（蕭振士，2014：9）。

可以看出，〔三千大千世界〕是按照一個嚴密的機制構建的〔系統〕，從小世界到大千世界有三個以千次冪為標準的層級，無數個大千世界構成宇宙空間。可以說，就空間而言，佛經所展現的「是一個無限廣大而又秩序井然的世界」（單欣，2014：60）。具體到《法華經》，我們認為其關於〔世界〕的認知似可歸納為〔世界是層級系統〕。

根據《法華經》的教義，一方面，虛空中有無數個三千大千世界，每個大千世界包含 10 億個小世界；另一方面，每個小世界又被分為三界，即欲界、色界和無色界，是眾生存在的三種空間或者說境界（蕭振士，2014：5）。「欲界是有淫食二欲的眾生所住的世界，上自六欲天，中自人畜所居的四大洲，下至無間地獄皆屬之；色界是無淫食二欲但還有色相的眾生所住的世界，四禪十

八天皆屬之；無色界是色相俱無但住心識於深妙禪定的眾生所住的世界，四空天屬之」（陳義孝，1996：67）。換言之，不僅〔世界是層級系統〕，〔三界〕也是一個〔上下層級系統〕：無色界在最上，色界居中，欲界在下；欲界又分為三個層次，下層是地獄，中層是四大洲，上層是六欲天。這種上下層級關係在《法華經》中有清晰的呈現：

(6) a. 爾時佛放眉間白毫相光，照東方萬八千世界，靡不周遍，**下至阿鼻地獄，上至阿迦尼吒天**。(1.4)

　　b. 如是展轉乃至梵世，**上至有頂諸天**身香，亦皆聞之，並聞諸天所燒之香。(19.5)

　　c. 其大菩薩眾，執七寶幡蓋，高妙萬億種，**次第至梵天**。(17.3)

　　d. 爾時世尊，……出廣長舌**上至梵世**，一切毛孔放於無量無數色光，皆悉遍照十方世界。(21.2)

從例（6）所列經文可以看出，世界的最下層是阿鼻地獄，又稱無間地獄，屬於欲界；世界的最上層是阿迦尼吒天或稱有頂天，屬於無色界；梵天或梵世屬於色界，位於欲界之上，無色界之下（丁福保，2012：508）。

需要指出的是，三界並不是簡單地指空間疆域的劃分，而更多地是描述不同生命形態的差別（王志遠，1992：22）。換言之，三界是按照住於其中的生命狀態劃分的，由此可見佛教的世界觀和生命觀密不可分。6.3 節分析《法華經》中的〔生命〕隱喻時我們將再次提及三界。

6.1.3 〔世界是容器〕

在《法華經》中，〔世界〕不僅是一個〔層級系統〕，同時和〔虛空〕一樣，也是一個〔容器〕，其中可以「充滿」各種內容物：

(7) a. 四面皆出多摩羅跋栴檀之香，**充遍世界**。(11.1)

　　b. ……若復有人，**以七寶滿三千大千世界**，供養於佛……(23.11)

　　c. 眾生見劫盡，大火所燒時，我**此土**安隱，天人常**充滿**。(16.15)

　　d. 若**三千大千國土，滿中夜叉、羅剎**，欲來惱人……若**三千大千國土，滿中怨賊**……(25.2)

　　e. 假使**滿世間**，皆如舍利弗，盡思共度量，不能測佛智。正使**滿十方**，皆如舍利弗，及餘諸弟子，亦滿十方剎，盡思共度

量，亦復不能知。（2.3）

從例（7）所列的經文可以看出，作為容器，世界可以充滿各種內容物，如多摩羅跋栴檀之香、七寶、妙音、天人、夜叉羅剎和怨賊。但是，與沒有邊界的虛空不同的是，世界作為容器是有相對清晰的邊界的，如：

（8）a. **是世界內外**，一切諸眾生，若天龍及人、夜叉鬼神等，其在六趣中，所念若干種，持法花之報，一時皆悉知。（19.12）

b. 父母所生眼，悉見**三千界，內外**彌樓山，須彌及鐵圍，並諸餘山林、大海江河水，下至阿鼻獄，上至有頂處，其中諸眾生，一切皆悉見。（19.2）

c. 以是清淨耳，聞**三千大千世界，下至阿鼻地獄，上至有頂，其中內外**種種語言音聲……以要言之，**三千大千世界中一切內外**所有諸聲，雖未得天耳，以父母所生清淨常耳，皆悉聞知，如是分別種種音聲而不壞耳根。（19.3）

從例（8）所列的經文可以看出，世界分內部、外部和中部；例（8）c 還特別指出了世界的上下界限，下為阿鼻地獄，上為有頂天。這些都表明世界作為容器在各個方向上均有邊界。

前文提到眾生所處的世俗世界也被稱為「三界」，在《法華經》中，三界也被描述為容器，如：

（9）a. 如來如實知見三界之相，無有生死、**若退若出**……（16.9）

b. 世尊令我等**出於三界**，得涅槃證。（4.1）

c. **汝速出三界**，當得三乘──聲聞、辟支佛、佛乘。（3.22）

例（9）所列的經文都有「出三界」的表述。「出」是相對「入」而言，而無論是「出」還是「入」，都預設了一個擁有清晰邊界的容器的存在。換言之，三界是眾生所處的場所，如容器一樣束縛著眾生，佛教修行的目的就是跳出三界這個容器（陳義孝，1996：67）。

〔三界是容器〕的一個類屬隱喻是〔三界是房屋〕，主要體現在《法華經》第三品的譬喻故事「火宅喻」中：

（10）a. **三界無安，猶如火宅**，眾苦充滿，甚可怖畏。（3.28）

b. 如來亦復如是，則為一切世間之父。……而生**三界朽故火宅**，為度眾生生老病死、憂悲、苦惱、愚癡、闇蔽、三毒之火，教化令得阿耨多羅三藐三菩提。（3.22）

c. 若有眾生，內有智性，從佛世尊聞法信受，殷勤精進，欲**速出三界**，自求涅槃，是名聲聞乘，**如彼諸子為求羊車出於火宅**。（3.23）

d. 如來亦復如是，為一切眾生之父，若見無量億千眾生，**以佛教門出三界苦**，怖畏險道，得涅槃樂。（3.25）

「火宅喻」用很長的篇幅講述了一個長者以急智救諸子出火宅的故事（cf. 4.2.1節）。在這個譬喻故事中，三界被描述為一個火宅，眾生在三界之中受苦，正如人們在火宅中被火煎熬，而佛教修行是唯一一扇可以逃出火宅的門。「火宅喻」在佛教教化中影響巨大，我們所處的世界因此也被稱為「三界火宅」。

三界不僅是火宅，還是牢獄：

（11）善哉見諸佛，救世之聖尊，能於**三界獄**，勉出諸眾生。普智天人尊，哀愍群萌類，能開**甘露門**，廣度於一切。（7.21）

根據俞學明、向慧（2012：136）和李利安、謝志斌（2014：180）的解釋，例（11）指諸佛是救世的聖尊，能夠開啟一扇門，讓眾生逃出三界這個牢獄。「牢獄」和「火宅」一樣，同屬〔房屋〕概念，不過無論「牢獄」還是「火宅」，〔三界是房屋〕這一隱喻所強調的都不是房屋的避難功能，而是對於眾生的束縛。特別是「火宅喻」用繁複的細節描述了眾生在火宅之中遭受的苦難，如：

（12）a. 堂閣朽故，牆壁隤落，柱根腐敗，梁棟傾危，周匝俱時欻然火起，焚燒捨宅。（3.13）

b. 佛欲重宣此義，而說偈言：「譬如長者，有一大宅，其宅久故，而復頓弊，堂舍高危，柱根摧朽，梁棟傾斜，基陛隤毀，牆壁圮坼，泥塗褫落，覆苫亂墜，椽梠差脫，周障屈曲，雜穢充遍。有五百人，止住其中。鴟梟雕鷲、烏鵲鳩鴿、蚖蛇蝮蠍、蜈蚣蚰蜒、守宮百足、狖狸鼷鼠，諸惡蟲輩，交橫馳走。屎尿臭處，不淨流溢，蜣螂諸蟲，而集其上。狐狼野干，咀嚼踐蹋，䶩齧死屍，骨肉狼藉。由是群狗，競來搏撮，飢羸慞惶，處處求食。鬥諍齟齧，嗥吠嗥吠，其舍恐怖，變狀如是。處處皆有，魑魅魍魎、夜叉惡鬼，食噉人肉。毒蟲之屬，諸惡禽獸，孚乳產生，各自藏護。夜叉競來，爭取食之，食之既飽，惡心轉熾，鬥諍之聲，甚可怖畏。鳩槃茶鬼，蹲踞土埵，或時離地，一尺二

尺，往返遊行，縱逸嬉戲，捉狗兩足，撲令失聲，以腳加頸，怖狗自樂。復有諸鬼，其身長大，裸形黑瘦，常住其中，發大惡聲，叫呼求食。復有諸鬼，其咽如針。復有諸鬼，首如牛頭，或食人肉，或復啖狗，頭髮蓬亂，殘害兇險，飢渴所逼，叫喚馳走。夜叉餓鬼，諸惡鳥獸，飢急四向，窺看窗牖。如是諸難，恐畏無量。（3.28）

c. 於諸怖畏、衰惱、憂患、無明闇蔽，永盡無餘，而悉成就無量知見、力、無所畏，有大神力及智慧力，具足方便、智慧波羅蜜，大慈大悲，常無懈惓，恒求善事，利益一切，而生三界朽故火宅，為度眾生生老病死、憂悲、苦惱、愚癡、闇蔽、三毒之火，教化令得阿耨多羅三藐三菩提。見諸眾生為生老病死、憂悲苦惱之所燒煮，亦以五欲財利故，受種種苦；又以貪著追求故，現受眾苦，後受地獄、畜生、餓鬼之苦；若生天上，及在人間，貧窮困苦、愛別離苦、怨憎會苦，如是等種種諸苦。（3.19）

例（12）a 描述了火宅發生火災時的情景，b 則用偈語的形式極其詳盡地描繪了火宅的各種雜亂和污穢，在 c 中佛祖明確指出火宅的火及其他各種苦難喻指眾生在現世遭受的各種苦。

6.1.4 〔濁世和淨土〕

《法華經》中區分了兩種世界，即濁世和淨土。濁世在空間上指我們所在的娑婆世界；在時間上指娑婆世界已到了一劫的第三個階段「壞」，這個階段的世界存在五種邪惡，被稱為五濁，因此這個世界被稱為「濁世」，又被稱為「穢土」（丁福保，2012：1372；蕭振士，2014：12；俞學明、向慧，2013：44）。《法華經》中有「五濁惡世」、「濁惡世」、「劫濁亂時」、「濁劫惡世」等表述：

（13）a. 諸佛出於**五濁惡世**，所謂劫濁、煩惱濁、眾生濁、見濁、命濁。（2.25）

b. **濁世**惡比丘，不知佛方便，隨宜所說法，惡口而顰蹙……。（13.10）

c. **劫濁亂時**，眾生垢重，慳貪嫉妒，成就諸不善根故……。（2.25）

d. **濁劫惡世**中，多有諸恐怖，惡鬼入其身，罵詈毀辱我。
（13.10）

e. 佛說是妙莊嚴王本事品時，八萬四千人**遠塵離垢**，於諸法中得法眼淨。（27.13）

f. 爾時淨華宿王智佛告妙音菩薩：「汝莫輕彼國，生下劣想。
善男子！**彼娑婆世界，高下不平，土石諸山，穢惡充滿**，佛身卑小，諸菩薩眾其形亦小。……」（24.2）

從例（13）可以看出，邪惡被喻為污穢和塵垢，娑婆世界因充滿邪惡而被稱為濁世。在例（13）e 中，經佛說法，眾人去除邪惡之見被理解為遠離灰塵和污垢。例（13）f描述的娑婆世界除了充滿污穢，地面還高低不平，各種土石凌亂其中。簡言之，《法華經》對邪惡現實世界的理解可概括為〔惡世是污濁雜亂的世界〕。

與「濁世」或「穢土」相對的是「淨土」，即佛所居住的世界（蕭振士 2014：12），其中沒有濁世的五種邪惡，而是充滿祥和喜樂（丁福保，2012：994）：

（14）a. 我等若聞，**淨佛國土**，教化眾生，都無欣樂。（4.10）

b. 為**淨佛土**故，常勤精進教化眾生，漸漸具足菩薩之道。（8.3）

c. 我**淨土**不毀，而眾見燒盡，憂怖諸苦惱，如是悉充滿。
（16.15）

d. **國土清淨**，度脫無量，萬億眾生，皆為十方，之所供養。
（6.7）

e. **國土嚴淨，廣大無比**。（14.16）

f. 於時十方世界，**通達無礙，如一佛土**。（21.2）

在例（14）中，「淨土」又被稱為「淨佛土」、「淨佛國土」，其特點是「清淨」、「嚴淨」，而且「廣大」、「通達無礙」。《法華經》還描述了不同的佛教化和居住的淨土世界：

（15）a. 其佛以恒河沙等三千大千世界為一佛土，**七寶為地，地平如掌，無有山陵溪澗溝壑**，七寶臺觀充滿其中，諸天宮殿近處虛空，人天交接，兩得相見。無諸惡道，亦無女人，一切眾生，皆以化生，無有淫慾。（8.3）

b. 是須菩提，於當來世……得成為佛……。劫名有寶。國名寶生。**其土平正，頗梨為地，寶樹莊嚴，無諸丘坑、沙礫、**

*荊棘、便利之穢，寶華覆地，周遍清淨。*其土人民，皆處寶臺、珍妙樓閣。（6.4）

c. 爾時佛告宿王華菩薩：「乃往過去無量恒河沙劫，有佛號日月淨明德如來……。彼國無有女人、地獄、餓鬼、畜生、阿修羅等，及以諸難；*地平如掌，琉璃所成，寶樹莊嚴，寶帳覆上，垂寶華幡，寶瓶香爐周遍國界，七寶為臺，一樹一臺，其樹去臺盡一箭道。*此諸寶樹，皆有菩薩、聲聞而坐其下。諸寶臺上，各有百億諸天作天伎樂，歌歎於佛，以為供養。」（23.2）

例（15）a 描述了法明如來的淨土，b 描述了名相如來的淨土，c 描述了日月淨明德如來的淨土。從以上描述可見，淨土除了清淨之外，還有平整的特徵，沒有山嶺丘壑。這些表達體現了《法華經》對理想佛世界的理解，即〔淨土是清淨平整的世界〕。

總體而言，《法華經》對〔穢土〕和〔淨土〕的理解體現了兩對對立的特徵，即：污濁和清淨，雜亂和平整。這兩對特徵彰顯了穢土凡俗世界的苦厄和淨土佛世界的祥和。

總結本小節：《法華經》描繪的虛空中有無數三千大千世界，每個三千大千世界都是一個層級清晰嚴密的系統，有大千世界、中千世界、小千世界和小世界四個層級。每個小世界為一個上下層級系統，從下到上分為欲界、色界和無色界三界。三界又同時被理解為一個有上下和內外邊界的容器和充滿苦厄的房屋，限制著眾生。另外，《法華經》還區分了污穢雜亂的濁世（即世俗世界）和清淨平整的淨土（即佛國世界）。

需要說明的是，為了分析的方便，本小節將〔世界〕視為一個純空間概念，但是佛教的〔世界〕其實是時間和空間的綜合體，其中「世」指時間，「界」指空間（陳秋平、尚榮，2010：23）。《法華經》中「世界」又被稱為「世間」，其中「世」有流變之義，「間」有間隔之義（同上：30）。簡言之，佛教的世界存在於一定的空間範疇和時間跨度之內，受空間和時間的雙重限制。《法華經》在提及某個三千大千世界時，不但限定其存在的空間範疇，也限定其存在的時間跨度，如：

（16）舍利弗來世，成佛普智尊，……*劫名大寶嚴，世界名離垢，*清淨無瑕穢。以琉璃為地，金繩界其道，七寶雜色樹，常有

華果實。（3.8）

在例（16）中，釋迦牟尼為舍利弗授記，預言舍利弗未來成佛後居住和教化的世界：這個世界在時間上位於「大寶嚴劫」，在空間上位於「離垢世界」。

我們在下一節將看到，佛教的世界經歷成、住、壞、空四個階段，構成一「劫」。伴隨一個世界的消亡，另一個世界形成，新的一劫開始。因此，佛教的世界既存在於一定的空間中，又以其從形成到消亡的發展過程定義了時間。

6.2 〔時間〕

我們在《法華經》中識別出 270 處與時間有關的比喻表達，分別與時間的〔流逝〕（PASSING）、〔持續〕（DURATION）、〔順序〕（SEQUENCE）有關（Núñez & Cooperrider，2013），如表 6.2 所示。

表 6.2　《法華經》中〔時間〕的始源域分布

維　度	始源域	比喻表達的數量
〔流逝〕	〔時間移動〕	62
	〔自我順向移動〕	54
	〔自我逆向移動〕	8
〔持續〕	〔長度〕	20
	〔體積〕	24
	〔體積＋長度〕	3
〔順序〕	〔前後〕	99

這些比喻表達也間接體現了《法華經》對時間〔形態〕的理解。根據這些比喻表達，我們總結出以下四組概念隱喻：

- 〔時間的流逝是移動〕
  - 〔時間的流逝是時間的移動〕
  - 〔時間的流逝是自我的移動〕
- 〔時間的持續是長度／體積〕
- 〔時間的早晚是前後順序〕
- 〔時間有形態〕
  - 〔時間是移動的物體〕

　　○〔時間是點線〕

　　○〔時間是循環〕

6.2.1 〔時間的流逝是移動〕

　　5.2.1 小節曾提到，概念隱喻〔時間的流逝是移動〕（TIME PASSING IS MOTION）有兩個版本：「時間移動版」，即時間的流逝是時間作為客體的移動；「自我（ego）移動版」，即時間的流逝是自我作為主體的移動（Lakoff & Johnson，1980）。這兩個版本在《法華經》中都有明顯的體現。

6.2.1.1 〔時間的移動〕

　　在佛教中，「因時間的流淌形成的前後時間段叫『三世』，即過去、現在和未來」，未起作用的是未來法，正起作用的是現在法，已起作用的是過去法（韓鳳鳴，2009：50），如《法華經》所述：

　　（17）a. 如**三世**諸佛，說法之儀式，我今亦如是，說無分別法。（2.27）

　　　　　b. 此經是一切**過去**、**未來**、**現在**諸佛神力所護故。（14.12）

「過去」在《法華經》中有五種名稱：往昔、昔、過去、過去世、過世，如：

　　（18）a. 世尊**往昔**說法既久，我時在座，身體疲懈……。（4.1）

　　　　　b. 我自**昔**來，未曾從佛聞如是說；今者四眾咸皆有疑。（2.5）

　　　　　c. 我於**過去**諸佛，曾見此瑞，放斯光已，即說大法。（1.14）

　　　　　d. 我念**過去世**，無量無數劫，有佛人中尊，號日月燈明。（1.15）

　　　　　e. 我所有福業，今世若**過世**，及見佛功德，盡迴向佛道。（3.10）

在這五種名稱中，表示移動的動詞「往」、「過」和「去」均蘊含時間（作為運動物體）離觀察者而去的移動。與此相應，《法華經》中未來有六種名稱：未來、未來世、來世、當來世、將來、將來之世：

　　（19）a. 亦於**未來**，護持助宣無量無邊諸佛之法，教化饒益無量眾生……。（8.3）

　　　　　b. 我此弟子摩訶迦葉，於**未來世**，當得奉覲三百萬億諸佛世尊……。（6.1）

　　　　　c. 汝於**來世**，當得作佛。（4.10）

　　　　　d. 我今語汝，是大迦旃延，於**當來世**，以諸供具……。（6.6）

　　　　　e. ……**將來之世**，當於六萬八千億諸佛法中為大法師……。（13.4）

這六種名稱均含有表示移動的動詞「來」，蘊含了時間朝向觀察者的移動。結合例（18）和（19）可以看出，《法華經》中〔時間〕被表徵為朝著靜止的觀察者（此處即「自我」）移動的物體（Yu，1998：132）：「過去」是從我身旁經過並遠去的時間（過世、過去世），「現在」是我正置身的時間，「未來」是尚未到來（未來、未來世）但正朝我而來（當來世、來世）或即將朝我而來（將來、將來之世）的時間。

《法華經》中也時有「當來」、「將來」等表達，如：

（20）a. ……於賢劫中**當來**諸佛，說法人中亦復第一，而皆護持助宣佛法。（8.3）

　　　b. 阿難常樂多聞，……亦護**將來**諸佛法藏，教化成就諸菩薩眾，其本願如是，故獲斯記。（9.6）

在例（20）中，「當來」諸佛或「將來」諸佛皆指在未來世將出現的諸佛，從中亦可看出時間的流逝被理解為空間上的移動。

此外，《法華經》中時間的移動還體現在與「去」相呼應的「至」和「到」，如：

（21）a. 我今衰老，**死時已至**，是好良藥，今留在此，汝可取服，勿憂不差。（16.11）

　　　b. 我**涅槃時到**、**滅盡時至**，汝可安施床座，我於今夜當般涅槃。（23.4）

從例（21）可以看出，「死時」、「涅槃時」和「滅盡時」等時間均被理解為朝向「自我」移動並最終到達（至、到）的物體。

6.2.1.2 〔自我的移動〕

除了「時間移動版」，《法華經》中的比喻表達也體現了〔時間的流逝是移動〕的「自我移動版」，如：

（22）a. 我**自昔來**，未曾從佛聞如是說；今者四眾咸皆有疑。（2.5）

　　　b. 我**從昔來**，終日竟夜每自剋責，而今從佛聞所未聞未曾有法……。（3.1）

　　　c. 我等**從昔已來**，不見不聞如是大菩薩摩訶薩眾，從地踊出……。（15.16）

　　　d. 我等**昔來**真是佛子，而但樂小法，若我等有樂大之心，佛則為我說大乘法。（4.9）

在例（22）中，「自昔來」、「從昔來」、「從昔已來」和「昔來」中「來」的動作主體都是「我」，而不是某個時間或事件，也就是說是「我」在進行從過去（昔）向現在的移動。在這一隱喻框架下，「過去」是自我已然經過並留在身後的時間，「現在」是自我此刻所處的時間，「未來」是自我將要走向的時間（Yu，1998）。在《法華經》中，「自我移動」的起點除了「昔」，還有其他，如：

（23）a. 吾*從成佛已來*，……引導眾生令離諸著。（2.1）

　　　 b. 我今說實語，汝等一心信，*我從久遠來*，教化是等眾。

　　　　 （15.17）

　　　 c. *從久遠劫來*，讚示涅槃法，生死苦永盡，我常如是說。（2.27）

在例（23）a 中，「我」以「成佛」的時間為起點，向現在移動而來；在例（22）b-c 中，「我」以「久遠」或「久遠劫」為起點，向現在移動而來。

　　另外值得一提的是《法華經》中還出現了主體不是「自我」而是「他者」的移動，如：

（24）a. *是諸大菩薩，從無數劫來*，修習佛智慧……。（15.17）

　　　 b. *汝已成就不可思議功德，深大慈悲，從久遠來*，發阿耨多羅三藐三菩提意，而能作是神通之願，守護是經。（28.7）

　　　 c. 「……*諸佛*世尊之所守護，*從昔已來*，未曾顯說而此經者；……」（10.9）

　　　 d. 此大菩薩眾，假使*有人於千萬億劫數不能盡，不得其邊，斯等久遠已來*，於無量無邊諸佛所，殖諸善根，成就菩薩道，常修梵行。（15.19）

在例（24）a-d 中，「來」的主體分別是「諸大菩薩」、「汝」、「諸佛」、「有人」，這些主體從過去的某個時間向現在移動而來。鑒於此，我們認為〔時間〕的「自我移動版」〔時間的流逝是自我的移動〕可以更準確地表述為〔時間的流逝是認知主體（自我／他者）的移動〕。

　　這個移動的「自我／他者」除了朝現在而「來」，還會「經」「過」數量不等的「劫」，如：

（25）a. 爾時彼佛，受沙彌請，*過二萬劫已*，乃於四眾之中說是大乘經，名「妙法蓮華」，教菩薩法，佛所護念。（7.26）

　　　 b. 成無上道已，起而轉法輪，為四眾說法，*經千萬億劫*，說無漏妙法，度無量眾生。（14.16）

c. 如此*經歷多年*，常被罵詈，不生瞋恚，常作是言：『汝當作佛。』（20.4）

從例（25）a 可以看出，在「自我／他者」從過去向現在而來的運動中，經「過」了「二萬劫」的時間。在例（25）b-c 中，「經」的意思和「過」一樣，表示自我從過去向現在移動的過程中所「經過」的時間。

在經文的有些段落，「來」、「過」和「經」甚至同時出現，如：

（26）a. 是諸世界，若著微塵及不著者盡以為塵，一塵一劫，我成佛已來，復*過於*此百千萬億那由他阿僧祇劫。自從是*來*，我常在此娑婆世界說法教化……。（16.5）

b. 自我得佛*來*，所*經*諸劫數，無量百千萬，億載阿僧祇，常說法教化，無數億眾生，令入於佛道。爾*來*無量劫，為度眾生故，方便現涅槃，而實不滅度，常住此說法。（16.15）

在例（26）中，「我」自成佛之時向現在移動而「來」的過程中，「過」或「經」了無數多的劫。這些動詞同時使用，更全面地體現了時間的移動過程。

除了「來」、「過」和「經」，作為認知主體的「自我／他者」也可以親「臨」某個時段，如：

（27）a. 是比丘*臨欲終時*，於虛空中……。（20.4）

b. 其罪畢已，*臨命終時*，得聞此經，六根清淨。（20.8）

c. 彼佛成道已，*臨滅度時*，於天人大眾中告諸比丘……。（11.4）

例（27）與例（21）類似，都是描述人的生命行將結束，但是描述的角度相反。例（21）將其表述為死亡的時間將「至」或「到」，是時間向靜止的認知主體移動而來；例（27）則將其表述為人「臨」近死亡，是認知主體向靜止的時間移動靠近。

我們在《法華經》中還注意到，在有些涉及時間的段落中很難界定移動的主體，如：

（28）a. 佛昔從釋種，出家近伽耶，坐於菩提樹，爾*來*尚未久。（15.19）

b. 如來為太子時，出於釋宮，去伽耶城不遠，坐於道場，得成阿耨多羅三藐三菩提。從是已來，始*過*四十餘年。（15.18）

c. 彼佛滅度已來，復*過*是數無量無邊百千萬億阿僧祇劫。（7.2）

例（28）所列的三組表達都是為了說明過去某個事件距現在的時間跨度：a 是指從佛出家以來到現在尚且不久，b 是指從佛得道到現在以來只有四十餘年，c 是指從「彼佛滅度」以來已過了無限長的時間。這三組表達中雖都有表示移動的動詞「來」和「過」，但是並沒有明確的移動主體。我們認為，在這些場景中，移動的主體是想像的「自我」，即說話人表達和聽話人理解時，均想像「自我」從過去的某個時間點向現在所在的時間點移動。

〔時間的流逝是認知主體的移動〕一般突顯的是認知主體從過去向現在移動（如 Yu，1998），我們可以將其稱為「順向的移動」。有意思的是我們在《法華經》中還發現了認知主體「逆向的移動」，即從現在向過去移動，如：

（29）a. *乃往過去無量恒河沙劫*，有佛號日月淨明德如來……。

（23.2）

b. *乃往古昔，過無量無邊不可思議阿僧祇劫*，有佛名威音王如來……。（20.1）

c. *乃往古世，過無量無邊不可思議阿僧祇劫*，有佛名雲雷音宿王華智多陀阿伽度、阿羅訶、三藐三佛陀，國名光明莊嚴，劫名喜見。（27.1）

例（29）所列的三段經文中均出現了移動動詞「往」，而且都指認知主體從現在朝向過去（過去、古昔、古世）逆向移動。我們認為，這種逆向移動的存在有兩種原因。第一，《法華經》描繪的時間觀極為廣大，眾生，特別是諸佛，可以在過去、現在、未來之間自由移動，不受限制。第二，即便眾生的身體受到時間的限制，想像力卻可以自由穿梭，這種逆向移動的主體可以是想像的「自我」。

總結本小節：〔時間的流逝是移動〕這一概念隱喻的「時間客體移動版」和「認知主體移動版」在《法華經》中都有明確的體現（cf. 表 6.2）。兩種移動有時甚至共存在同一個表達之中。比如，例（29）中的「過去」標示著時間的移動，而「往」和「過無量無邊不可思議阿僧祇劫」中的「過」則標示著自我的移動。

總體而言，我們認為《法華經》中的「時間移動版」和「自我移動版」具有不同的功能，前者主要用於區分未來、現在和過去，後者無論是「順向」還是「逆向」都主要用於描述諸佛、菩薩以及眾生的經歷。

6.2.2 〔時間的持續是長度／體積〕

時間的持續（duration）或跨度（span）指「可感知的、可量化的時間大小」（Núñez & Cooperrider，2013：223）。我們發現，在《法華經》中〔時間的持續〕主要借助〔長度〕來理解，體現為「長」、「遠」、「近」等詞，如：

（30）a. 我等**長夜**，於佛智慧，無貪無著，無復志願⋯⋯。（4.10）

b. 我以如來知見力故，觀彼**久遠**、猶若今日。（7.2）

c. 諸佛興出世，**懸遠**值遇難，正使出於世，說是法復難。（2.27）

d. 佛得道甚**近**，所成就甚多，願為除眾疑，如實分別說。（15.20）

e. 爾時大會，聞佛說壽命劫數**長遠**如是，無量無邊阿僧祇眾生得大饒益。（17.1）

例（30）a 以表示長度的「長」形容時間單位「夜」；b 和 c 使用表示距離的「久遠」和「懸遠」來形容時間之長；d 用表示距離的「近」來形容時間上的靠近；e 則將「長」和「遠」並置形容壽命的劫數無窮無盡。

除了〔長度〕，在《法華經》中〔體積〕也被用來理解〔時間的持續〕，如：

（31）a. 其佛當壽，十二**小劫**⋯⋯。（6.2）

b. 時天王佛般涅槃後，正法住世二十**中劫**。（12.4）

「劫」是佛教中最大的時間單位，為梵語 kalpa 的音譯，指佛教的一個世界所經歷的無限長的時間（陳觀勝、李培茱，2005：156）。如例（31）所示，劫又可分為「小劫」、「中劫」和《法華經》中未提及的「大劫」。根據陳義孝（1996），小劫為 1679.8 萬年，二十小劫為一中劫，四十小劫為一大劫。「小」和「大」原本用於形容體積，但在這幾個名稱中則用於形容時間持續的長短。

我們還在《法華經》中發現了兩處同時使用〔長度〕和〔體積〕來形容〔時間〕的表達：

（32）a. 彼佛滅度已來，甚**大久遠**⋯⋯。（7.1）

b. 如是，我成佛已來，甚**大久遠**，壽命無量阿僧祇劫，常住不滅。（16.9）

例（32）中的兩句經文均用「大久遠」來形容時間之長，將表示體積的「大」和表示距離的「遠」相結合，更突出了時間的無邊無際。

綜合例（30）至例（32），我們將《法華經》中關於〔時間持續〕的概念隱喻歸納為〔時間的持續是長度／體積〕。

6.2.3 〔時間的順序是前後〕

時間的順序（sequence）即時間地標之間不同時段的先後或早晚關係（Núñez& Cooperrider，2013：222）。在《法華經》中，〔時間的先後〕關係被理解為〔空間的前後〕關係，即〔早在前，晚在後〕。如：

（33）a. 我於 **前世**，勸是諸人，聽受斯經，第一之法。（20.10）

　　　b. 普賢！若於 **後世**，受持、讀誦是經典者，……亦於現世得其福報。若有人輕毀之，……如是罪報，當 **世世** 無眼；若有供養讚歎之者，當於 **今世** 得現果報。若復見受持是經者，出其過惡，若實、若不實，此人 **現世** 得白癩病。若有輕笑之者，當 **世世** 牙齒疏缺……。」（28.10）

　　　c. 我是如來……，**今世後世**，如實知之。（5.3）

　　　d. **後惡世** 眾生，善根轉少，多增上慢……。（13.1）

　　　e. 於 **後末世** 法欲滅時，受持、讀誦斯經典者……。（14.9）

佛教認為，人有多次生命（lifetime），一次被稱為一世。如例（33）所示，人現在所處的這一世被稱為「現世」或「今世」，此世之前經歷的生命或時間被稱為「前世」，此世之後將要經歷的生命或時間被稱為「後世」或「後惡世」、「後末世」。很明顯，「前」和「後」都是用空間的前後關係理解時間的早晚關係，較早的生命在前，較晚的生命在後。又如：

（34）a. 若後世 **後五百歲**、濁惡世中……。（28.4）

　　　b. 諸法實相義，已為汝等說，我今於 **中夜**，當入於涅槃。（1.15）

　　　c. 如是日月淨明德佛敕一切眾生喜見菩薩已，於 **夜後分** 入於涅槃。（23.4）

例（34）a 中的「後五百歲」指如來滅後的第五個 500 年（星雲大師，2008：63～64）。佛教認為，佛法的傳播經歷了五個 500 年，前兩個 500 年稱為「正法時期」，第三和第四個 500 年稱為「像法時期」，第五個 500 年稱為「末法時期」。第五個 500 年在前四個 500 年之後發生，因此稱為「後五百歲」。例（34）b 和 c 中的「中夜」和「夜後分」反映了佛家對夜的劃分：一夜被分為三個部分，按時間先後依次是初夜分、中夜分（中夜）和後夜分（夜後分）。可以看出，較晚的時間在較早的時間之後。

此外，較早發生的事件也被理解為在前，較晚發生的事件則被理解為在後，如：

（35）a. 彌勒當知，***初佛後佛***，皆同一字，名日月燈明，十號具足。
所可說法，***初中後善***。其***最後佛***，未出家時有八王子……。
（1.11）

b. 諸佛弟子眾，曾供養諸佛，一切漏已盡，住是***最後身***，如
是諸人等，其力所不堪。（2.3）

例（35）a 中的「初佛後佛最後佛」意為不同的劫之中都有佛住世，都名為「日
月燈明佛」：其中「初佛」即較早的劫出現的佛，後佛即較晚的劫出現的佛，
「最後佛」即最晚的劫出現的佛；「初中後善」是「指佛說法，自始至終都是
圓滿的」（俞學明、向慧，2013：23），其中「初」、「中」和「後」分別指佛說
法的初期、中期和後期；b 中的「最後身」指在生死輪迴中最後一次受生的身
體（陳義孝，1996：68）。

綜上，例（33）和例（34）中的「前」、「初」和「後」標示的是時間本身
的先後關係，例（35）中的「初」和「後」標示的則是事件之間的先後關係，
但是它們都體現了同樣的概念隱喻，即〔早在前／晚在後〕。

6.2.4 〔時間的形態〕

從我們在《法華經》中識別的比喻表達來看，佛教的〔時間〕表現為多種
形態，包括：〔移動的物體〕、〔點線〕和〔循環〕。

首先，在〔時間的流逝是移動〕的「時間移動版」中，時間似乎是一個移
動的物體，這個物體可以「過去」，也可以「未來」而將來，如：

（36）a. 我所有福業，今世若***過世***，及見佛功德，盡迴向佛道。（3.10）

b. 我此弟子摩訶迦葉，於***未來世***，當得奉覲三百萬億諸佛世
尊……。（6.1）

其次，在〔時間的流逝是移動〕的「自我移動版」中，時間似乎是點以及
點連成的線：作為自我移動的起點或終點，時間是點，如「自昔來」、「從昔而
來」中「昔」是起點，「臨欲終時」、「往古昔」中「欲終時」和「古昔」是終
點；另一方面，自我移動所經歷的時間由點串連成線，如在「過二萬劫」、「經
千萬億劫」、「經歷多年」等表達中，時間似乎是一段風景線，人在其上移動。

〔時間的持續是長短〕也體現了時間的線狀形態，如「長夜」、「久遠」。
不僅如此，在《法華經》中〔時間的流逝是自我的移動〕和〔時間的持續是長
短〕常常同時出現，突顯了時間的線狀形態，如：

（37）a. 佛亦如是，**得道已來，其實未久……**。（15.19）

　　　b. **然我實成佛已來久遠若斯……**。（16.9）

例（37）所引的兩段經文都是用〔自我的移動〕（來）來描述〔時間的持續〕（久遠），從中可以窺見時間的線狀形態。

《法華經》第七品和第十六品有兩段類似的描述，也體現了時間由點連成線的形態：

（38）a. 佛告諸比丘：「……諸比丘！是人所經國土，若點不點，盡末為塵，**一塵一劫**；彼佛滅度已來，復過是數無量無邊百千萬億阿僧祇劫。我以如來知見力故，觀彼久遠、猶若今日。」（7.1）

　　　b. 爾時佛告大菩薩眾：「諸善男子！今當分明宣語汝等。是諸世界，若著微塵及不著者盡以為塵，**一塵一劫**，我成佛已來，復過於此百千萬億那由他阿僧祇劫。自從是來，我常在此娑婆世界說法教化，亦於餘處百千萬億那由他阿僧祇國導利眾生。」（16.3）

在例（38）所引的兩段經文中，佛陀以類比的方式形容時間之久遠。在 a 中，佛陀說將三千大千世界所有土地磨為墨，向東方每經過一千個世界滴下一滴墨，直到用完所有的墨，然後將所經過的土地全部磨為微塵，一粒微塵相當於一劫，大通智勝如來佛滅度以來就已經過了如此之多的劫數；在 b 中，佛陀說將三千大千世界磨為微塵，向東方每經過五百千萬億那由他阿僧祇個世界撒下一粒微塵，直到撒完所有的微塵，之後將所經過的世界全部磨為微塵，一粒微塵相當於一劫，釋迦牟尼成佛以來就已經過了如此之多的劫數。在這兩段經文中，每個「劫」均被理解為無限小的空間單位「微塵」。「微塵」即是點的形態，無數個微塵連成線，就如無數個劫連起來構成無限久遠的時間。

點線只是佛教時間形態的局部，從總體上看佛教的時間是以線狀而無限循環的形態，這尤其體現在《法華經》對「劫」的描述上。「劫」作為佛教的時間單位是用世界經歷的循環過程定義的，一個世界從形成到消亡經歷四個階段：成、住、壞、空，四個階段共同構成一劫。之後，新的一劫開始，新的世界形成。這個過程周而復始，永無止境。例如：

（39）世尊大恩，以希有事，憐愍教化，利益我等，**無量億劫**，誰能報者。手足供給，頭頂禮敬，一切供養，皆不能報。若以頂

> 戴，兩肩荷負，於**恒沙劫**，盡心恭敬；又以美膳、無量寶衣，
> 及諸臥具、種種湯藥，牛頭栴檀，及諸珍寶，以起塔廟，寶衣
> 布地。（4.10）

除了劫的大循環，還有日、夜、歲等更小的時間單位的循環，這一點在另一部佛教經典《金剛經》中體現得更為明晰：

> （40）須菩提，若有善男子、善女人，**初日分**以恒河沙等身布施，
> **中日分**復以恒河沙等身布施，**後日分**亦以恒河沙等身布施，
> **如是無量百千萬億劫**以身布施。（《金剛經》）

這段經文清晰地呈現了日、劫以及時間總體的循環性。經文中的「如是」連接起了「日」的小循環和「劫」的大循環。日夜的小循環累積成年，年的循環累積成劫，劫的累積形成更大的循環。而且佛教中劫（以及日、夜、歲）的循環不是完全閉合的，因為一劫的結束同時意味著另一劫的開始（cf. Radden，2011：12）。日和劫的循環及其之間的關係體現了〔時間是無止境的循環〕（TIME IS AN ENDLESS CYCLE）這一極富佛教色彩的時間隱喻。

總結本小節，可以看出，首先，〔時間〕的各個維度在《法華經》中都以〔空間〕為始源域，因為〔移動〕、〔前後〕、〔長度〕、〔循環〕、〔物體〕、〔點線〕等都是空間概念。換言之，佛教中關於〔時間〕的根隱喻與世俗世界一樣，都是〔時間即空間〕。這一隱喻在全世界多種語言中都得到廣泛的研究和證實（cf. Núñez & Cooperrider，2013；Radden，2011）。

第二，〔時間〕的〔流逝〕、〔持續〕和〔順序〕不是獨立的，而是彼此滲透融合，共同構建對時間的認知，如：

> （41）a. 如是，**我成佛已來**，甚**大久遠**，壽命無量阿僧祇劫，常住
> 不滅。（16.9）
> b. 若**如來滅後後五百歲中**，若有女人聞是經典，如說修行。
> （23.14）

例（41）a 中的「我成佛已來」突顯時間的流逝，「大久遠」則突顯時間的跨度。例（41）b 的「如來滅後後五百歲中」涉及兩個維度，兩個「後」字突顯時間的順序，其中第一個標示兩個事件之間的早晚關係，第二個標示兩個時段之間的早晚關係。

第三，在《法華經》中，〔時間的流逝〕表現為多種〔移動〕，可分為時間作為客體的移動（cf. 例 17～21）和自我作為認知主體的移動，後者又可分為

自我順向的移動（cf. 例 22～28）和自我逆向的移動（cf. 例 29）。時間移動和自我移動在《法華經》中平分秋色，而自我逆向移動在我們掌握的文獻中尚未見提及。此外，移動的認知主體除了自我，還有他者和想像的自我。

　　第四，〔時間〕的〔流逝〕、〔持續〕和〔順序〕隱喻同時體現了〔時間〕的〔形態〕，主要是〔移動的物體〕和〔點線〕。從佛教中劫的定義和描述可以看出，佛教時間的整體形態是點線構成的〔無限循環〕。

6.3 〔生命〕

　　《法華經》中與〔生命〕相關的比喻表達主要圍繞生命的兩個層面：生命的次數（lifetime）和生命的形式（life form），即生命的時間維度和空間維度。在空間維度上，不同的〔生命形式〕被理解為一個〔上下層級系統〕；在時間維度上，〔生命〕繼承了時間在〔流逝〕、〔持續〕和〔順序〕上的部分特徵；結合空間和時間維度，〔生命〕則被理解為〔穿越時空的循環旅程〕。各維度始源域所含的比喻表達如表 6.3 所示。

表 6.3　《法華經》中〔生命〕的始源域分布

維度		始源域	比喻表達的數量
〔時間〕	〔流逝〕	〔時間移動〕	7
	〔持續〕	〔長度〕	8
	〔順序〕	〔前後〕	15
〔空間〕		〔上下層級〕	21
〔時間〕和〔空間〕		〔旅程〕	99

6.3.1 〔生命〕的時間維度

　　在時間維度上，根據《法華經》，眾生可以經歷無數次生命，如：

　　（42）a. 我說是如來壽命長遠時……復有小千國土微塵數菩薩摩訶薩，**八生**當得阿耨多羅三藐三菩提；復有四四天下微塵數菩薩摩訶薩，**四生**當得阿耨多羅三藐三菩提；復有三四天下微塵數菩薩摩訶薩，**三生**當得阿耨多羅三藐三菩提；復有二四天下微塵數菩薩摩訶薩，**二生**當得阿耨多羅三藐三菩提；復有一四天下微塵數菩薩摩訶薩，**一生**當得阿耨多

羅三藐三菩提；復有八世界微塵數眾生，皆發阿耨多羅三
藐三菩提心。（17.1）

　　b. 今此會中，如我等比百千萬億，*世世*已曾從佛受化。（2.13）

在例（42）a 中，有的菩薩經歷一次生命即獲得無上智慧，有的則需經歷兩次、
三次、四次或八次生命才能獲得無上智慧；b 中的眾生則是生生世世受佛教化。

　　因為眾生有多次生命，一次生命結束也意味著另一次生命的開始，如：

　　（43）一切眾生喜見菩薩作如是法供養已，*命終之後，復生*日月淨
　　　　　明德佛國中，於淨德王家結加趺坐，忽然化生。（23.4）

根據例（43），一切眾生喜見菩薩在一次生命終結之後，「復生」在另一國中，
開始了另一次生命。

　　在時間維度上，《法華經》中的〔生命〕繼承了〔時間〕在〔流逝〕、〔順
序〕和〔跨度〕上的特徵。首先，生命的〔流逝〕被理解為生命的〔移動〕，
如：

　　（44）a. 佛子行道已，*來世*得作佛，我有方便力，開示三乘法。（2.27）

　　　　　b. 我今衰老，*死時已至*……。（16.11）

在例（44）a 中，「來世」指尚未到來而即將到來的生命，即諸佛子尚未經歷而
將要經歷的生命。例（44）b 在前文作為例（21）已有分析，從「死時已至」
可以看出單次生命中的一個節點——死亡——被視為向自我移動而來，現在
已經到達（至）。這可以理解為〔生命的流逝是移動〕的「生命移動版」，即生
命的流逝是生命以靜止的自我為參照點，從未來向現在移動而來。

　　《法華經》中的一些比喻表達也體現了「自我移動版」，即自我以某個靜
止的時間為參照點，從過去向現在移動而來，以此來理解生命的流逝，如：

　　（45）a. 我等*從昔已來*，不見不聞如是大菩薩摩訶薩眾，從地踊出，
　　　　　　住世尊前，合掌、供養，問訊如來。（15.16）

　　　　　b. 如此*經歷多年*，常被罵詈，不生瞋恚，常作是言：「汝當作
　　　　　　佛。」（20.4）

　　　　　c. 是諸世界，若著微塵及不著者盡以為塵，一塵一劫，我成
　　　　　　佛已來，復*過於*此百千萬億那由他阿僧祇劫。（16.5）

　　　　　d. 其罪畢已，*臨命終時*，得聞此經，六根清淨。（20.8）

例（45）中的表達在 6.2.1.2 小節已有分析，這些表達既體現了時間的流逝，
也體現了生命的流逝，因為佛教中的生命處在無限的循環中，自我經歷的時間

也是自我體驗的生命。例（45）中的「來」、「經」、「過」、「臨」都體現了自我以某個時間節點為參照點在移動。特別是在 d 中，自我向單次生命的終點——命終時——移動，已經快要到達（臨），其背後的隱喻是〔生命的流逝是自我的移動〕。

其次，生命的〔早晚〕關係被理解為空間上的〔前後〕順序，如：

（46）a. 佛為王子時，棄國捨世榮，於**最末後身**，出家成佛道。(3.8)

b. 我等長夜，……住**最後身**、有餘涅槃。(4.10)

c. 諸聲聞眾，無漏**後身**……。(6.2)

例（46）中所提的「最末後身」、「最後身」、「後身」都是指眾生在生死輪迴中最後一次的身軀或生命，又被稱為「最後生」（丁福保，2012：885）。最後一次的生命來得最晚，所以位於最後，可見生命的早晚也被理解為空間上的前後關係。

第三，生命的〔持續〕被理解為空間上的〔長度〕，如：

（47）a. 爾時大會，聞佛說**壽命劫數長遠**如是，無量無邊阿僧祇眾生得大饒益。(17.1)

b. 我說是如來**壽命長遠**時，六百八十萬億那由他恒河沙眾生，得無生法忍 (17.1)

例（47）所引經文均強調佛壽「長遠」，用表示長度和距離的「長」和「遠」形容生命的持續，其背後的隱喻是〔生命的持續是長度〕。

從本小節的分析可以看出，〔生命〕繼承了〔時間〕在〔流逝〕、〔順序〕和〔持續〕上的主要特徵，但是並非全部複製。比如，在〔時間的流逝是移動〕的「自我移動版」中，自我既有順向的移動，也有逆向的移動，但是〔生命的流逝〕卻只有自我順向的移動。此外，〔長度〕和〔體積〕被同時用來理解和描述〔時間的持續〕，如「大長遠」，但是《法華經》中未見用〔體積〕來理解〔生命的持續〕。

6.3.2 〔生命〕的空間維度

關於生命的空間維度《法華經》中有兩個重要概念，即〔三界〕和〔六道〕。6.1.2 節提到，佛教根據眾生的生存狀態將世界分為三部分：欲界眾生仍有淫食二欲；色界眾生無淫食二欲但還有色相，即物質形體；無色界眾生色相俱無但住心識於深妙禪定（陳義孝，1996：67）。三界的劃分原則一是善惡因果報

應，二是眾生對物慾情慾的迷戀程度（陳詠明，1998：331）。三界之中，欲界在下，色界在中，無色界在上。欲界又分為三個層級：下層是地獄，中層是四天下，上層是欲界六天；「欲界越往上住，欲事越來越淡」（王志遠，1992：22～23）。可見，三界是用空間的上下維度來理解生命的生存狀態。

　　三界之中又有六道，即地獄道、畜生道、餓鬼道、阿修羅道、人道和天道（丁福保，2012：308）。六道按照上下維度排列：天道在最上層，跨越三界，自上而下包括無色界四天，色界十七天，欲界四天；其餘五道都位於欲界，自上而下依次為人道、阿修羅道、畜生道、餓鬼道、地獄道。三界六道的結構或可用圖 6.1 展示。

圖 6.1　三界和六道的上下層級結構

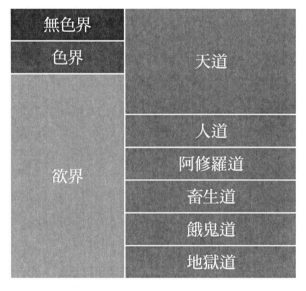

　　在六道之中，前三道的苦惡較多，被稱為三惡道，後三道的苦惡較少，被稱為三善道。六道中生存的生命形式不同，依次為地獄眾生、畜生、餓鬼、阿修羅、人和天，在《法華經》中統稱為「六道眾生」，如：

　　（48）諸世界中，**六道眾生**，生死所趣，善惡業緣，受報好醜，於
　　　　　此悉見。（1.8）

　　「三界」側重講不同生命類型所住之處構成的空間層次結構，而「六道」則側重講眾生因為「業因」的差別在復生時有不同的趨向（王志遠，1992：27）。在《法華經》中，六道和三界一樣按照上下層級排列，體現了生命的空間維度，如：

（49）a. 爾時佛放眉間白毫相光，照東方萬八千世界，靡不周遍，**下至阿鼻地獄，上至阿迦尼吒天**。（1.4）

b. 如是展轉乃至梵世，**上至有頂諸天**身香，亦皆聞之，並聞諸天所燒之香。（19.5）

c. 其大菩薩眾，執七寶幡蓋，高妙萬億種，**次第至梵天**。（17.3）

d. 爾時世尊，……出廣長舌**上至梵世**，一切毛孔放於無量無數色光，皆悉遍照十方世界。（21.2）

例（49）是 6.1.2 節〔世界是上下層級系統〕中出現的例（6）的再現。如彼處的分析，阿鼻地獄在下，梵天和有頂天在上；阿鼻地獄是地獄眾生生存的場所之一，梵天和有頂天則是眾天生存的場所。換言之，天這種生命形式位於高處的天道，地獄眾生則位於低處的地獄道，生命形式的優劣由空間的上下維度來體現。

六道是眾生輪迴的處所和歸宿：眾生有多次生命，一次生命結束後，在下一次生命中可能復生為不同的生命形式，進入六道之中與此次生命不同的另一道，如：

（50）a. 我知此眾生，未曾修善本，堅著於五欲，癡愛故生惱。以諸欲因緣，**墜墮三惡道，輪迴六趣中**，備受諸苦毒，受胎之微形，世世常增長。（2.27）

b. 若佛在世，若滅度後，其有誹謗，如斯經典，見有讀誦、書持經者，輕賤憎嫉，而懷結恨。此人罪報，汝今復聽。**其人命終，入阿鼻獄，具足一劫，劫盡更生。如是展轉，至無數劫，從地獄出，當墮畜生。若狗野干**，其形頗瘦，黧黮疥癩，人所觸嬈。**又復為人**，之所惡賤，常困饑渴，骨肉枯竭，生受楚毒，死被瓦石。……**若作駝駝，或生驢中**，身常負重，加諸杖捶，但念水草，余無所知。……**於此死已，更受蟒身**。……**若得為人**，諸根闇鈍，尪陋攣躄，盲聾背傴。……如斯罪人，**常生難處**，狂聾心亂，永不聞法。……**常處地獄，如遊園觀，在餘惡道，如己舍宅，駝驢豬狗，是其行處**。（3.28）

據例（50）a，眾生囿於因緣，在六趣之中輪迴，世世受苦。例（50）b 則具體描述了惡人因為誹謗《法華經》要經歷的輪迴過程：這些人命終之後先入阿鼻

地獄，受苦一劫，劫後再生於地獄，輾轉無數劫；然後從地獄道出來，墮入畜生道，復生為野狗；之後又以人、駱駝、蟒蛇、驢、豬、狗等各種形式多次復生。例（50）a 的「墜墮惡道」和 b 的「墮畜生」均有明確的向下的方向性，說明惡道位於下方，而人道和天道位於上方。又如：

> （51）a. 若但書寫，**是人命終，當生忉利天上**，是時八萬四千天女作眾伎樂而來迎之，其人即著七寶冠，於婇女中娛樂快樂……。（28.5）
>
> b. 佛告諸比丘：「未來世中，若有善男子、善女人，聞妙法華經提婆達多品，淨心信敬不生疑惑者，**不墮地獄、餓鬼、畜生**，生十方佛前，所生之處，常聞此經。若**生人天中**，受勝妙樂，若在佛前，蓮華化生。」（12.5）

根據例（51）所列的經文，人若是耽於邪念，就會「墮」或「墜」入惡道，即轉生為惡道的生命形式；若是書寫經文，修行佛法，就不會墮入惡道，而是轉到天上，即轉生為天道的生命形式。這些經文均用空間的上下維度理解生命形式的優劣，所受苦厄的多少，其背後的概念隱喻可以概括為：

- 〔善道位於高處〕
- 〔惡道位於低處〕
- 〔再生為高級的生命形式是升入善道〕
- 〔再生為低級的生命形式是墮入惡道〕

6.3.3 〔生命是穿越時空的循環旅程〕

綜合生命的時間維度和空間維度，我們認為佛教中總的生命隱喻是〔生命是穿越時空的循環旅程〕。佛教所說的「六道輪迴」精練地濃縮了這一隱喻，即六道形成一個大轉輪，生命的旅程就在這個大轉輪中進行。

眾生有無數次生命（lifetime），因此佛教中的生命旅程包含兩個層面。首先，單次生命是一段旅程。六道的「道」字本身就將某種形式的生命喻為某種道路上的旅程，意即單次生命是沿著一條道路進行的由生到死的旅程。

其次，一次生命結束，新的生命開始之時，就會發生由死到生的旅程，如例（50）和（51）所示，這個旅程可能是上升到善道，也可能是下降到惡道。「六趣」一詞即是對這一過程的體現，如：

> （52）a. **三千大千世界六趣眾生**，心之所行、心所動作、心所戲論，

皆悉知之。（19.11）

　　b. 於此世界，盡見*彼土六趣眾生*，又見彼土現在諸佛，及聞
　　　　諸佛所說經法。（1.4）

「趣」同「趨」，「六趣」意即六道是眾生趨向之處（丁福保，2012：311）。這
說明，六道既是單次生命旅程發生的場所，也是生死輪迴旅程的目的地。換言
之，「道」突顯的是由生到死的旅程，「趨」突顯的是由死到生的旅程。《法華
經》將這個過程總稱為「生死險道」：

　（53）a. 如來亦復如是，今為汝等作大導師，知諸*生死煩惱惡道險*
　　　　　難長遠，應去應度。（7.33）

　　　　b. 我以佛眼觀，見六道眾生，貧窮無福慧，入*生死險道，相*
　　　　　續苦不斷，深著於五欲，如犛牛愛尾，以貪愛自蔽，盲瞑
　　　　　無所見。（2.27）

　　　　c. 我亦復如是，為一切導師。見諸求道者，中路而懈廢，不
　　　　　能*度生死，煩惱諸險道*。故以方便力，為息說涅槃。（7.34）

例（53）所述的「生死險道」險難長遠，相續不斷，充滿著煩惱。它既包含了
六道中的每一條道途，又包含了六道之間下降或上升的途徑。生命就是沿著這
條生死險道進行的永無止境的旅程，即「輪迴」。《法華經》中有多處經文強調
生命輪迴的循環往復，如：

　（54）a. 眾生常苦惱，盲瞑無導師，不識苦盡道，不知求解脫。*長*
　　　　　夜增惡趣，減損諸天眾，從冥入於冥，永不聞佛名。（7.7）

　　　　b. 於昔無量劫，空過無有佛，世尊未出時，十方常暗冥，*三*
　　　　　惡道增長，阿修羅亦盛，諸天眾轉減，死多墮惡道。（7.21）

　　　　c. 時諸梵天王，一心同聲而說偈言：「大聖轉法輪，顯示諸法
　　　　　相，度苦惱眾生，令得大歡喜。眾生聞此法，*得道若生天，*
　　　　　諸惡道減少，忍善者增益。」（7.16）

例（54）a-b 描述了惡道眾生數量增加，天界眾生減丁損口的情形（俞學明、
向慧，2012：127）；c 則描述了佛陀度脫眾生，使升入天界的眾生增加，惡道
的眾生相應便減少了。由此可見，善道和惡道的眾生數量是此消彼長的關係，
眾生無論升入天道還是墮入惡道，並未擺脫輪迴。即便最上層的天道，也仍然
處於三界之中，而「無論生於何處，三界仍屬『迷界』，達到涅槃解脫，才是

佛教的最高理想」（蕭振士，2014：6）。

綜上，佛教的〔生命〕隱喻可歸納為〔生命是穿越時空的循環旅程〕。這一隱喻包括生命的時間和空間兩個層面：在時間上，眾生有無數次生命，生命是無止境的循環；在空間上，不同的生命形式在三界六道之中輪迴，六道則按照上下維度排列。總結如下：

- 〔生命是穿越時空的循環旅程〕
- 時間層面：〔生命的次數〕
  - ○〔生命的流逝是移動〕
  - ○〔較早的生命在前〕
  - ○〔較晚的生命在後〕
  - ○〔生命是無止境的循環〕
- 空間層面：〔生命的形式〕
  - ○〔善道位於高處〕
  - ○〔惡道位於低處〕
  - ○〔單次生命是從生到死的旅程〕
  - ○〔死亡／再生是從死到生的旅程〕
  - ○〔再生為高級的生命形式是升入善道〕
  - ○〔再生為低級的生命形式是墮入惡道〕

6.4 〔涅槃〕

從〔生命〕的隱喻可以看出，眾生在三界中經受生死輪迴之苦，永無止境。佛教的教旨即幫助眾生證悟，脫離生死煩惱，到達圓滿寂靜的境界，這種境界就是涅槃（俞學明、向慧，2012：12）。涅槃在時間上擺脫輪迴，在空間上跳出三界，是佛教修行者追尋的終極目的（陳義孝，1996：71），是佛教的最高理想，也是佛教所求索的究竟所在（張曼濤，2016：1）。

涅槃在《法華經》中有兩種基本意義，一是專指釋迦牟尼佛的涅槃，二是泛指所有佛教修行者的涅槃。根據在《法華經》中識別的比喻表達，前者主要被理解為〔火滅〕，後者主要被理解為〔容器〕、〔房屋〕和〔旅程的終點〕，如表 6.4 所示。

表 6.4 《法華經》中〔涅槃〕的始源域分布

涅槃的意義	始源域	比喻表達的數量
釋迦牟尼的涅槃	〔火滅〕	124
所有修行者的涅槃	〔容器〕	15
	〔房屋〕	71
	〔旅程〕	492

6.4.1 〔涅槃是火滅〕

《法華經》關於釋迦牟尼佛的涅槃有三處明喻表達，將其喻為火的熄滅：

(55) a. 佛此夜*滅度*，*如薪盡火滅*，分布諸舍利，而起無量塔。(1.15)

b. 自成無上道，廣度無數眾，入無餘*涅槃*，*如薪盡火滅*。(1.15)

c. 後當入*涅槃*，*如煙盡燈滅*。(14.16)

例（55）所引的三段經文將佛的涅槃喻為「薪盡火滅」、「煙盡燈滅」。根據丁福保（2012：1422），大乘佛教「主張應身佛之入滅係由於機緣已盡，以機緣比喻薪，佛身比喻火，故眾生之機緣盡，稱為薪盡，隨而應身佛之入滅，稱為火滅」。從丁的釋義來看，〔涅槃是火滅〕源於〔機緣是薪，生命是火〕。又如：

(56) a. 世尊*滅度*後，其有聞是經，若能隨喜者，為得幾所福？(18.3)

b. 如來*滅*後，若比丘、比丘尼、優婆塞、優婆夷，及餘智者若長若幼，聞是經隨喜已⋯⋯。(18.3)

c. 我*涅槃*時到、*滅盡*時至，汝可安施床座，我於今夜當般涅槃。(23.4)

在例（56）中，釋迦牟尼佛的涅槃稱為「滅」、「滅度」或「滅盡」，也都體現了〔生命是火〕和〔涅槃是火滅〕的隱喻。

縱觀整部《法華經》，其所說的涅槃主要指針對一切佛教修行者的涅槃，即擺脫三界六道的生死輪迴，進入圓滿寂靜的境界。對於這個意義的涅槃，我們在《法華經》中識別的比喻表達主要體現了兩組概念隱喻：〔涅槃是容器〕、〔涅槃是旅程的終點〕。這兩個隱喻彼此相容，並不存在互斥關係。

6.4.2 〔涅槃是容器〕

在《法華經》中，涅槃常被描述為〔容器〕，如：

(57) a. 如來於今日中夜，當*入無餘涅槃*。(1.15)

b. 諸法實相義，已為汝等說，我今於中夜，當**入於涅槃**。(1.15)

c. 我滅度後，復有弟子不聞是經，不知不覺菩薩所行，自於所得功德生滅度想：「當**入涅槃**。我於餘國作佛，更有異名。」(7.30)

例（57）中反覆出現「入涅槃」或「入於涅槃」，說明涅槃具有容器的特徵，可以容外物進入。我們認為〔涅槃是容器〕來自兩個更基本的概念隱喻〔涅槃是狀態〕和〔狀態是容器〕（STATE IS CONTAINER）。

〔涅槃是容器〕的一個類屬隱喻是〔涅槃是一座城池〕，該類屬隱喻集中體現在《法華經》第七品的「化城喻」。「化城喻」用一個譬喻故事來說明「有餘涅槃」和「無餘涅槃」的區別：眾人要到一個藏有珍寶的大城去，但是畏於道路艱險，中途生出退卻之意。一位導師出於悲憫，在中途以法術化出一座城池，供眾人進入休息。待眾人養精蓄銳後，導師告訴眾人這座城是虛幻的，並非最終的藏寶處，鼓勵眾人繼續前進。同理，眾生修行的目的是到達無餘涅槃，即滅盡煩惱和色身的境界，但是修行的過程很艱難，眾生容易萌生退意。於是，佛陀先說聲聞和緣覺這兩種方便法，讓眾生達到有餘涅槃的境界，然後告訴眾生這種涅槃並非真實的，因為雖然煩惱滅盡，但是色身猶存。之後，佛陀再說菩薩法，鼓勵眾生繼續修行，到達無餘涅槃的境界。

我們以表6.5總結「化城喻」中始源域與目標域之間的映射：

表6.5　《法華經》中〔涅槃是一座城池〕的主要映射

始源域		目標域
導師	→	佛陀
旅人	→	眾生
大城	→	菩薩涅槃（無餘涅槃）
化城	→	聲聞、緣覺涅槃（有餘涅槃）
險道	→	修行

前文說過，〔涅槃是容器〕和〔涅槃是終點〕是彼此相容的兩個隱喻，它們的相容性在「化城喻」中有很好的體現：有餘涅槃和無餘涅槃分別被描述為化城和藏有珍寶的大城，既是可供眾人進入休息的容器，又分別是眾生修行的中轉站和終點。

6.4.3 〔涅槃是旅程的終點〕

關於涅槃,《法華經》中最突出的概念隱喻是〔涅槃是旅程的終點〕,其所含的比喻表達多達 492 處,占〔涅槃〕所有比喻表達的 70.09%(cf. 表 6.4)。生死輪迴的現世充滿苦惱,所以佛教修行的目的就是擺脫生死,到達涅槃;與此相應,〔生死輪迴〕被理解為〔旅程的起點〕,〔涅槃〕被理解為〔旅程的終點〕,而從輪迴到涅槃的〔修行〕就是〔旅途〕。例如:

(58) a. 佛常教化言:「我法能**離生老病死,究竟涅槃。**」(3.12)

b. ……世皆不牢固,如水沫泡焰,汝等咸應當,疾生**厭離**心。(18.11)

c. 佛說一解脫義,我等亦得此法**到於涅槃**,而今不知是義所趣。(2.4)

在例(58)a 中,佛陀教化眾生佛法能使眾生離開生老病死,到達涅槃的境界。例(58)b 強調涅槃是真實的,現世是虛幻的,因此眾生應對現世生出厭棄、遠離的心(厭離心)。在例(58)c 中,「我等」修行者認為自己學習了佛陀的解脫之法,已經達到了涅槃。在這三段經文中,「離」和「到」都是具有方向性的動詞,分別標示了旅程的起點和終點,即生死現世和涅槃之境。又如:

(59) 世尊轉法輪,擊甘露法鼓,度苦惱眾生,**開示涅槃道**。(7.22)

在例(59)中,諸梵天王祈請佛陀講法,「度化煩惱的眾生,開啟通向涅槃的道路」(俞學明、向慧,2012:136),「道」字點明修習佛法的過程被理解為一條道路,涅槃是這條道路的終點。

在《法華經》中,涅槃也被描述為彼岸,生死則是此岸,因此涅槃也是一段渡河或渡海旅程的終點,如:

(60) a. 菩薩摩訶薩八萬人,皆於阿耨多羅三藐三菩提不退轉;……通達大智,**到於彼岸**;名稱普聞無量世界,能度無數百千眾生。(1.1)

b. 佛知童子心,宿世之所行,以無量因緣、種種諸譬喻,說**六波羅蜜**,及諸神通事。(7.34)

根據丁福保(2012:633),「此岸」譬喻生死之境界,「彼岸」喻指涅槃之境界,中間的激流海浪則喻指各種煩惱。簡言之,例(60)a 意指眾菩薩能夠進入佛的智慧,到達覺悟的涅槃彼岸。例(60)b 中的「波羅蜜」是梵語 Paramita 的音譯比喻詞,意譯為「到彼岸」,指「能由生死之此岸到涅槃之彼岸」的菩薩

之大行（丁福保，2012：661）。「六波羅蜜」就是菩薩以成佛為目標的六種修行方式（俞學明、向慧，2013：24）。

〔涅槃是旅程的終點〕蘊含了佛教中一個基本的隱喻〔修行是旅程〕。我們在《法華經》中識別的大量比喻表達都是這一隱喻的體現，在〔修行〕和〔旅程〕之間形成了極為豐富的映射，如表6.6所示。

表6.6 《法華經》中〔修行是旅程〕的主要映射

始源域		目標域
旅程	→	修行
起點	→	輪迴
終點	→	涅槃
行走	→	修習
旅行者	→	眾生
主動的旅行者	→	主動的修行者
被動的旅行者／乘客	→	被動的修行者
嚮導	→	佛／菩薩／摩訶薩
交通工具／車輛	→	佛法
大車	→	大乘佛教
小車	→	小乘佛教
道路	→	修行方法
邪路	→	錯誤的修行
障礙	→	修行的困難

從表6.6可以看出，除了前文提到的〔起點〕和〔終點〕，始源域〔旅程〕還有多個要素投射到〔修行〕之上。首先，修習佛法的過程被喻為〔行走〕，如：

（61）a. 十方大菩薩，憨眾故**行道**，應生恭敬心，是則我大師。（14.11）

　　b. 能問諸佛，甚深智慧，聞已**信行**，我等隨喜。（15.9）

在例（61）中，「行道」和「信行」等詞語都是用行走來喻指信奉並修習佛法與此相應，修習的過程就是「道路」。《法華經》中提到了多種修行之道：成佛之法被稱為「佛之大道」、「無上道」、「最上道」、「實道」、「深妙道」、「真道」；還有多種具體的修行方法，如「菩薩道」、「盡苦道」、「苦盡道」、「具足道」、「須陀洹道」、「斯陀含道」、「阿那含道」、「阿羅漢道」；有時也

被稱為「行」，如「菩薩行」、「梵行」、「苦行」、「密行」、「聲聞行」、「安樂行」和「普賢行」；錯誤的修行方法則被喻為錯誤的道路，如「外道」和「邪道」。

旅程需要交通工具，〔修行旅程〕所用的〔交通工具〕就是佛法，即佛的教導。在《法華經》中，佛法被喻為「乘」，如：

（62）a. 迴向佛道，願得是*乘*，三界第一，諸佛所歎。（1.8）

b. 唯此一事實，餘二則非真，終不以*小乘*，*濟度於眾生*。佛自住*大乘*，如其所得法，定慧力莊嚴，以此*度眾生*。

c. 若有眾生，內有智性，從佛世尊聞法信受，殷勤精進，欲速出三界，自求涅槃，是名*聲聞乘*，如彼諸子為求*羊車*出於火宅；若有眾生，從佛世尊聞法信受，殷勤精進，求自然慧，樂獨善寂，深知諸法因緣，是名*辟支佛乘*，如彼諸子為求*鹿車*出於火宅；若有眾生，從佛世尊聞法信受，勤修精進，求一切智、佛智、自然智、無師智，如來知見、力、無所畏，愍念、安樂無量眾生，利益天人，度脫一切，是名*大乘*，菩薩求此乘故，名為摩訶薩，如彼諸子為求*牛車*、出於火宅。（3.22）

例（62）a 用「乘」指稱佛法，「乘」作名詞讀 shèng，意為「車輛」或「運載工具」（陳治典，2011：27）。車輛可將人運至目的地，佛法可幫助修行者進入平和喜樂的涅槃之境。不同的佛法被喻為不同的車輛，如例（62）b 提到的兩種車輛：「小乘」和「大乘」。「小乘」指小乘佛教，其教義重在自我修行和解脫；「大乘」指大乘佛教，其教義以成佛為理想，以普度眾生為宗旨（陳秋平、尚榮，2010：38；俞學明、向慧，2013：55）。兩種佛法被形象地喻為「小」車和「大」車，因為正如大車可以運載更多乘客，大乘佛法能幫助更多的人從輪迴中解脫進入涅槃。例（62）c 選自《法華經》第三品的「火宅喻」，用三種車輛喻指聲聞、緣覺和菩薩三種修行方法，解釋了「三乘歸一乘」的教義（cf. 4.2.1 節）。

此外，〔修行旅程〕中的〔嚮導〕就是佛陀，關於這一要素的分析請參見後文的 6.5.4.1 小節。

綜上，佛的〔涅槃〕被理解為〔薪盡火滅〕，其背後的隱喻是〔生命是火〕；作為佛教修行者理想的〔涅槃〕則被理解為〔容器〕、〔房屋〕和〔旅程終點〕。

〔容器〕隱喻和〔房屋〕隱喻強調〔涅槃〕作為修行理想的狀態，其背後的根隱喻是〔狀態是容器〕；〔旅程〕隱喻強調到達涅槃狀態需經歷的過程，其背後的根隱喻是〔修行是旅程〕。

6.5 〔佛陀〕

佛陀簡稱佛，是佛教的核心角色。小乘佛教認為只有釋迦牟尼可以成佛，因此在小乘佛教中「佛」專指釋迦牟尼。大乘佛教認為人人皆可成佛，因此在大乘佛教中「佛」泛指一切覺行圓滿者（蕭振士，2014：15）。《法華經》作為大乘佛教的重要經典，也認為人人皆可成佛。《法華經》中的「佛」有時專指釋迦牟尼，有時指日月燈明佛等其他佛，本小節的分析涵蓋兩者。在《法華經》中，我們共識別出 1265 處與〔佛陀〕概念相關的比喻表達，其所屬的始源域如表 6.7 所示。

表 6.7 《法華經》中〔佛陀〕的始源域分布

始源域		比喻表達的數量
〔上下〕		22
〔無生命物體〕	〔光〕	95
	〔雲〕	61
	〔山〕	2
〔動植物〕	〔獅子〕	9
	〔曇花〕	3
〔人〕	〔嚮導〕	380
	〔父親〕	504
	〔導師〕	44
	〔國王〕	44
	〔覺者〕	32
	〔醫生〕	64
	其他	5

　　從表 6.7 可以看出，《法華經》中用多種始源域來理解和描述佛陀，主要可分為四類：第一類可歸納為〔佛陀是至上的〕，即用空間的上下維度來理解佛；第二類可歸納為〔佛陀是無生命的物體〕，即將佛陀喻為光／光源、雲和金山等；第三類可歸納為〔佛陀是植物／動物〕，主要是將佛陀喻為花或獅子；第四組可歸納為〔佛陀是（承擔特殊角色的）人〕，將佛陀喻為父親、國王、醫生等人物角色。

6.5.1　〔佛陀是至上的〕

　　〔佛陀是至上的〕首先體現在佛的名號上。佛有十大名號，其中之一是「無上士」，如：

　　　（63）我是如來、應供、正遍知、明行足、善逝、世間解、**無上士**、**調御丈夫**、天人師、佛、世尊，未度者令度，未解者令解，未安者令安，未涅槃者令得涅槃，今世後世，如實知之。（5.3）

「無上士」是指佛是「無上之士夫也，人中最勝無有過之者」（丁福保，2012：1075）。「無上」即「最上」，用空間概念〔上〕來理解佛的崇高地位。

　　除了「無上士」，佛陀在《法華經》中的其他稱呼也體現了〔佛是至上的〕，如：

　　　（64）a. 供養**最上**，**二足尊已**，修習一切，無上之慧。（6.2）

　　　　　　b. ……我等及天人，為得最大利，是故咸稽首、歸命**無上尊**。（7.7）

　　　　　　c. 於諸佛世尊，**生無上父想**，**破於憍**慢心，說法無障礙。（14.11）

在例（64）中，佛被稱為「最上」、「無上尊」和「無上父」，這些稱呼和「無上士」一樣，都以「上」來描述佛的崇高地位。

　　《法華經》中描述的一些佛教禮儀也體現了〔佛是至上的〕，如：

　　　（65）a. ……慈眼視眾生，福聚海無量，是故應**頂禮**。（25.16）

　　　　　　b. 手足供給，**頭頂禮敬**，一切供養，皆不能報。（4.10）

例（65）中的「頂禮」和「頭頂禮敬」指的是「五體投地以吾頂禮尊者之足也」（丁福保，2012：1030）。佛教修行者用自己身體最上的部位（頭）觸佛身體最下的部位（足），人在下，佛在上，以此體現佛的崇高和人對佛的尊敬。

6.5.2　〔佛陀是無生命的物體〕

6.5.2.1　〔佛陀是光／光源〕

《法華經》也使用無生命的物體來描述佛陀，其中最突出的概念是〔光／光源〕，含有 95 處比喻表達。首先，根據《法華經》的描述，佛陀的形象是光明的，如：

（66）若說法之人，獨在空閒處，寂寞無人聲，讀誦此經典，我爾時為現，**清淨光明身**。（10.17）

如例（66）所述，如果有人獨自讀誦《法華經》，佛陀就會為此人顯現出清淨光明的身相。此外，《法華經》多處提到，佛陀的身體會發出亮光，如：

（67）a. 我於過去諸佛，曾見此瑞，**放斯光已**，即說大法。（1.9）

　　　b. 又見諸佛，**身相金色，放無量光**，照於一切，以梵音聲，演說諸法。（14.16）

　　　c. 爾時釋迦牟尼佛**放大人相肉髻光明，及放眉間白毫相光**，遍照東方百八萬億那由他恒河沙等諸佛世界。（24.1）

　　　d. 導師何故，**眉間白毫，大光普照**。（1.8）

從例（67）a 可以看出，佛陀在集會說法時會「放光」，具有〔光源〕的特徵。從例（67）b-d 可以看出，佛陀發光的位置有身體、肉髻和眉間白毫。肉髻是指「佛頂上有一肉團，如髻狀」（丁福保，2012：520），眉間白毫指佛陀眉間的白毛，「內外映徹如白琉璃，宛轉右旋」（同上：819）。《法華經》中佛陀發出的光被稱為「佛光」，照亮了修行的菩薩，如：

（68）a. 又見諸菩薩，行施忍辱等，其數如恒沙，斯由**佛光**照。（1.15）

　　　b. 一一諸佛土，聲聞眾無數，因**佛光**所照，悉見彼大眾。（1.15）

除了釋迦牟尼佛，《法華經》還提到其他修行成佛者，其中多位的佛號都與「光」有關，如：

（69）a. 是迦栴延，……佛之光明，無能勝者。其佛號曰，**閻浮金光**。（6.7）

　　　b. 憍陳如比丘，……**常放大光明**，……**故號為普明**。（8.7）

　　　c. 是時**日月燈明佛**從三昧起，因妙光菩薩、說大乘經，……。（1.13）

　　　d. 汝於未來世，……**當得作佛，號曰華光如來**……。（3.4）

　　　e. ……我此弟子摩訶迦葉，……得成為佛，名曰**光明如**

來……。（6.1）

　　f. *……於善國中當得作佛，號**具足千萬光相如來**……。*（13.6）

在例（69）中，「閻浮金光佛」、「華光如來」、「光明如來」、「具足千萬光相如來」、「普明如來」和「日月燈明佛」的名號中都有「光」或「明」；「日月燈明佛」更以光源「日月」直接來命名。例（69）a 和 b 還分別解釋了「閻浮金光」和「普明」兩個名號的來歷，即因為兩位佛都可以放大光明。

　　《法華經》中還用〔光／光源〕來形容佛陀的智慧，如：

（70）a. ***慧日**大聖尊，久乃說是法……。*（2.6）

　　　 b. *我智力如是，**慧光**照無量，壽命無數劫，久修業所得。*

　　　　（16.15）

　　　 c. ***諸佛神力、智慧希有，放一淨光，照無量國。***（1.8）

　　　 d. *如來甚希有，**以功德智慧故，頂上肉髻光明顯照**……。*

　　　　（27.10）

在例（70）a 中，如來佛被稱為「慧日大聖尊」，其中「慧日」指「佛智慧照世之盲冥，故比之於日」（丁福保，2012：1297），即佛的智慧如同太陽，能照亮一切黑暗。例（70）b 中的「慧光」也有類似的意思，指「佛的慧智之光」（同上：1297）。例（70）c 和 d 則指出佛陀是因為具有罕見的智慧才會發出清淨之光。

　　《法華經》還說明了佛陀放光明的目的和作用，如：

（71）a. *一切諸佛土，即時大震動，佛放眉間光，**現諸希有事。**此*
　　　　 *光照東方，萬八千佛土，**示一切眾生，生死業報處。***（1.15）

　　　 b. *佛放一光，我及眾會，**見此國界，種種殊妙。***（1.8）

　　　 c. *是故當知，**今佛現光，亦復如是，欲令眾生，咸得聞知一**
　　　　 ***切世間難信之法**，故現斯瑞。*（1.9）

　　　 d. *今相如本瑞，是諸佛方便，**今佛放光明，助發實相義。***（1.15）

　　　 e. *於如來滅後，知佛所說經，因緣及次第，隨義如實說，**如**
　　　　 日月光明，能除諸幽冥。（21.4）

從例（71）可以看出佛光主要有三種作用：在 a-b 中，佛光「照」世間，讓修行的弟子看見眾生生死輪迴之處以及世界上各種殊妙景象；在 c-d 中，佛放光明是為了幫助眾生聽聞佛法要義；在 e 中，佛的智慧之光可以破除世界上的「幽冥」。

6.5.2.2 〔佛陀是雲〕

《法華經》還使用〔雲〕來理解和描述〔佛陀〕，這一隱喻集中體現在第五品的「藥草喻」故事中。在前四品，佛陀根據眾生不同的修行程度應機說法，分別講說了菩薩乘、緣覺乘和聲聞乘三種佛法。第五品通過「藥草喻」來說明這三種佛法都來自一佛乘，佛法本身並無差別：密雲降下大雨，雨水平等均勻地滋潤大地，但是地上的樹木藥草具有大、中、小等不同的根莖葉，因此承受的雨水也不同；正如佛陀出於世間，所說之法並無差別，可是眾生有的聰慧，有的愚鈍，有的精進，有的懈怠，對佛法的接受程度也不同，因此佛陀根據他們的情況宣說不同的法門。

在「藥草喻」中，〔佛陀〕被理解和描述為〔大雲〕，覆蓋世間，滋潤眾生：

（72）a. 當知***如來***亦復如是，***出現於世，如大雲起***，以大音聲、普遍世界天、人、阿修羅，如彼大雲遍覆三千大千國土。(5.3)

　　　b. ***我為如來***，兩足之尊，出於世間，***猶如大雲***，充潤一切。

　　　枯槁眾生，皆令離苦，得安隱樂——世間之樂，及涅槃樂。

　　　(5.6)

佛陀所說的法則被喻為大雨，修行的眾生被喻為樹木藥草：

（73）***佛平等說，如一味雨***；隨***眾生***性，所受不同，***如彼草木***，所稟各異。(5.6)

「藥草喻」還進一步用五種大小不同的草木來喻指五種修行程度不同的眾生：

（74）或處人天，轉輪聖王，釋梵諸王，是***小藥草***。知無漏法，能得涅槃，起六神通，及得三明，獨處山林，常行禪定，得緣覺證，是***中藥草***。求世尊處，我當作佛，行精進定，是***上藥草***。又諸佛子，專心佛道，常行慈悲，自知作佛，決定無疑，是名***小樹***。安住神通，轉不退輪，度無量億、百千眾生，如是菩薩，名為***大樹***。(5.6)

如例（74）所述，五種修行者聽受的佛法不同，修行的方法不同，獲得的果報也不同，正如同「小藥草」、「中藥草」、「上藥草」、「小樹」和「大樹」，根莖葉大小不同，承受的雨水不同，所結的果子也不同。

我們以表 6.8 總結「藥草喻」中〔佛陀〕和〔雲〕兩個概念域之間的映射：

表6.8 《法華經》中〔佛陀是雲〕的主要映射

始源域		目標域
雲	→	佛陀
雨	→	佛法
草木	→	眾生
大草木	→	聰慧精進的修行者
小草木	→	愚鈍懈怠的修行者

6.5.2.3 〔佛陀是山〕

在《法華經》中還有兩處表達將佛陀喻為山：

(75) a. 又見諸如來，自然成佛道，**身色如金山**，端嚴甚微妙。(1.15)

b. 最後身得，三十二相，端正姝妙，**猶如寶山**。(6.5)

在例(75) a 中，如來的身體被喻為「金山」；在例(75) b 中，須菩提成佛之後的身相被喻為「寶山」。兩處表達都用山來形容佛陀的莊嚴。

6.5.3 〔佛陀是植物／動物〕

除了〔無生命的物體〕，《法華經》也使用〔植物〕和〔動物〕來描繪和理解〔佛陀〕。植物主要是優曇缽花，如：

(76) a. 世尊甚難見……，**如優曇缽花**，今日乃值遇。(7.19)

b. 佛難得值，**如優曇缽羅華**，又如一眼之龜，值浮木孔。(27.5)

例(76)中的優曇缽羅或優曇缽花即曇花，非常罕見。其背後的寓意是能夠遇到佛如同能夠看到曇花一樣，是非常難得而珍貴的。

此外，佛陀還被喻為獅子，如：

(77) a. 又睹諸佛、**聖主師子**、演說經典，微妙第一。(1.8)

b. 亦行眾善業，得見無數佛，……今見**釋師子**。(1.15)

c. 我聞**聖師子**，深淨微妙音，喜稱南無佛。(2.27)

例(77)中的師子即獅子，「聖主師子」、「釋師子」和「聖師子」都是佛的尊號(陳義孝，1996)。據俞學明、向慧(2012：19)，「佛教以獅子為獸中之王，獨步無畏，能伏一切，而喻佛陀為人中獅子，能夠勇猛降伏各種外道」。

佛是獅子，因此與佛相關的一些事物也以獅子命名，如：

（78）a. 爾時忉利諸天，先為彼佛於菩提樹下敷**師子座**，高一由旬，
佛於此座當得阿耨多羅三藐三菩提。（7.5）

b. 如今日世尊、諸釋中之王，道場**師子吼**，說法無所畏。（17.5）

c. 汝等當共一心，被精進鎧，發堅固意，如來今欲顯發宣示
諸佛智慧、諸佛自在神通之力、**諸佛師子奮迅之力**、諸佛
威猛大勢之力。（15.13）

例（78）a 將佛所坐之地稱為「師子座」，因為「佛是人中師子，所以佛所坐
的地方，或床或地，都叫做師子座」（陳義孝，1996：230）。例（78）b 將佛
的聲音喻為「師子吼」，因為「佛陀說法，毫無怖畏，聲震十方，群魔攝伏，
好像獅子一叫，百獸都降伏一樣」（同上：231）。例（78）c 則用獅子形容佛
的奮迅之力。總體而言，以〔獅子〕為始源域是為了凸顯〔佛陀〕的勇猛無
畏。

6.5.4 〔佛陀是人〕

《法華經》用多種人物角色理解和構建佛陀的形象以及佛陀與眾生的關
係，按照其所含的比喻表達數量依次為：〔父親〕（504）、〔嚮導〕（380）、〔醫
生〕（64）、〔國王〕（44）、〔導師〕（44）和〔覺者〕（32）。

6.5.4.1 〔佛陀是嚮導〕

前文提到，在〔涅槃旅程〕中，佛陀即扮演嚮導的角色（cf. 表6.6）。大
乘佛教強調普度眾生，指的就是佛的嚮導角色，如：

（79）a. 其後當作佛，號名曰彌勒，廣**度**諸眾生，其數無有量。（1.15）

b. 但以假名字，**引導**於眾生，說佛智慧故，諸佛出於世。（2.27）

c. 佛以方便力，示以三乘教，眾生處處著，**引**之令得出。（2.3）

d. 演暢實相義，開闡一乘法，廣**導**諸眾生，令速成菩提。（12.10）

在例（79）中，「度」、「引」、「導」和「引導」等都是指佛如嚮導教化幫助眾
生脫離生死輪迴，獲得涅槃智慧。作為嚮導，佛承擔了多種具體的功能：

（80）a. 唯願世尊轉於法輪，**度脫眾生，開涅槃道**。（7.13）

b. 世尊轉法輪，擊甘露法鼓，**度苦惱眾生，開示涅槃道**。（7.21）

c. 舍利弗！如彼長者，初以**三車誘引諸子**，然後但**與大
車**……。如來亦復如是，無有虛妄，初說**三乘引導眾生**，

然後但*以大乘而度脫之*。（3.28）

從例（80）可以看出，佛宣講佛法（轉法輪），教導眾生進入涅槃之境，就如同嚮導引導人到達目的地。佛作為嚮導還承擔了開闢道路（開涅槃道）、提供交通工具（與大車）和送眾生到目的地（度眾生、度脫眾生）的功能。

　　佛的嚮導角色體現在多個譬喻故事中。如在 6.4.2 節分析的「化城喻」中，佛激勵眾生修習佛法被喻為嚮導用化城安慰旅人，以幫助他們完成旅程。又如 4.2.1 節、6.1.3 節和 6.4.3 節分析的「火宅喻」中，佛的嚮導角色與父親角色融合，佛用佛法幫助眾生脫離三界被喻為舊宅長者用車輛引導孩子出火宅。

6.5.4.2 〔佛陀是父親〕

　　《法華經》中，佛陀另一個顯著的角色是〔父親〕。「父」是佛陀眾多稱呼之一，如：

　　　　（81）a. 世尊甚希有，……為*眾生之父*，哀愍饒益者。（7.15）

　　　　　　　b. 當於一切眾生起大悲想，於諸如來起*慈父*想……。（14.9）

　　　　　　　c. 於諸佛世尊，生*無上父*想，破於憍慢心，說法無障礙。

　　　　（14.11）

例（81）a 將佛陀稱為「眾生之父」，救護憐憫眾生。例（81）b 和 c 則勸誡眾生在面對諸佛時，要生起「慈父」和「無上父」的念頭。

　　佛陀是父親，眾生就是佛陀的孩子，因此《法華經》中有多處表達將眾生或修行佛法之人稱為「佛子」，如：

　　　　（82）a. 若有*佛子*，修種種行，求無上慧，為說淨道。（1.8）

　　　　　　　b. 能於來世，讀持此經，是真*佛子*，住淳善地。（11.18）

　　　　　　　c. 無數諸*佛子*，聞世尊分別，說得法利者，歡喜充遍身。（17.3）

根據丁福保（2012：536）的解釋，「佛子」有三層意思，範圍逐漸縮小：一是總稱一切眾生，因為眾生都有佛性；二是指受佛戒之人，因為他們必當作佛；三是專指菩薩，因為菩薩傳承佛的聖道，使佛種綿綿不絕。我們認為這三層意思凸顯了父子關係的不同方面：一，眾生皆有佛性，如同孩子遺傳了父親的基因；二，受佛戒之人必定作佛，如同孩子長成和父親一樣的人；三，菩薩傳承佛種，如同孩子傳承父親的基因。

　　《法華經》中還使用釋迦牟尼和他在俗世的兒子羅睺羅之間的關係來描述佛與弟子之間的關係：

（83）a. 爾時世尊欲重宣此義，而說偈言：「我為**太子**時，羅睺為**長子**，我今成佛道，受法為**法子**。於未來世中，見無量億佛，皆為其**長子**，一心求佛道。」（9.9）

　　　b. 當供養十世界微塵等數諸佛如來，常為諸佛而作**長子**，猶如今也。（9.8）

如例（83）所述，釋迦牟尼在未出家之時，羅睺羅是他的長子；釋迦牟尼成佛之後，羅睺羅受法成為佛的長子，並在未來世中做無量億佛的長子，跟隨佛修習。這些都是以世俗世界的父子關係來理解佛教世界中佛與修行者的關係。

　　《法華經》甚至提到佛子之一的舍利弗是從佛口所化生：

（84）a. **佛口所生子**，合掌瞻仰待，願出微妙音，時為如實說。（2.8）

　　　b. 今日乃知真是**佛子，從佛口生**，從法化生，得佛法分。（3.1）

化生是佛教認為的有情眾生出生的四種方式之一，即無所依託、僅由於業力作用而突然出生（俞學明、向慧，2012：58）。

　　此外，《法華經》中的多個譬喻故事也體現了佛陀作為父親的角色。前文提到的「火宅喻」就是用救自己孩子逃出火宅的長者喻指度脫眾生脫離三界的佛陀。《法華經》第四品的「窮子喻」同樣使用父子關係解釋佛陀與眾生的關係。在這一品，眾位菩薩說未曾想到竟能聽聞佛陀教授無上智慧，正如一位從小離家的窮子突然從富有的父親那兒繼承了大筆財富。「窮子喻」詳細描寫了父親逐步教導和培養愚劣的窮子以使其最終順利接受財富的過程，喻指佛陀見眾弟子根機低劣，未直接傳授最上等的智慧，而是逐步傳授小乘智慧，待弟子準備好之後才傳授最上等的智慧。我們以表 6.9 總結「窮子喻」中〔父親〕和〔佛陀〕之間的映射：

表 6.9　《法華經》中「窮子喻」的主要映射

始源域		目標域
父親	→	佛陀
窮子	→	弟子
貧窮愚劣	→	根機低劣
財富	→	佛法

結合「火宅喻」和「窮子喻」，可以看出以〔父親〕為始源域，凸顯了佛陀憐憫愛護眾生、悉心教導眾生、慷慨贈予眾生的特徵。

6.5.4.3 〔佛陀是國王〕

《法華經》中，佛陀另一個突出的角色是〔國王〕或〔王〕。這首先體現為佛陀的多種名稱，如：

（85）a. 汝等勿有疑，我為**諸法王**，普告諸大眾，但以一乘道，教化諸菩薩，無聲聞弟子。（2.27）

b. 今**法王**大寶自然而至，如佛子所應得者皆已得之。（4.9）

c. 當知如來是**諸法之王**，若有所說皆不虛也。（5.1）

d. 如今日世尊、**諸釋中之王**，道場師子吼，說法無所畏。（17.5）

e. **聖主天中王**，迦陵頻伽聲，哀愍眾生者，我等今敬禮。（7.15）

例（85）列出了佛陀的五種尊號：諸法王、法王、諸法之王、諸釋中之王和聖主天中王，均使用「王」字。國王的身份凸顯了佛在眾生之中至高的地位以及在佛法上的無上修為。

下面一段經文則使用國王和臣民的關係來理解佛陀和弟子的關係：

（86）爾時大目犍連、須菩提、摩訶迦栴延等，皆悉悚慄，一心合掌，瞻仰尊顏，目不暫舍，即共同聲而說偈言：「大雄猛世尊，**諸釋之法王**，哀愍我等故，而賜佛音聲。若知我深心，見為授記者，如以甘露灑，除熱得清涼。如從饑國來，忽遇**大王**膳，心猶懷疑懼，未敢即便食；若復得**王**教，然後乃敢食。我等亦如是，每惟小乘過，不知當云何，得佛無上慧。雖聞佛音聲，言我等作佛，心尚懷憂懼，如未敢便食；若蒙佛授記，爾乃快安樂。大雄猛世尊，常欲安世間，願賜我等記，如饑須教食。」（6.3）

例（86）講述了一個被稱為「大王膳喻」的故事：某個飢餓的人來到一個國家，恰好遇到大王賞賜飯食，但是心懷疑懼，直到獲得大王的命令才開始食用；正如佛弟子期望成佛，但是剛剛聽到佛陀說他們能成佛時，仍然心懷疑懼，直到得到佛正式的授記才心安。我們以表6.10總結這個故事中〔佛陀〕和〔國王〕之間的映射：

表 6.10 《法華經》中「大王膳喻」的主要映射

始源域		目標域
國王	→	佛陀
饑民	→	佛弟子
飢餓	→	成佛的願望
飯食	→	成佛
國王的命令	→	佛陀的授記

《法華經》第十四品的「髻珠喻」講述了一個情節更加豐富的譬喻故事：

（87）文殊師利！如來亦復如是，以禪定智慧力得*法國土，王於三界*，而諸魔王不肯順伏。如來*賢聖諸將與之共戰*，其有功者，心亦歡喜，於四眾中為說諸經，令其心悅，賜以禪定、解脫、無漏根力、諸法之財，又復賜與涅槃之城，言得滅度，引導其心，令皆歡喜，而不為說是法華經。文殊師利！*如轉輪王*，見諸兵眾有大功者，心甚歡喜，以此難信之珠，久在髻中不妄與人，而今與之。如來亦復如是，於三界中為*大法王*，以法教化一切眾生。見賢聖軍，與五陰魔、煩惱魔、死魔共戰，有大功勳，滅三毒，出三界，破魔網，爾時如來亦大歡喜。此法華經，能令眾生至一切智，一切世間多怨難信，先所未說而今說之。文殊師利！此法華經，是諸如來第一之說，於諸說中最為甚深，末後賜與，*如彼強力之王久護明珠*，今乃與之。文殊師利！此法華經，諸佛如來秘密之藏，於諸經中最在其上，長夜守護不妄宣說，始於今日乃與汝等而敷演之。（14.15）

髻珠喻用轉輪聖王髮髻中的明珠來說明佛陀對《法華經》高度的珍視：如來佛是三界之王，諸魔王不肯降服，於是如來佛率領眾聖賢將其擊敗。如來佛為嘉獎諸聖賢，賞賜以禪定、解脫等佛法，但是唯獨將《法華經》留到最後傳授，因為這是如來佛最珍視的佛經。這正如轉輪聖王打敗敵軍後論功行賞，賞賜各種珍寶給將士，但是其髮髻中的明珠一直不賞賜，因為這是他最珍視的珍寶。我們以表 6.11 總結髻珠喻中〔佛陀〕和〔轉輪聖王〕之間的映射：

表 6.11 《法華經》中「髻珠喻」的主要映射

始源域		目標域
轉輪聖王	→	佛陀
國土	→	三界
小王不順	→	魔
兵士	→	賢聖軍
珍寶	→	佛法
髻珠	→	法華經

除了譬喻故事，一些詞句表達也體現了佛陀的國王角色，如：

（88）a. 其佛本坐道場，**破魔軍已**，垂得阿耨多羅三藐三菩提……。

　　　　（7.5）

　　　　b. 汝今已能**破諸魔賊，壞生死軍**，諸餘怨敵皆悉摧滅。（23.14）

　　　　c. 眾生能**降伏諸魔怨**不？（24.8）

從例（88）可以看出，五陰、煩惱、生死等被喻為敵軍或賊，佛陀用佛法降服這些怨念，正如國王率軍擊敗敵人。這些表達體現了佛的威力，豐富了佛作為國王的形象。

6.5.4.4 〔佛陀是導師〕

《法華經》中，佛陀的另一個重要角色是〔導師〕。這首先體現為佛陀的十大名號之一——「天人師」，如：

（89）a. ……我是如來、應供、正遍知、明行足、善逝、世間解、

　　　　無上士、調御丈夫、**天人師**、佛、世尊，未度者令度，未

　　　　解者令解，未安者令安，未涅槃者令得涅槃，今世後世，

　　　　如實知之。（5.3）

　　　　b. 世尊甚希有，難可得值遇，具無量功德，能救護一切。**天**

　　　　人之大師，哀愍於世間，十方諸眾生，普皆蒙饒益。（7.10）

在例（89）a 中，如來向大眾宣告自己的名號，其中之一是「天人師」；在例（89）b 中，眾菩薩讚頌釋迦牟尼佛，稱其為「天人之大師」。根據陳義孝（1996：217），佛是天道和人道眾生的導師，故稱為天人師。

《法華經》中還有多處經文稱佛陀為「導師」或「師」，如：

（90）a. 最後天中天，號曰燃燈佛，諸仙之**導師**，度脫無量眾。（1.15）

    b. ***如來***亦復如是，今為汝等作***大導師***，知諸生死煩惱惡道險

      難長遠，應去應度。（7.33）

    c. ***第一之導師***，得是無上法，隨諸一切佛，而用方便力。（2.27）

    d. 汝等既已知，諸佛***世之師***，隨宜方便事，無復諸疑惑，心

      生大歡喜，自知當作佛。（2.27）

在例（90）所引經文中，佛陀被稱為「導師」、「大導師」、「第一之導師」和「世之師」。

    作為導師，佛陀有弟子，並教導、開示弟子，如：

  （91）a. 若我***弟子***，自謂阿羅漢、辟支佛者，不聞不知諸佛如來但

      教化菩薩事，此非***佛弟子***，非阿羅漢，非辟支佛。（2.25）

    b. 昔來蒙佛教，不失於大乘，佛音甚希有，能除眾生惱，我

      已得漏盡，聞亦除憂惱。（3.2）

    c. ……我昔曾於二萬億佛所，為無上道故，常***教化***汝，汝亦

      長夜隨我***受學***。（3.3）

    d. ……我於是婆婆世界得阿耨多羅三藐三菩提已，***教化示導***

      是諸菩薩，調伏其心，令發道意。（15.16）

例（91）所引經文描述了佛陀作為導師的行為：教化修行的弟子，讓他們跟隨佛陀受學，並生發修道成佛之意。

6.5.4.5 〔佛陀是覺者〕

    佛的另一個角色是〔覺者〕，這個角色體現了佛和世界以及眾生的關係。首先，〔覺者〕的角色體現在「佛陀」的本意上。「佛陀」是梵語 Buddha 的音譯，其本意是「覺者」（丁福保，2013：1487；董群，2005：211）。覺即覺醒，覺悟。佛作為覺者，首先是「自覺」，即認清世間的苦以及苦的根源，並找到離苦的方法。這是用〔視覺〕來理解〔思維〕，其背後的根隱喻是〔知道即看見〕（KNOWING IS SEEING）。又如：

  （92）a. 我以***佛眼觀***，***見***六道眾生，貧窮無福慧，入生死險道，相

      續苦不斷，深著於五欲，如犛牛愛尾，以貪愛自蔽，***盲瞑***

      無所見。（2.27）

    b. 我以***佛眼***，***見***是迦葉，於未來世，過無數劫，當得作佛。

      （6.2）

「佛眼」指佛作為覺者的眼睛，能夠照見「諸法實相」的真理（丁福保，2012：

544）。例（92）a 中，「見」指佛「認識」到六道眾生陷在生死循環之苦中，因貪著五欲而不能知；例（92）b 中，「見」指佛「預測」到在遙遠的未來迦葉會成為佛。這兩處都是用視覺活動來理解思維活動。

佛的〔覺者〕角色有兩層意思，除了以上說的「自覺者」，還有「覺他者」。作為自覺者，佛能認清世界的本質；作為覺他者，佛啟發眾生認識世界。和「自覺」一樣，「覺他」的過程也是通過視覺理解的。佛能認清世界，因此佛是覺醒的，能看見的；眾生認識不清世界，因此眾生是迷惘的，看不見的。如在例（92）a 中，眾生的迷惘被喻為「盲瞑無所見」，即像盲人一樣什麼也看不見。又如：

> （93）a. 佛為**世間眼**，久遠時乃出，哀愍諸眾生，故現於世間。
>
> （7.21）
>
> b. ……今佛出於世，**為眾生作眼**。（7.15）

「世間眼」是對佛的尊稱，指「佛能為世人之眼，指示正道；又能開世間之眼，使見正道」（丁福保，2012：361）。佛啟發世間的眾生覺悟，因此就像世間之眼，像眾生之眼。

6.5.4.6 〔佛陀是醫生〕

在《法華經》第十六品的「醫師喻」中，佛陀具有雙重角色，既是父親，又是醫生。在這個譬喻故事中，一位醫生的孩子誤服毒藥非常痛苦，醫生為孩子製造了解毒良藥，但是孩子不肯服藥。於是，醫生謊稱病逝他鄉，孩子們因悲痛而醒悟，並意識到父親留下的是良藥，立即服食，毒拔病消。同樣，三界中的眾生遭受擔憂、恐怖和苦惱，但是因為眾生經常能見到釋迦牟尼佛，就不願修習佛法。於是，釋迦牟尼顯現涅槃之跡，讓眾生珍惜佛陀留下的佛法，勤加修習。這個故事最後總結道：

> （94）a. 諸佛如來，法皆如是，為度眾生，皆實不虛。**譬如良醫，**
>
> **智慧聰達，明練方藥，善治眾病**。（16.11）
>
> b. **如醫善方便**，為治狂子故，實在而言死，無能說虛妄。**我**
>
> **亦為世父，救諸苦患者**，為凡夫顛倒，實在而言滅。（16.15）

據例（94）a，佛陀用佛法度眾生，正如醫生用藥物治療病人。例（94）b 則將佛喻為為兒子治病的醫生父親。我們以表 6.12 總結〔醫生〕和〔佛陀〕之間的映射：

表 6.12 《法華經》中「醫師喻」的主要映射

始源域		目標域
醫生／父親	→	佛陀
病逝	→	滅度
病人／孩子	→	眾生
毒藥	→	俗世煩惱
良藥	→	佛法

　　縱觀用來理解〔佛陀〕的四大類始源域，即〔上下〕、〔無生命物體〕、〔動植物〕和〔人〕，我們可以發現它們主要體現了佛的特徵以及佛與眾生之間的關係，如表 6.13 所示。

表 6.13　各始源域體現的佛的特徵或角色

始源域		佛的特徵或角色
〔上下〕		崇高
〔無生命物體〕	〔光〕	光輝、睿智、啟發人
	〔雲〕	滋養眾生
	〔金山〕	莊嚴
〔動植物〕	〔獅子〕	勇猛
	〔曇花〕	稀有
〔人〕	〔嚮導〕	引領眾生
	〔父親〕	愛護眾生
	〔導師〕	教導眾生
	〔國王〕	勇猛
	〔覺者〕	智慧，啟發眾生
	〔醫生〕	拯救眾生

　　〔上下〕、〔光〕、〔金山〕等始源域塑造了佛陀崇高、光輝、莊嚴的形象；〔曇花〕強調了佛陀出世間的稀有；〔獅子〕和〔國王〕突顯了佛的勇猛，特別是可以降服外道；〔光〕和〔覺者〕突出了佛的智慧；〔父親〕的角色描繪了佛對眾生的憐憫和仁慈；其他始源域皆從不同角度強調了佛啟發眾生覺悟的特徵，包括用佛法滋養眾生的〔雲〕、引領眾生的〔嚮導〕、教導眾生的〔導師〕、用佛法拯救眾生的〔醫生〕等。

6.6 《法華經》構建的隱喻體系

基於本章對《法華經》中〔空間〕、〔時間〕、〔生命〕、〔涅槃〕和〔佛陀〕的隱喻分析，我們可以嘗試構建一個佛教世界的隱喻體系，如表 6.14 所示。

表 6.14 《法華經》構建的隱喻體系

〔空間〕
- ・〔虛空是（無邊界的）容器〕
- ・〔世界是層級系統〕
  - ・〔三界是上下層級系統〕
- ・〔世界是容器〕
  - ・〔世界是房屋〕
- ・〔佛世界是淨土，世俗世界是穢土〕

〔時間〕
- ・性質和形態：〔時間是移動的物體〕
  - 〔時間是點線〕
  - 〔時間是無始無終的循環〕
- ・流逝：〔時間的流逝是移動〕
- ・持續：〔時間的持續是長度／體積〕
- ・順序：〔時間的早晚是前後〕

〔生命〕
- 時間層面：〔生命的次數〕
- ・〔生命的流逝是移動〕
- ・〔較早的生命在前，較晚的生命在後〕
- ・〔生命是無止境的循環〕
- 空間層面：〔生命的形式〕
- ・〔善道位於高處，惡道位於低處〕
- ・〔單次生命是從生到死的旅程〕
- ・〔死亡／再生是從死到生的旅程〕
- ・〔再生為高級的生命形式是升入善道，再生為低級的生命形式是墮入惡道〕
- 綜合空間和時間：
- ・〔生命是穿越時空的循環旅程〕

〔涅槃〕
- ・〔涅槃是火滅〕
- ・〔涅槃是容器〕
  - ・〔涅槃是房屋〕
- ・〔涅槃是旅程的終點〕

〔佛陀〕
- ・〔佛陀是至上者〕
- ・〔佛陀是無生命物體〕：〔光〕、〔雲〕、〔山〕
- ・〔佛陀是植物〕：〔曇花〕
- ・〔佛陀是動物〕：〔獅子〕
- ・〔佛陀是人〕：〔嚮導〕、〔父親〕、〔國王〕、〔導師〕、〔覺者〕、〔醫生〕

　　《法華經》將萬物所處的場所，〔虛空〕，理解為〔（無邊界）的容器〕，其中包含無數〔三千大千世界〕。每一個〔三千大千世界〕都是一個結構嚴密的〔層級系統〕，由十億個〔小世界〕組成。〔小世界〕分為三界和六道，按照上下維度構成一個〔上下層級系統〕。另外，除了〔世俗世界〕，《法華經》還描繪了無數〔佛世界〕，並用〔穢土〕和〔淨土〕來理解〔世俗世界〕和〔佛世界〕的區別。

　　佛教的〔世界〕處於成住壞空的循環之中，相應地〔時間〕在整體上也表現為無始無終的循環形態。在微觀層面，〔時間〕具有〔移動的物體〕和〔點線〕的形態。在〔時間〕的三個維度上，〔時間的流逝〕被理解為〔移動〕，可以是〔時間的移動〕，也可以是人沿著時間做順向或逆向的〔移動〕；〔時間的持續〕被理解為長度，但是強調時間之長；〔時間的早晚順序〕被理解為〔前後〕。

　　佛教的〔生命〕繼承了其〔空間〕和〔時間〕的特徵。在〔空間〕維度上，不同的生命形式存在於按照上下維度排列的六道之中，形成一個〔上下層級系統〕。在〔時間〕維度上，佛教認為眾生擁有多次生命，因此〔生命的流逝〕被理解為〔人的移動〕或〔不同次生命的移動〕；多次生命之間的〔早晚關係〕被理解為〔前後順序〕。綜合〔空間〕和〔時間〕，佛教的〔生命〕被理解為〔旅程〕，包括從生到死的旅程和從死到生的旅程，二者循環往復，構成眾生在三界六道中無始無終的輪迴。

　　佛教的修行理想〔涅槃〕就是擺脫輪迴。在靜態上，〔涅槃〕被理解為一種〔容器〕和〔房屋〕，即脫離生死的圓滿狀態。在動態上，〔涅槃〕被理解為修行〔旅程〕的〔終點〕，即眾生在佛陀的引導下，像旅人一樣從生死的起點到達涅槃的終點，跳出三界的束縛。

　　作為佛教的核心角色，〔佛陀〕被理解為〔至上者〕，但是〔佛陀〕與〔世界〕和〔眾生〕的關係除了〔上下〕還有〔內外〕之別。〔佛陀〕主要被理解為〔無生命物體〕、〔植物〕、〔動物〕和〔人〕等存在形式，這些存在形式體現了〔佛陀〕的如下特徵：對於〔世界〕，〔佛陀〕的主要角色是〔自覺者〕，即認識世界；對於〔眾生〕，〔佛陀〕的主要角色有〔光〕、〔嚮導〕和〔覺他者〕，即引導眾生認識世界，離苦得樂。

　　與《聖經》中的五個概念一樣，《法華經》中圍繞〔空間〕、〔時間〕、〔生命〕、〔涅槃〕和〔佛陀〕的很多隱喻也是互相關聯的。我們嘗試用圖 6.2 展示其中的一些聯繫。

圖 6.2 《法華經》中五個概念之間的關係

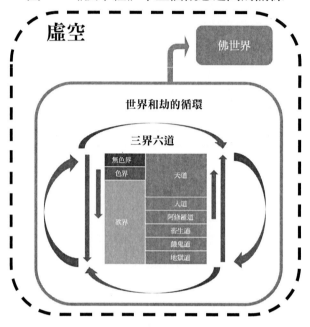

　　首先，〔三界〕的上下層級結構為理解〔生命〕的上下層級結構和〔生命旅程〕提供了基礎。一個世俗世界被劃分為無色界、色界和欲界三部分，按照上下維度排列。三界又可分為六道，其中有六種不同的生命形式和狀態，同樣按照上下維度排列。三界和六道的上下層級結構可以幫助理解〔生命旅程〕的再生部分，即從死到生的旅程，這個旅程可以幫助生命升到位於高處的善道，也可以令其墮入位於低處的惡道。

　　再者，我們可以發現作為空間概念的〔世界〕與〔時間〕之間的關係。每個小世界均處於成、住、壞、空的循環之中，每一次循環構成時間上新的一劫。無始無終的世界和時間為〔生命〕的輪迴提供了兩個維度：在時間上，眾生有無數次生命，生命是無止境的循環；在空間上，不同的生命形式在三界六道之中輪迴。如 5.6 節所述，一個宗教教義背後的隱喻構成一個基於根隱喻的複雜網絡。我們認為〔輪迴〕喻即是貫穿《法華經》中〔世界〕、〔時間〕、〔生命〕、〔涅槃〕和〔佛陀〕等概念的根隱喻。〔輪迴〕喻不但體現了〔生命〕的無限循環，而且綜合了〔空間〕和〔時間〕兩個維度，因此同時也體現了〔世界〕和〔時間〕無始無終的循環狀態；〔涅槃〕則是為了擺脫〔輪迴〕，在此過程中〔佛陀〕扮演〔嚮導〕和〔導師〕的角色。

　　此外，〔火宅〕喻也集中體現了佛教對〔世界〕、〔生命〕、〔涅槃〕和〔佛陀〕的理解。在這個隱喻中，〔世界〕被描述為充滿烈焰的〔房屋〕，突顯了〔世界〕對〔生命〕的磨折和束縛；〔涅槃〕就是要跳出這個火宅去往清涼的佛世界，在此過程中，〔佛陀〕扮演〔父親〕和〔嚮導〕的角色。

第七章　《聖經》和《法華經》中的
隱喻對比

在第五章和第六章的基礎上，本章將對比《聖經》和《法華經》中圍繞〔空間〕、〔時間〕、〔生命〕、〔天國〕／〔涅槃〕以及〔上帝〕／〔佛陀〕的概念隱喻，並據此總結《聖經》和《法華經》中隱喻的普遍性和差異性。

7.1　〔空間〕的隱喻對比

7.1.1　佛教特有的〔虛空〕概念

在〔空間〕維度上，《法華經》有一個獨有的空間概念——〔虛空〕。如6.1節所述，虛空指萬物存在的場所，虛無形質，空無障礙。《法華經》構建的〔虛空〕概念被理解為一個〔無邊界的容器〕，無邊無際，包含著無數的世界，具有四方、四維和上下共計十個方向。在我們選取的《聖經》文本中沒有發現與〔虛空〕對應的概念。基督教神學家奧古斯丁認為，上帝是從「無」創造了世界，空間本身就是上帝的創造物，上帝創造世界不是在一個既有的空間中進行的（李秋零，1998：195）。換言之，在這個世界之外並無空間，或者即使有也是上帝的領域，只有全知的上帝可以認識，不是人認識的範疇。

在〔虛空是無邊界的容器〕喻中，目標域〔虛空〕是空間概念，始源域〔容器〕也是空間概念。據此，我們建議區分兩種空間概念。第一種是〔容器〕、〔點線〕、〔上下〕等具體的空間概念（embodied spatial concept），可以通過身

體體驗直接認知（Lakoff & Johnson，1980：58；1999：37）。在這些具體的空間概念背後還有一個更加抽象的空間概念，如《法華經》所構建的〔虛空〕，是一切事物存在的場所，無所不在又虛無形質，我們姑且稱其為元空間概念（proto-space）。不同於具體的空間概念，元空間概念是難以體會和捕捉的，其範圍超出了人類可以憑具身體驗直接認知的範疇，需要借助更具體的空間概念進行隱喻認知。

概念隱喻研究一般將〔空間〕視為人類認知系統中最基本和核心的概念，認為人類的隱喻思維多借助〔空間〕概念來理解其他更抽象的概念（Lakoff & Johnson，1980：56～57；Levinson，2004：xvii）。比如在〔時間是空間〕喻中，〔時間〕被視為抽象概念，〔空間〕則被視為具體概念，人們用〔空間〕來理解〔時間〕（Casasanto & Boroditsky，2008；Kovecses，2003：47）。但是，如果仔細觀察，我們會發現用來理解其他抽象概念的所謂〔空間〕概念更多指的是上文所說的具體的空間概念或空間關係概念，而不是抽象的元空間概念，比如〔虛空〕。

我們認為〔虛空〕這種元空間概念與具體空間概念之間有兩種關係。第一，具體空間概念是認知元空間概念的手段，如〔虛空〕需借助〔容器〕及其要素〔邊界〕和〔內容物〕等具體空間概念來理解。第二，具體空間概念是元空間概念的構成要素，如《法華經》將虛空稱為「十方虛空」，即認為虛空有四方（東西南北）、四維（東南、西南、東北、西北）和上、下這十個方向，而〔方向〕本身則是具體的空間關係概念（Lakoff & Johnson，1999；Levinson，2004）。

鑒於〔空間〕概念在認知語言學特別是概念隱喻理論中的重要地位，我們認為對它的研究不應僅關注具體的空間概念和空間關係概念，還應關注元空間概念。如 Böhme（2013：457）所言，對空間問題的研究最重要的一個方面是分析對比不同的空間概念，如物理學、社會學、建築學和宗教學的空間概念，考察這些概念之間的關係，從而真正理解什麼是「空間」。

7.1.2 〔世界〕的隱喻對比

在空間維度上，由於《聖經》沒有和《法華經》中的〔虛空〕對應的概念，因此本小節只對比《聖經》和《法華經》中的〔世界〕概念。表 7.1 總結了〔世界〕概念在《聖經》和《法華經》中的始源域分布情況。

表 7.1 〔世界〕的始源域分布對比

始源域	《聖經》中比喻表達的數量			《法華經》中比喻表達的數量
	《詩篇》	《馬太》	總計	
〔創造物〕	18	0	18	N／A
〔容器〕	21	6	27	33
〔房屋〕	27	6	33	220
〔上下〕	18	2	20	15
〔層級系統〕	N／A			79
〔淨－濁〕	N／A			73

綜合本文 5.1 節和 6.1 節的分析以及表 7.1 的總結，我們擬從以下四個方面對比《聖經》和《法華經》中的〔世界〕隱喻：世界的數量，世界的結構，世界是否是創造物，以及世界是否有起點和終點。

7.1.2.1 世界的數量

關於〔世界〕這個概念，《聖經》和《法華經》最直觀的差異是世界的數量。《法華經》中的世界在空間和時間兩個維度上都是無窮無盡的。從表 7.1 可見，佛教的〔世界〕獨享一個始源域〔層級系統〕，即佛教的世界在空間上是一個宏大的層級系統：虛空中有無數個三千大千世界，每個三千大千世界包括大千世界、中千世界、小千世界和小世界四個層級，每個小世界又有欲界、色界和無色界三個層次。在時間上，佛教的世界也是無限的：每個世界都要經歷成、住、壞、空的歷程，一個世界結束意味著另一個世界開始，構成一個無盡的循環。

此外，佛教的無數個三千大千世界並非世界的全部，而只是「此岸世界」，是穢土或濁世。佛教的世界還包括「彼岸世界」，即淨土。淨土世界的數量也是無限的。

《聖經》中的世界則是唯一的，它在空間上獨一無二，在時間上有始有終。在空間上，上帝只創造了這一個由天、地和地下三部分構成的世界；在時間上，天國降臨之時也將是這個世界的末世（close of age），這個世界將被上帝所創造的新天新地代替。所以有人說，相比於佛教的世界觀，基督教的世界只是佛教一個小世界中的一部分（董群，2005：213）。

7.1.2.2　世界的結構

本小節對比《聖經》世界和佛教單個小世界的結構，而不考慮佛教多個世界構成的層級系統。

在表 7.1 中，我們可以看到《聖經》和《法華經》共享三個始源域，即〔上下〕、〔容器〕和〔房屋〕。兩部經典對於世界結構的描述體現了三個共同的概念隱喻，即：〔世界是上下層級系統〕、〔世界是容器〕和〔世界是房屋〕。

第一，在《聖經》和《法華經》中，〔世界〕都表現為〔上下層級系統〕。《聖經》將世界分為天堂、大地和地獄三個部分：天是上帝和天界眾生（heavenly beings）的居所，也是義人死後的居所；地是人和動植物的居所；地獄則是罪人死後的居所。這三個部分按照上下維度排列，天堂在上，大地居中，地獄在下。佛經中的世界也被分為三個部分，稱為「三界」，自上而下排列為無色界、色界和欲界。三界可進一步分為六道，也按照上下維度排列：天道在最上層，跨越三界，自上而下包括無色界四天，色界十七天，欲界四天；其餘五道都位於欲界，自上而下依次為人道、阿修羅道、畜生道、餓鬼道、地獄道。

不過，儘管《聖經》和《法華經》都將世界理解為上下層級系統，但是我們認為其宗教目的是不同的。《聖經》將世界劃分為天堂、大地和地獄三個層次，首先突顯的是上帝的超越和人對上帝的敬畏。上帝是至高者，在天上俯視人間，凌駕於一切至上。此外，天堂、大地和地獄三個層次還揭示了根據基督教的教義人的生存區域和死後歸宿。《聖經》認為上帝創造世界，並將大地賜予人居住；天是人應該追求的理想歸宿，即與上帝同在；人死後，義人將升入天堂，罪人則墮入地獄。《法華經》中三界六道的劃分則主要凸顯了不同的生命形式和狀態的共存。三界和六道都是眾生生存的區域，具體而言，三界代表三種不同的生命狀態，越往上束縛越少：無色界在最上層，其中的生命只有心識居於深妙禪定的境界；色界居中，其中的生命受物質形體的束縛；欲界在最下層，其中的生命受物質形體和淫食二欲的束縛。六道則代表眾生根據業因不同而有不同的歸宿和生命軌跡，按照上下維度排列，越往上苦痛越少。

第二，《聖經》和《法華經》中的〔世界〕都表現出〔容器〕的特徵，既有邊界，也有內容物。《聖經》中有多處經文提到世界的「盡頭」（ends）和「內容物」（fullness）。世界的組成部分天堂和地獄也被理解為容器，能夠打開，可供人進入。《法華經》亦有將世界或三界視為一個整體的容器的描述，有上下

內外邊界,可以充滿內容物。三界作為容器也能夠打開,供眾生逃出。

不過,雖然《聖經》和《法華經》中的世界都被描述為容器,但是人與這個容器的關係是不同的。在《聖經》中,人生存於大地這個容器之中,死後將進入另一個容器,即天堂或地獄。《法華經》則強調三界整體作為一個容器束縛著眾生,眾生被困在這個容器中輪迴,受五毒之火的煎熬,修行的目的就是跳出這個容器。

第三,〔世界是房屋〕是〔容器〕隱喻的類屬隱喻,也為《聖經》和《法華經》所共有。《聖經》中的世界以及世界的組成部分——天堂、大地和地獄——都具有房屋的多個要素,如地基、柱子、門和鑰匙。《法華經》則將三界描述為火宅和牢獄,眾生居於其中,有門可供眾生逃出。

但是,《聖經》和《法華經》的〔房屋〕隱喻突顯的是〔房屋〕的不同特徵。《聖經》使用這一隱喻一方面是為了突顯建造房屋的過程,強調上帝作為建築師的角色,即上帝的創世角色。另一方面,《聖經》中的天堂和地獄作為房屋,其主要功能是供人居住,等待著人進入。《法華經》中的〔世界是房屋〕則主要突顯三界作為房屋對眾生的限制。特別是「火宅喻」,強調三界如同火宅,眾生在內受苦,因此應借助佛教修行之門,努力跳出三界。

綜合本小節我們可以發現,《聖經》的 WORLD 和《法華經》的〔小世界〕具有相似的結構,即〔上下層級〕,是一個〔容器〕或〔房屋〕,但是《聖經》和《法華經》突顯了三個共享的始源域的不同要素,相似的表面結構背後承載了不同的教義內容。

7.1.2.3 世界是否是創造物

在表 7.1 中,我們可以看到〔創造物〕是《聖經》中的〔世界〕獨享的一個始源域。〔世界是上帝的創造物〕這一概念隱喻反應了基督教對於「世界是否是被創造或設計的」這一根本問題的思考(Miller 2001:xi)。如本文 5.1 節的分析,在《聖經》文本中,上帝超脫在世界之外,被稱為「那製造了天和地的」(who made heaven and earth)或「製造者」(Maker)。他不僅創造了天和地,還製造了天上的天體和地上的萬物。他製造太陽和月亮,區分白天和黑夜,所以他也「製造」了時間。他製造了包括人在內的各種生命形體,也決定著它們生命的長度。總之,世界、萬物以及世界存在的形式都是上帝創造的。

上帝從「無」創造「有」的創世過程是基督教世界觀的出發點。如《聖經》開篇的《創世紀》所述:

（1）³ And God said, "Let there be light," and there was light. …⁶ And God said, "Let there be an expanse in the midst of the waters, and let it separate the waters from the waters." ⁷ And God made the expanse and separated the waters that were under the expanse from the waters that were above the expanse. And it was so. … ⁹ And God said, "Let the waters under the heavens be gathered together into one place, and let the dry land appear." And it was so. (Genisis, 1.3~9)

根據例（1）所引的經文，上帝說要有光，就有了光；上帝說諸水之間要有空氣，將水分為上下，事就這樣成了。這些經文「將上帝確認為一個無須論證的宇宙之源，確認為創世活動中的唯一主體」，其命令和意志便是萬物生成的原因（楊慧林，1998：370）。

佛教的世界則沒有創造者。如 7.1.2.1 節所述，佛教認為無數大千世界處在成、住、壞、空的無限循環中，因此「佛教主張無限論或循環論，並不明確地講宇宙的生成」（陳詠明，1998：335）。具體到《法華經》，雖然經文中提到「佛世界」，如「法明如來的世界」、「名相如來的世界」和「日月淨明德如來的世界」，但沒有提及世界的生成，而且佛陀並不是這些世界的創造者，只是其所住世界的教化者。

佛教認為世界並非由一個外在的主體創造，而是眾生造業的果報（陳詠明，1998：329）。佛教教義的源泉是緣起論，因緣即關係和條件，一切事物或現象都互為關係和條件（「諸法因緣生」），因又有因，緣又有緣，不存在獨立的造作者，因此也沒有造物主和第一因（cf. 趙樸初，2012：37～45；Thuan，2001）。如果說上帝的創造是基督教的世界生成的「第一因」，天國末世是基督教世界的「最後果」，那麼可以說佛教「既不追索第一因，也不討論最後果」（陳詠明，1998：335）。

7.1.2.4　世界是否有起點和終點

與「世界是否是被創造的」這一問題密不可分的是另一個根本問題：「世界是否有起點和終點」（Miller，2001：x）。基督教對這個問題的答案很明確：既然世界是上帝的創造物，那麼上帝創造世界之時便是世界的起點，在此之前沒有世界。換言之，「上帝的創造不僅沒有先在的根據，更沒有先在的時間和空間」（楊慧林，1998：376）。《聖經》開篇的第一句便是：

（2）In the *beginning*, God created the heavens and the earth. (Genesis, 1.1)

從這句經文可以看出，基督教的世界有一個明確的開始（beginning），即上帝創造天和地之時。在此之前，「地是空虛混沌」（without form and void, Genesis, 1.2）。

一方面，上帝創世是世界的開端，另一方面，天國降臨是世界的末日（cf. 5.4 節）。屆時，基督代表上帝將義人和惡人分開，義人進入永恆的天堂，惡人進入永恆的地獄。世界就此結束，將被上帝新造的「新天新地」所代替：

（3）a. 25Of old you laid the foundation of the earth, and the heavens are the work of your hands. 26They will *perish*, but you will remain; they will all *wear out* like a garment. You will change them like a robe, and they will *pass away*, 27but you are the same, and your years have no end. (Psalms, 102.25~27)

b. Then I saw *a new heaven and a new earth*, for the first heaven and the first earth had *passed away*, and the sea was no more. (Revelation, 20.11)

根據例（3）a 的經文，上帝創造了天堂和大地，但是它們都將消亡、逝去（perish、wear out、pass away），上帝會像換衣服一樣將它們換掉。例（3）b 選自《新約·啟示錄》，根據這段經文，上帝早先創造的天和地以及大海都將逝去（pass away），被新天和新地（a new heaven and a new earth）代替。

總之，世界以上帝的創造開始，以上帝的再造結束，所以《新約·啟示錄》說「上帝既是開端，也是結束」（the Alpha and the Omega, the beginning and the end）。

佛教的世界則不同，「它在空間上浩瀚無垠，在時間上也無始無終」（陳詠明，1998：333）。大千世界要經歷成、住、壞、空的發展階段，一個世界的結束意味著另一個世界的開始，循環往復，無窮無盡。此外，佛教的虛空中有無數個大千世界，它們並不是同步經歷成、住、壞、空，「而是生生滅滅，各處於不同的狀態」（同上：334）。在無數的世界中，「有的正在成，有的已呈住，有的處於壞，有的已虛空」，因此即便一個小世界似乎有成的起點和空的終點，但是「總的宇宙演化是無限循環、無始無終、不生不滅的」（王志遠，1992：99）。

綜合 7.1 節，我們可以這樣總結基督教的世界觀：世界是唯一的，是由上帝創造的，世界以上帝創造為起點，至末日審判為終點。世界自上而下分為天堂、大地和地獄三個部分，世界及其三個部分如同容器和房屋：大地是上帝賜予人的居所，天堂和地獄是人死後的歸宿。

佛教則描繪了一幅不同的世界圖景：虛空之中有無數個世界，分為此岸世界和彼岸世界。此岸有無數個大千世界，大千世界有四層結構，含 10 億個小世界。每個小世界都要經歷成、住、壞、空的過程，但是整體宇宙無始無終，循環往復。每個小世界自上而下分為無色界、色界和欲界三層，三界自下而上又含天道、人道、阿修羅道、畜生道、餓鬼道和地獄道。眾生在三界六道中經歷生死輪迴，永無盡頭，因此要努力跳出三界，去往彼岸的淨土。

7.2 〔時間〕的隱喻對比

本小節對比《聖經》和《法華經》中的〔時間〕概念。表 7.2 總結了〔時間〕概念在《聖經》和《法華經》中的始源域分布情況。

表 7.2 〔時間〕的始源域分布對比

維度	始源域	《聖經》中比喻表達的數量			《法華經》中比喻表達的數量
		《詩篇》	《馬太》	總計	
〔流逝〕	〔時間移動〕	7	11	18	62
	〔自我順向移動〕	5	1	6	54
	〔自我逆向移動〕	N／A			8
〔持續〕	〔長度〕	40	8	48	20
	〔體積〕	N／A			24
	〔體積＋長度〕	N／A			3
〔順序〕	〔前後〕	5	9	14	99

結合本文 5.2 節和 6.2 節的分析，下面我們從四個方面對比《聖經》和《法華經》中的〔時間〕隱喻，即時間的四個維度：〔流逝〕、〔持續〕、〔順序〕和〔性質／形態〕。

首先，《聖經》和《法華經》中的〔時間流逝〕都被描述為〔移動〕，包

括「時間移動版」和「自我移動版」。「時間移動版」即時間被描述為從未來向自我移動的物體，這在兩個宗教的文本中都非常明顯：在《聖經》中，「時間移動版」的比喻表達占〔時間流逝〕相關表達的 75%，在《法華經》中該比率為 50%。「自我移動版」在《聖經》中的體現不太明顯（占比僅為 25%），《法華經》中則有大量的表達（占比為 50%）將時間的流逝描述為自我的移動。而且在《法華經》中，自我移動有兩種表現：一是自我順向的移動，即自我沿著時間從過去向現在移動；二是自我逆向移動，即自我從現在向過去移動。

我們認為，《聖經》和《法華經》對時間流逝的不同理解可能與基督教和佛教對生命的理解有關。基督教認為人只有一次生命，因此所擁有的時間十分有限；而佛教認為眾生有無數次生命，相應地所受的時間束縛似乎相對較少，可以更加自由地移動。再者，關於「自我逆向移動」的表達一般都是佛祖所述，從中可以看出，相比眾生，佛受時間的束縛似乎更少（cf. 6.2.1.2 節）。事實上，在《法華經》的很多描述中，佛可以在空間和時間的各個維度、各個方向自由移動。

其次，〔時間的持續〕（即〔跨度〕）在《聖經》和《法華經》中都被理解為〔空間的長度〕，但是與〔時間的流逝〕一致，《聖經》常常強調時間之短，而《法華經》則強調時間之長。這一差異可能同樣源自兩個宗教對生命的不同理解。此外，《法華經》還用〔體積〕的大小（如「小劫」）或者結合〔體積〕與〔長度〕（如「大久遠」）來描述〔時間的持續〕，這是《聖經》文本中沒有發現的。

再次，《聖經》和《法華經》都用〔空間的前後〕順序來理解〔時間的早晚〕關係。但是，如 5.2 節所述，《聖經》對時間的順序這一維度體現較少，而《法華經》中有大量表達（如「前世」、「後夜分」）用前後來描述時間的順序。

最後，就時間的性狀而言，《聖經》和《法華經》中的時間有兩種共同的形態：〔移動的物體〕和〔點線〕，差異主要表現為以下三點：第一，《法華經》中的時間有更加明顯的實體特徵。《法華經》描繪了一個無比宏大、無始無終的時間觀，但是同時又從中切分出一個一個「劫」，並借用微塵、墨點、恒河沙等可分離計數的實體來理解「劫」這個時間單位（cf. 6.2.4 節），並用反映〔體積〕概念的「大小」來描述「劫」。

　　第二，雖然在《聖經》和《法華經》中時間都具有點線的形態，但是就宏觀形態而言《聖經》中的時間點線是有起點和終點的（即上帝創世和末世審判），而《法華經》中的時間點線構成一個無始無終的循環。

　　第三，從表 7.2 可以看到〔創造物〕是《聖經》中的〔時間〕獨享的始源域。本文 7.1 節提到，《聖經》認為上帝創造世界，同時也創造了世界存在的形式——時間。如本文 5.4 節的分析，根據《聖經·創世紀》，上帝創造了太陽，才有了白天和黑夜；上帝創造了月亮，才有了四季。在基督教的信仰體系中，上帝是唯一永恆的存在，上帝不會在空間中創造空間，也不會在時間中創造時間，「因此不是創造發生在時間〔以及空間〕之內，而是時間〔以及空間〕存在於創造之內」（李秋零，1998：192～196）。在基督教神學家奧古斯丁看來，「上帝在創世之前做些什麼」的疑問是荒謬的，因為創世之前沒有時間，甚至不存在「之前」（楊慧林，1998：376）。一言以蔽之，正如在空間上上帝超脫在世界之外，在時間上上帝也在時間之外。佛教的世界則沒有創造者，與此相應，世界存在的形式——時間——自然也沒有創造者。佛教的時間是和佛教的世界互相定義的。佛教最大的時間單位「劫」指的就是一切世界成住壞空所經歷的時間。在佛教的宇宙觀裏，世界不是被創造的，劫也不是被創造的。世界的成住壞空永無止境，時間也沒有起點和終點。

　　綜合 7.2 節的對比，我們可以這樣總結基督教的時間觀：時間是上帝的創造物，時間的流逝被理解為移動，持續被理解為長度，順序被理解為前後，時間在整體上表現為有起點和終點的線。

　　佛教的時間觀在微觀上與基督教有很多相似之處，但是在宏觀上則有重大差異：一方面，時間的流逝同樣被理解為移動，持續被理解為長度，順序被理解為前後；另一方面，佛教的時間和世界互相定義，沒有創造者，也沒有起點和終點，局部具有線性特徵，但是整體處於成住壞空的無限循環之中。

7.3 〔生命〕的隱喻對比

　　本小節對比《聖經》和《法華經》中的〔生命〕概念，包括生命的空間維度、時間維度以及〔生命是旅程〕這一概念隱喻。表 7.3 總結了〔生命〕概念在《聖經》和《法華經》中的始源域分布情況。

表 7.3 〔生命〕的始源域分布對比

始源域		《聖經》中比喻表達的數量			《法華經》中比喻表達的數量
		《詩篇》	《馬太》	總計	
空間	〔創造物〕	11	1	12	N／A
	〔上下層級〕	18	7	25	21
〔流逝〕	〔時間移動〕	3	0	3	7
	〔世代移動〕	7	2	9	N／A
	〔自我移動〕	4	0	4	N／A
〔持續〕	〔長度〕	19	2	21	8
	〔其他〕	8	0	8	N／A
〔順序〕	〔前後〕	N／A			15
〔旅程〕		243	25	268	99

7.3.1 生命的空間維度

7.3.1.1 生命是否是創造物

從表 7.3 可以看出,在空間維度上《聖經》和《法華經》中的生命概念有一個明顯差異,即生命是否是創造物。《聖經》認為,世界以及其中的萬物,包括生命,都是上帝的創造物。如本文 5.1 節所述,上帝「製造」(make)了人、動物以及天國生靈等多種生命形式,這些生命都是上帝的「作品」(works)。另據《聖經·創世紀》,上帝在第五日創造了魚、鳥等有生命的物體(living creatures),第六日創造了牲畜、昆蟲、野獸等地上的活物,第七日創造了人。上帝不但創造了各種生命形式,而且決定著各個生命形式在時間維度上的長度。

《法華經》則沒有提到生命的創造者,甚至沒有討論生命的起源,只描述了眾生的四種生成方式,稱為「四生」,即卵生、胎生、濕生、化生:

(4)a. 若四百萬億阿僧祇世界,**六趣四生眾生——卵生、胎生、濕**
生、化生,若有形、無形,有想、無想,非有想、非無想,
無足、二足、四足、多足,如是等在眾生數者——有人求福,
隨其所欲娛樂之具,皆給與之。(18.4)

b. 無諸惡道,亦無女人,一切眾生,皆以**化生,無有淫慾**。(8.3)

    c. 佛告諸比丘：「未來世中，若有善男子、善女人，聞妙法華
       經提婆達多品，淨心信敬不生疑惑者，不墮地獄、餓鬼、畜
       生，生十方佛前，所生之處，常聞此經。若生人天中，受勝
       妙樂，若在佛前，蓮華*化生*。（12.5）

例（4）a 所說的「卵生」指從殼中孵化而生，如雞鴨等；「胎生」指由母胎孕
育分娩而生，如人等；「濕生」指憑藉濕氣而產生，如蚊蠅等；「化生」指不需
要借助外緣，憑意欲和業力忽然產生出來，如天道和地獄道眾生（陳秋平、尚
榮，2010：16；俞學明、向慧，2012：256）。例（4）b 描述的是法明如來佛世
界的眾生都以化生方式出生，不需借助父母外緣，沒有淫慾。例（4）c 描述未
來世中，有人聽到《法華經》堅信不疑，便會以蓮花化生的方式生於佛前。「四
生」是佛教對眾生生成方式的觀察和總結，但是並非生命的起源。佛教認為眾
生有無數次生命，「四生」只是單次生命的出生方式。

    潘家猛（2010）總結了《長阿含經》、《起世經》、《雜阿含經》、《大智度論》
等佛經對生命起源的論述，認為在佛教教義中生命是與世界同生同滅的。如本
文 7.1 節所述，佛教的世界處於成、住、壞、空的無限循環之中，而當某個世
界劫盡壞滅之時，其中的所有生命會往生到另一個處於「成」劫的世界，生於
色界的光音天。因此，某個世界初成之時，只有色界光音天有生命。光音天眾
生皆為化生，以禪悅為食，沒有淫食二欲。之後，眾生福報受盡，往下化生到
人道，嘗到人間美食，生出食欲；演化出男女之身，生出淫慾。如此這般，逐
漸生出阿修羅、畜生、餓鬼和地獄道眾生等各道眾生。

    根據這個過程我們可以看出，在佛教的宇宙觀中，世界初成之時似乎就是
生命的起點，但是正如世界的成住壞空是一種無始無終的循環，生命作為整體
也處於一種無盡的循環，無始無終。某個世界初成之時的生命來自於另一個已
滅盡世界的生命，又會在本世界滅盡時復生到下一個世界。因此，正如佛教的
世界和時間沒有創造者、沒有起源一樣，佛教的生命也沒有創造者、沒有起源。

7.3.1.2 〔生命是上下層級系統〕

    從表 7.3 可以看出，《聖經》和《法華經》中的生命都被描述為一個上下
層級的系統。在《聖經》中，各種存在形式（being）具有清晰的上下層級關係。
上帝作為唯一永恆的存在，被稱為至高者（the Most High），居於高處；天界
的生靈（heavenly being）是上帝的創造，是上帝的使者，高於人類；而上帝造
人之時，又使人凌駕於動植物等其他生命形式之上。

　　《法華經》中生命的上下層級關係主要體現為三界六道的空間位置。三界代表三種生命狀態：欲界受欲望束縛，居於底層；色界無欲望但仍有物質形式，居於中間；無色界擺脫了欲望和物質形式，居於頂層。六道按照自下而上的順序排列為地獄道、餓鬼道、畜生道、阿修羅道、人道和天道，越往上苦厄越少，因此復生至惡道稱為「墜墮」。

　　但是，《聖經》和《法華經》中〔生命是上下層級系統〕反映了不同的教義內容。《聖經》中的層級結構突顯的是上帝的權威。上帝被稱為「至高者」，其他生命形式的層級結構也由上帝決定，上帝「使」（made）人低於天界生靈，同時「賦予」（given）人對其他生物的凌駕權（cf. 5.3.1 節）。層級的高低代表上帝眷顧的多少，位置越高，受到的眷顧越多，但歸根到底體現了上帝的權威。

　　《法華經》中三界六道的層級結構則主要表現了輪迴的狀態。三界六道雖有優劣，生命形式不同，所受苦厄程度不同，但是處於何界何道只是一時的生存狀態，並非恒定不變。不同的生命形式之間可以互相轉化，人可能淪為餓鬼，畜生也可能復生天道。這個過程循環往復，無始無終，唯一的解脫之道是擺脫輪迴，進入涅槃。此外，眾生處於何界，生於何道，是眾生自身業報的結果，而並非由佛的意志控制。在業報面前，眾生一律平等，都是依各自生前的善惡業因在六道中投胎受報、升沉浮降。另外尤其值得一提的是六道眾生都可以成佛（王志遠，1998：421）。

　　我們認為，以上差異反映了基督教和佛教不同的生命平等觀和自然觀。基督教的人人平等指的是人人都是上帝的子民，而非人與動植物都平等，因為人與動植物是管理者與被管理者的關係（董群，2005：212）。而根據佛教六道輪迴的理論，所謂平等「不僅是指人人平等，而是指人與鬼神和動物也平等，即一切生命現象在承受業報這一點上都是平等的」（王志遠，1998：421），也包括人和植物的平等（董群，2005：212）。正如《法華經》第五品中佛祖所言：「我觀一切，普皆平等，無有彼此，愛憎之心。」

　　由此可見，基督教的平等觀僅限於人這一生命形式內部，人與上帝之間、人與動物之間則是不平等的，有絕對的、不可彌補的差異。佛教的平等觀一方面範圍更廣，不局限於人，而是覆蓋所有的生命現象，甚至包括佛，因為眾生皆可成佛；另一方面，佛教所構建的平等觀是動態的，因為不同生命形式之間的差異是相對的，通過輪迴不同生命形式之間可以轉換。後文 7.6.2.3 節討論《聖經》和《法華經》存在模式的差異時會進一步討論二者在平等觀上的差異。

7.3.2　生命的時間維度

在生命的時間維度上，《聖經》和《法華經》最明顯的差異是對生命次數（lifetime）的理解。據《聖經》的描述，人只有一次生命，死後要麼進入天堂，要麼進入地獄；而且《聖經》沒有太多涉及除人類以外的其他生命形式。《法華經》則涉及六道眾生，認為眾生都有無數次生命，死亡之時也是復生之時，眾生在六道之間輪迴不休。從生命次數上的差異出發，我們可以發現《聖經》和《法華經》在〔生命〕的〔流逝〕、〔持續〕和〔順序〕三方面的差異。

首先，從表 7.3 可以看出，《聖經》和《法華經》都將〔生命的流逝〕理解為〔移動〕，包括生命從未來向自我的移動和自我向生命終點的移動。兩者的主要差異在於，《聖經》的生命流逝表現為單次生命中時間的流逝以及不同世代的流逝。《法華經》中的生命流逝則主要指眾生不同次生命的流逝，即眾生有無數次生命，未經歷的生命從將來向現在移動，因此稱為「來世」；《法華經》沒有提及世代的移動。

我們認為，《聖經》和《法華經》在生命流逝隱喻方面的差異可能由如下兩個原因造成。第一，《聖經》認為人只有一次生命，一代人逝去，下一代降生；《法華經》則認為眾生有無數次生命，生命有四種生出方式，卵生和胎生需要父母緣起，濕生和化生則不需要，因此不強調代際關係。第二，《聖經》是記錄希伯來民族歷史的書籍，對民族的代代更迭有強烈的意識。本文分析的《詩篇》中有多篇詩作回憶先祖的事蹟，而《馬太福音》開篇即記述從猶太人始祖亞伯拉罕到耶穌的世代譜系，《聖經》的其他經卷如《列王記》（Kings）和《歷代志》（Chronicles）等更是專門記錄世代譜系。《法華經》以及我們所瞭解的佛教的其他經典則沒有這一特點。

其次，《聖經》和《法華經》都將〔生命的持續〕（即跨度）理解為空間上的〔長度〕，但是《聖經》強調生命之短，《法華經》則強調生命之長。我們在《法華經》中未發現用「短」來形容生命的表達，相反倒是有多處經文極力描繪生命之長。《聖經》則用多種表達來形容生命的短促，除了體現〔長度〕概念的「短」之外，還用〔影子〕、〔呼吸〕以及〔植物的生長〕等概念來理解和描述〔生命〕的短。

我們認為這種差異也與兩種宗教對生命次數的理解有關。《聖經》認為人只有單次生命，因此強調生命之短，而佛教認為眾生有無數次生命，死亡意味著重生，因此單次生命的長短並不那麼重要。此外，佛教認為無論生為何種形

式,生命都是充滿苦厄的,而惡道的苦厄尤其多。苦厄最多的是地獄道,其中的眾生每一次生命延續的時間越長,要忍受的痛苦折磨就越多。如八大地獄之一的等活地獄,其中的眾生單次生命為五百年,相當於人間一兆六千六百五十三億年(草野巧,2012:142〜158)。由此可見,佛教生命的時間長短在六道之間有相對性,越長可能意味著痛苦越多。

至於〔生命的順序〕,如 5.3 節所述,我們在所選的《聖經》文本中並未識別出與之相關的比喻表達,其原因應該仍在於《聖經》對生命次數的理解,即既然人只有一次生命,那麼也就無所謂前生後世。佛教的眾生則有無數次生命,而且生生世世以因果業報相連,因此《法華經》頻繁使用「前世」、「後世」、「最後身」等體現〔生命順序〕的表達。

綜上,在時間維度上,生命的次數是《聖經》和《法華經》在生命觀上的根本差異,這一差異帶來了〔生命〕在〔流逝〕、〔持續〕和〔順序〕三個方面的差異:在《聖經》中,人只有一次生命,因此生命的流逝除了表現為單次生命中時間的移動,也有不同世代的移動,強調單次生命的短,卻無所謂生命的順序;在《法華經》中,眾生在輪迴中都有無數次生命,因此生命的流逝主要表現為不同次生命的移動,強調生命的長,不同次生命的關係被理解為前後順序。

7.3.3 〔生命是旅程〕

綜合空間和時間兩個維度,《聖經》和《法華經》中的〔生命〕都具有〔旅程〕的特徵,在兩部經典中均出現大量的〔生命是旅程〕的比喻表達,但是因為兩種教義在空間觀和時間觀上的差異,兩種生命旅程也不盡相同。

在《聖經》中,人處於天堂、大地和地獄構成的世界之中,其唯一一次的生命在大地上度過,之後要麼進入天堂,要麼進入地獄。因此,《聖經》中的人生之旅是從生到死的單次旅程,其終點是天堂或地獄。

《法華經》中的眾生則處於三界六道構成的大輪之中,每一道的眾生都在經歷從生到死的旅程。死亡同時也是復生,只是可能復生到不同的道——可能上升到更高的道,也可能下降到更低的道——這是從死到生的旅程。從生到死和從死到生兩種旅程循環往復,無始無終。簡言之,《法華經》中的人生旅程是多次的,包括從生到死和從死到生;單次的旅程可能有起點(即受生)和終點(即死亡),但是整個生死險道上的旅程是沒有終點的,除非跳出六道輪迴,

進入涅槃。

綜上，我們可以這樣總結《聖經》中的生命觀：在空間維度上，生命是上帝的創造物，上帝決定生命的形式、層級和長度，不同的生命形式處於不同的上下層級；在時間維度上，生命的流逝被理解為單次生命中時間的移動以及世代的移動，生命的持續被理解為長度，但主要突出生命之短；綜合空間和時間，生命是從生到死的單次旅程。

《法華經》的生命觀則可大致概括為：生命沒有創造者，由因緣和合而生滅，隨著世界的成住壞空處於循環之中；不同生命形式處於上下層級，但是不同層級之間可相互變換，處於某個層級是眾生業報的結果，而非外力所致；在時間維度上，生命的流逝被理解為不同次生命的移動，生命的持續被理解為長度，且突出生命之長；綜合空間和時間，生命是從生到死又從死到生的無限循環旅程。

7.4 〔天國〕和〔涅槃〕的隱喻對比

〔天國〕和〔涅槃〕看似兩個不相關的概念，但是它們分別代表基督教和佛教的終極理想，是兩個宗教對生命終極歸宿的解釋。基督教認為，人在死後無論進入天堂還是地獄都是暫時性的，需要在天國來臨時經過最後的審判，才能進入永恆的天堂或永恆的地獄，得到永生或永死（草野巧，2012：80～85）。佛教則認為眾生在三界六道中輪迴，經歷永無止境的生死循環，遭受三界之中的各種苦厄，因此佛教的理想是讓眾生認識到世間的苦，借助佛法跳出三界，去往彼岸的涅槃之境。

《聖經》中的〔天國〕和《法華經》中的〔涅槃〕對應的始源域差別極大，因此我們不再整合表 5.5 和表 6.4 來呈現二者始源域的差別。從 5.4 節和 6.4 節的分析可以發現，〔天國〕和〔涅槃〕共享的始源域是〔容器〕及其類屬域〔房屋〕，差異在於〔天國〕主要被理解為〔事件〕，而〔涅槃〕主要被理解為〔旅程的終點〕，〔事件〕和〔旅程〕分別體現了〔天國〕和〔涅槃〕的多個不同特徵。

7.4.1 〔容器〕和〔房屋〕

〔天國〕和〔涅槃〕都被理解為〔容器〕以及〔房屋〕。在《聖經》中，靜態的天國被描述為一種容器，人的理想是「進入」（enter）天國。《聖經》也

將天國描述為房屋，有「鑰匙」（key），可以「關閉」（shut），義人進入後可以在其中宴飲。

在《法華經》中，涅槃也被描述為容器，眾生可以進入，如「入無餘涅槃」。《法華經》第七品的「化城喻」將涅槃具體描述為城市或房屋。如 6.4 節所述，「化城喻」將「無餘涅槃」譬喻為藏著珍寶的處所，而「有餘涅槃」則是幻化出來的城市。

我們認為，天國和涅槃的〔容器／房屋〕隱喻的背後應該是兩個更基本的概念隱喻，即〔天國／涅槃是狀態〕和〔狀態是容器〕（STATE IS CONTAINER）。天國是一種被上帝拯救獲得新生的狀態，涅槃是一種脫離了生死煩惱的圓滿狀態。然而生命無論如何解脫，人們總是習慣於把歸宿理解為一種容器。

但是，〔容器〕和〔房屋〕並非天國和涅槃最重要的始源域。對天國來說，更突出的是〔事件〕隱喻，即天國是即將發生的末世審判，有降臨和發展的過程；對涅槃來說，更突出的是〔旅程〕隱喻，即涅槃是修行旅程的終點，是離開現世去往彼岸。相比〔容器〕隱喻，〔事件〕隱喻和〔旅程〕隱喻更清晰地體現了基督教和佛教對生命歸宿狀態的不同理解。

7.4.2 「到來」和「離去」

〔天國〕和〔涅槃〕的主要差異在於〔天國〕作為〔事件〕被描述為一種「到來」，而〔涅槃〕作為〔旅程的終點〕則被描述為一種「離去」。天國並不是指人離開現世，去往天堂，而是指上帝之國或上帝統治的降臨，屆時耶穌將代表上帝對世人進行審判。《聖經·馬太福音》描述天國時多次提到天國「近了」（at hand），要「來了」（come），如：

（5）a. ¹In those days John the Baptist came preaching in the wilderness of Judea, ² "Repent, for *the kingdom of heaven is at hand*." (Matthew, 3.1~2)

　　 b. ⁹Pray then like this: "Our Father in heaven, hallowed be your name. *¹⁰Your kingdom come*, your will be done, on earth as it is in heaven." (Matthew, 6.9~10)

在例（5）a 中，施洗約翰在傳道時預言，天國「近了」（at hand）。在例（5）b 中，耶穌說上帝的國要「來了」（come）。

此外，關於天國的耶穌比喻故事（parable）也體現了天國是一種「來臨」，

而且其來臨具有不可預測性。如在「十童女的比喻」中，童女要迎接新郎的到來，但是新郎何時來並不確定，有的童女準備好了燈油，有的童女卻懶怠做任何事情，最後前者成功接到新郎，後者則被關在屋外；同樣，天國的降臨也是不可預測的，有準備的人會得救，懷疑且不做準備的人會失去進入天國的機會。類似的比喻故事還有「家宅遭賊」和「主人檢查僕人的工作」，家主不知道賊人何時到來，僕人也無法預測主人何時會來檢查工作，正如天國的降臨不可預測一樣。

在《法華經》中，涅槃則被描述為一種「離去」的〔旅程〕，即離開三界，去往涅槃，通俗地說就是脫離世俗世界，去往理想世界。如王志遠（1992：27）所言，「佛教義理的總邏輯是狀世間之苦，頌佛國之樂，論出世之法」。三界的生死輪迴是苦的，所以要離開。這一點在《法華經》中被不斷強調，如「火宅喻」將三界俗世喻為火宅，眾生在其中受炙烤，佛如同宅主老父一般，以各種便宜之法勸誘引導眾生脫離三界火宅。

如果說三界是眾生要離開的起點，涅槃之境則是眾生要去往的終點。在《法華經》中，這個終點被描述為「大城」、「淨土」和「彼岸」等多種形象。為了強調三界和涅槃之間的差異，《法華經》還在多處著意突顯起點和終點之間漫長艱難的道路（「涅槃道」）。

天國的「到來」和涅槃的「離去」可以從時間和空間兩個維度來理解。陳俊偉（2005：256～258）認為，基督教的天國理想是一種時代（age）的更迭，天國來臨意味著「這時代」（this age）的結束和「那時代」（the age to come）的來臨，兩個時代的關係並非空間上此地與彼地的關係，而是時間上的更新換代。與此對照，我們認為佛教的涅槃理想似可理解為空間的遷移，離開三界俗世去往涅槃境地體現了此岸與彼岸的空間關係。簡言之，也許可以說《聖經》更多用時間關係來描述天國，天國是時間的變遷；而《法華經》更多用空間關係來描述涅槃，涅槃是空間的轉移。

7.4.3 「贖罪」和「離苦」

天國作為「到來」和涅槃作為「離去」的差異還可以通過基督教和佛教的兩個核心概念來解釋，即〔罪〕和〔苦〕。這兩個概念可能反映了基督教和佛教「總義理的邏輯」（王志遠，1992：27）之差異。

基督教的總邏輯是上帝創世：上帝創造了世界和人，同時創造了動植物

作為人的食物，將世間的萬物交給人管理。上帝創造的世界是完美的，但是人自身墮落犯了罪。因此基督教神學思想認為人皆有罪（羅秉祥，1998：491），並且「罪」是人本身的問題，不是人離開這個俗世就可以解決的，而是需要上帝來審判和拯救（Lam 2012, cf. 3.1.2 節）。天國降臨之時，上帝區分義人和罪人，罪人將被清除，義人則將得到寬恕和再造。經過上帝的拯救，人的罪被贖清，成為再造的人，「人的生命便得到更新」（regeneration）（羅秉祥，1998：494）。如《新約》的《約翰福音》和《哥林多後書》所述，人在天國會得到「重生」（born again, John, 3.3），成為「新造的人」（a new creation, 2 Corinthians, 5.1）。

佛教的總邏輯則是如前所述的「狀世間之苦，頌佛國之樂，論出世之法」（王志遠，1992：27）。「佛教教義的基本內容」，即苦集滅道四聖諦（趙樸初，2012：37），就是圍繞「苦」展開的：「苦」諦描述世間一切的苦，「集」諦講世間眾生遭受苦厄的原因，「滅」諦講要斷除煩惱從苦厄中解脫出來，「道」諦則是滅苦修行的方法（cf. 陳秋平、尚榮，2010：70；丁福保，1922：828）。

基督教的「罪」存在於人本身，唯有上帝能夠審判和拯救。佛教則認為眾生皆有佛性，只是因為貪戀世間樂，才認識不到世間苦。只要眾生醒悟，認清世間的苦，決心離開三界去往涅槃，便能離苦得樂。如《法華經》所述：

（6）a. 以無量喻，照明佛法，開悟眾生。若人遭苦，厭老病死，為說涅槃，*盡諸苦際*。（1.8）

　　　b. 告諸聲聞眾，及求緣覺乘：「我今*脫苦縛，逮得涅槃*者。」（2.3）

根據例（6）a 所引的經文，佛為遭苦的眾生說涅槃之法，讓他們了達苦的邊際，得到涅槃之樂，就不再有苦。在例（6）b 中，佛直白地告訴眾弟子，要讓他們脫離苦的束縛，得到涅槃之樂。

7.4.4 「篩選審判」和「普度眾生」

最後，天國和涅槃還有一個顯著的差異，即前者的篩選性和後者的無差別性。如本文 5.4 節所述，《聖經》中描述天國的 13 個事件中有八個事件都體現了天國的篩選特徵（詳見 5.4.2 節表 5.10 的歸納）。所謂篩選就是天國會進行審判，區分義人和罪人。表 5.10 中的事件反覆強調只有一部分人能被遴選進

入天國，得到永生，其他的人則會被扔進永死的地獄。

　　反觀佛教的涅槃，則從始至終強調度盡一切眾生。《法華經》認為一切眾生皆有佛性，都可成佛，即都能達到涅槃，如：

　　（7）舍利弗當知，我本立誓願，欲令**一切眾**，如我等無異。如我昔所願，今者已滿足，化**一切眾生**，皆令入佛道。（2.27）

在例（7）所引的經文中，佛說他的誓願是度脫一切眾生進入佛道。「火宅喻」和「藥草喻」等譬喻都體現了佛陀的這一宏願。在「火宅喻」中，如來是一切眾生的父親，要把他們全部引導出三界，進入涅槃，如同火宅的主人救自己的兒子出火宅，對所有的兒子一視同仁，沒有偏頗。在「藥草喻」中，如來說法教誨一切眾生，如同大雲雨潤澤一切植被，沒有差別。

　　此外，《法華經》宣講的大乘佛法也倡導修行者要發願度脫一切眾生，而不只是自我修行，如：

　　（8）a. 佛自住**大乘**，如其所得法，定慧力莊嚴，以此**度眾生**。自證無上道，大乘平等法，若以小乘化，乃至於一人，我則墮慳貪，此事為不可。（2.27）

　　　　　b. 若有眾生，內有智性，從佛世尊聞法信受，慇勤精進，欲速出三界，自求涅槃，是名**聲聞乘**，如彼諸子為求羊車出於火宅；若有眾生，從佛世尊聞法信受，慇勤精進，求自然慧，樂獨善寂，深知諸法因緣，是名**辟支佛乘**，如彼諸子為求鹿車出於火宅；若有眾生，從佛世尊聞法信受，勤修精進，求一切智、佛智、自然智、無師智，如來知見、力、無所畏，**愍念、安樂無量眾生**，利益天人，**度脫一切**，是名**大乘**，菩薩求此乘故，名為摩訶薩，如彼諸子為求牛車、出於火宅。（3.23）

例（8）a 中，佛說他只以大乘佛法度脫眾生，而絕不以小乘度脫一人。例（8）b 則解釋了小乘（聲聞乘和辟支佛乘）和大乘的區別，前者追求自我解脫得涅槃，而後者要「憐憫安樂一切眾生」並「度脫三界六道的一切眾生」（李利安、謝志斌，2014：99）。

　　綜上，可以看出基督教的〔天國理想〕和佛教的〔涅槃理想〕之間有相似性，即二者作為一種狀態都被理解為〔容器〕或〔房屋〕，但是也有兩點重要

差異：第一，〔天國〕被理解為即將到來的〔事件〕，即上帝降臨肅清世間的罪，而〔涅槃〕被理解為眾生對現世的〔離去〕，即擺脫現世的苦；第二，〔天國〕具有明顯的篩選性，只有義人可以進入，而〔涅槃〕強調普遍性，即普度一切眾生入涅槃。

7.5 〔上帝〕和〔佛陀〕的隱喻對比

宗教間異同的重要根源是「宗教之崇拜對象（神）本身特性的異同」，即不同宗教對「神」所做的各具特色的解釋（董群，2005：210）。因此，通過分析和對比圍繞〔上帝〕和〔佛陀〕兩個概念的隱喻，我們可以更好地理解基督教和佛教的崇拜對象所具有的特性，進而理解這兩種宗教的異同。

表 7.4 總結了〔上帝〕和〔佛陀〕在《聖經》和《法華經》中的始源域分布情況。

表 7.4 〔上帝〕和〔佛陀〕的始源域分布對比

始源域		〔上帝〕比喻表達的數量			〔佛陀〕比喻表達的數量
		《詩篇》	《馬太》	總計	
〔上下〕		42	1	43	22
〔無生命物體〕	〔雲〕	N／A			61
	〔山〕	N／A			2
	〔光〕	27	3	30	95
	〔岩石〕	20	0	20	N／A
	〔盾〕	16	0	16	N／A
	〔高臺〕	6	0	6	N／A
	〔城堡〕	14	0	14	N／A
	〔庇護所〕	30	0	30	N／A
	其他	10	0	10	N／A
〔植物〕	〔曇花〕	N／A			3
〔動物〕	〔獅子〕	N／A			9
	〔鳥〕	6	1	7	N／A
	〔蛀蟲〕	1	0	1	N／A

〔人〕	〔創造者〕		51	2	53	N／A
	〔嚮導〕		68	4	72	380
	〔覺者〕		N／A			32
	〔導師〕		N／A			44
	〔職業角色〕	〔牧羊人〕	21	24	45	N／A
		〔捕魚人〕	0	5	5	N／A
		〔農人〕	0	31	31	N／A
		〔園丁／葡萄園主人〕	23	36	59	N／A
		〔建築師〕	20	0	20	64
	〔家庭角色〕	〔父親〕	6	62	68	504
		〔主人〕	55	42	97	N／A
		〔東道主〕	35	15	50	N／A
	〔機構角色〕	〔國王〕	80	21	101	44
		〔法官〕	56	21	77	N／A
	其他		4	0	4	5

　　在表 7.4 中我們可以看到，〔上帝〕和〔佛陀〕都有眾多的始源域，兩個宗教都用大量的概念來理解和描述其崇拜對象。相比而言，〔上帝〕對應的始源域更加多樣。表 7.4 所歸納的始源域可以分為兩大類：〔上下〕屬於意象圖式，其他的始源域都屬於存在鏈隱喻中的「存在形式」，包括〔無生命物體〕、〔植物〕、〔動物〕、〔人〕。

7.5.1　至高無上的上帝和佛陀

　　《聖經》和《法華經》都使用〔上下〕理解其崇拜對象，如上帝被稱為「至高者」（The Most High），佛的名號之一是「無上士」。

　　上下層級體現了上帝和佛的地位以及信眾對他們的崇敬。不過相比較而言，在比喻表達的數量和形式多樣性上，《聖經》比《法華經》更強調其崇拜對象的至高無上。《法華經》中體現〔佛是至上〕的表達除了重複出現的佛號「無上士」之外，只有五處表達，即：

（9）a. 供養**最上**，二足尊已，修習一切，無上之慧。（6.2）

　　　b. 今佛得最上、安隱無漏道，我等及天人，為得最大利，是故咸稽首、歸命**無上尊**。（7.7）

c. 於諸佛世尊，生**無上父**想，破於憍慢心，說法無障礙。(14.11)

d. 觀世音淨聖，於苦惱死厄，能為作依怙，具一切功德，慈眼視眾生，福聚海無量，是故應**頂禮**。(25.16)

e. 手足供給，**頭頂禮敬**，一切供養，皆不能報。(4.10)

　　而《聖經》中除了 The Most High 這個稱號以外，還有 27 處表達來形容上帝的至高無上，語言形式也更多樣，如：

（10）a. that he looked **down** from his **holy height**; from heaven the LORD looked at the earth. (Psalms, 102.19)

b. The LORD is great in Zion; he is **exalted over** all the peoples. (Psalms, 99.2)

c. The LORD is **high above** all nations, and his glory **above** the heavens! (Psalms, 113.4)

d. For I know that the LORD is great, and that our Lord is **above** all gods. (Psalms, 135.5)

e. Let them praise the name of the LORD, for his name alone is **exalted**; his majesty is **above** earth and heaven. (Psalms, 148.13)

f. Faithfulness springs **up** from the ground, and righteousness looks **down** from the sky. (Psalms, 85.11)

g. And he said to him, "All these I will give you, if you will **fall down** and worship me." (Matthew 4.9)

例（10）所引的經文皆強調上帝位於高處，俯視人間，凌駕於所有民族、國家、神祇和天地之上。

　　此外，7.3.1 小節在討論生命的空間維度時曾提到，《聖經》中的生命存在形式具有較清晰的上下層級，上帝位於這個層級的頂端。《法華經》中的眾生也有清晰的上下層級，即處於輪迴中的六道，但是佛不在這個層級之中，而是在這個層級之外。更重要的是，佛與眾生之間並無無法逾越的障礙，所謂「一念迷佛是眾生，一念悟眾生是佛」。眾生涅槃之後即可成佛，佛為度化眾生也可幻化為不同的生命形式。上帝和佛陀在兩種宗教中的位置差異或許可用圖 7.1 展示：

圖 7.1 上帝和佛與眾生的層級關係

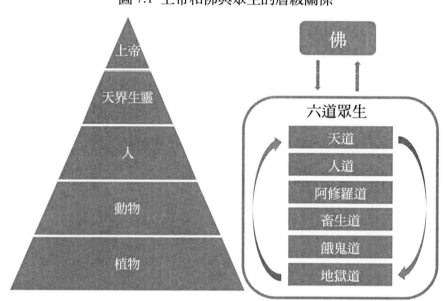

7.5.2 〔上帝〕和〔佛陀〕的存在鏈隱喻

在表 7.4 中，除〔上下〕之外的所有始源域都是存在鏈隱喻中的某種〔存在形式〕，包括：〔無生命的物體〕、〔植物〕、〔動物〕和〔人〕。存在鏈隱喻主要是將上級的存在形式喻為下級的存在形式，也可以將下級的存在形式喻為上級的存在形式。根據「擴展存在鏈」（cf. 2.2.4 節）的層級劃分，上帝和佛皆位於存在鏈的頂端，因此只能被喻為下級的存在形式。表 7.5 對表 7.4 的信息進行了重新歸納，以突顯各級存在形式在〔上帝〕隱喻和〔佛陀〕隱喻中的不同地位。

表 7.5 〔上帝〕和〔佛陀〕對應始源域的存在形式

存在形式	〔上帝〕			〔佛陀〕		
	比喻表達數量	比喻表達占比	始源域數量	比喻表達數量	比喻表達占比	始源域數量
〔人〕	691	83.76%	19	1073	86.32%	9
〔動物〕	8	0.97%	2	9	0.72%	1
〔植物〕	N／A			3	0.24%	1
〔無生命物體〕	126	15.27%	7	158	12.71%	3

在喻指〔上帝〕和〔佛〕的存在形式中,〔人〕這一層級最重要,主要體現在四個方面。

第一,從表 7.5 可以看出,在〔上帝〕和〔佛陀〕對應的始源域中,〔人〕這一層級覆蓋的比喻表達最多,分別占到 83.76%和 86.32%;其他層級的比喻表達都較少,特別是〔動物〕和〔植物〕。

第二,〔人〕這一基本層級覆蓋的類屬始源域(如〔父親〕、〔牧羊人〕、〔嚮導〕等)最多,與〔上帝〕對應的多達 19 個,與〔佛陀〕對應的為 9 個。而無論〔上帝〕還是〔佛陀〕,〔動物〕、〔植物〕和〔無生命物體〕三個基本層級覆蓋的類屬始源域都非常少。雖然〔上帝〕對應的〔無生命物體〕類屬始源域有 7 個,但是除了〔光〕以外,〔岩石〕、〔高臺〕和〔城堡〕等 6 個始源域與目標域〔上帝〕之間的映射都很單一,語言表現形式也很簡單,只體現了上帝可保護人的特徵(cf. 5.5.1 節)。

第三,〔人〕這一層級覆蓋的比喻表達不但數量最多,而且形式也最豐富。而〔動物〕、〔植物〕和〔無生命物體〕層級的比喻表達在語言形式上大都比較簡單,如:

（11）a. I say to God, my ***rock***: "Why have you forgotten me? Why do I go mourning because of the oppression of the enemy?" (Psalms, 42.9)

b. The LORD of hosts is with us; the God of Jacob is our ***fortress***. (Psalms, 46.7)

c. 佛難得值,***如優曇缽羅華***,又如一眼之龜,值浮木孔。(27.5)

d. 我聞***聖師子***,深淨微妙音,喜稱南無佛。(2.27)

在例（11）所引的經文中,各比喻表達皆使用直呼、「是……」或「如……」的簡單結構,直接將上帝或佛喻為某種物體,並沒有在始源域和目標域之間激發更多的映射。〔人〕這一層級的比喻表達則不同,每個始源域中一般都有多個要素與目標域的要素相對應。以〔上帝是牧羊人〕為例,〔牧羊人〕這個始源域中的羊、山羊和綿羊、走失的羊、草場和趕羊的鞭子等要素都被用來理解和描述〔上帝〕;又如〔佛是醫生〕,〔醫生〕這一始源域中的病人、藥物、疾病等要素也都被用來理解和描述〔佛〕。

第四,依靠眾多的始源域和多樣的比喻表達,〔人〕這一層級比其他層級體現了〔上帝〕和〔佛〕更豐富的特徵。在《聖經》中,〔動物〕和〔無生命

物體〕層級的比喻表達主要體現了上帝指引人（〔光〕）、保護人（〔鳥〕、〔城堡〕和〔高臺〕等）等特徵；在《法華經》中，〔動物〕、〔植物〕和〔無生命物體〕層級的比喻表達主要體現了佛指引人（〔光〕）、稀有（〔曇花〕）和威猛（〔獅子〕）等特徵。相比之下，〔人〕這一層級體現的特徵則豐富得多，如上帝承擔了創造者、引領者、眷顧者、審判者、統治者的角色，佛承擔了覺者、教化者、愛護者、引領者的角色。

綜合以上四點可見，在存在鏈隱喻中，〔上帝〕和〔佛陀〕主要借助距離其最近的〔人〕這一層級來理解。我們據此提出一個假設：在存在鏈隱喻中，相鄰層級之間的隱喻比跨層級的隱喻更顯著，如〔上帝是人〕比〔上帝是無生命物體〕更顯著，或〔人是動物〕比〔人是植物〕更顯著。當然，這一假設尚需更多語料的分析進行驗證。

7.5.3 〔創造者〕和〔覺者〕

在表 7.4 中，〔上帝〕和〔佛〕各有一個獨享的始源域，即〔創造者〕和〔覺者〕。我們認為這對始源域突顯了上帝和佛與世界及世界萬物的不同關係。從前文關於世界、時間和生命的分析可以發現，基督教突出創世功能，上帝是一切的創造者；而佛教不討論世界、時間和生命的起源，強調佛認識世界並啟發眾生覺悟，佛是覺者（董群，2005：210）。

上帝最根本的角色是創造者。如前文所述，他不但創造了世界，還創造了其中的萬物以及世界存在的形式——時間。在《聖經》中，上帝被稱為「創造者」（Creator）和「製造者」（Maker），世間一切都是他的「作品」（works）。除了〔創造者〕這個直接的始源域，〔建築師〕和〔園丁〕這兩個始源域也間接體現了上帝作為創造者的角色，即上帝被描述為建造房屋的建築師（cf. 5.1.4節）和種植植物的園丁（cf. 5.5.3.1 節），創造世界，眷顧世界。此外，在〔天國〕隱喻中我們還看到，上帝作為創造者也將在末世時結束這個世界，用新造的世界取而代之。

創造者不僅是上帝與世界的相應關係，也是上帝和生命（主要是人）的關係。上帝創造不同的生命形式，為它們賦予不同的時間長度，並決定它們之間的上下層級。上帝還可決定生命的存亡，如在《創世紀》記載的大洪水和諾亞方舟的故事中，上帝因為人的罪惡發動洪水要把所有生命滅除：

（12）⁵The LORD saw that the wickedness of man was great in the earth, and that every intention of the thoughts of his heart was only evil continually. ⁶And the LORD regretted that he had made man on the earth, and it grieved him to his heart. ⁷So the LORD said, "I will blot out man whom I have created from the face of the land, man and animals and creeping things and birds of the heavens, for I am sorry that I have made them." (Genesis, 6.5~7)

如例（12）所引的經文，上帝因人的罪而後悔造人，因此決定將人、走獸、爬蟲、飛鳥等都從地球上抹掉，只留下了諾亞一家人。由此可見，上帝作為創造者，對人及其他生命有絕對的主宰力。

相比上帝的創世角色，佛的根本角色是覺者（董群，2005：210）。基督教認為上帝創造一切，佛教則認為佛認知一切，教化一切（宣化法師，2009，卷3：37）。在《法華經》中，佛被稱為「一切知者和一切見者」，即佛具有認識和理解世界一切的智慧，如：

（13）當知如來亦復如是，出現於世，如大雲起，以大音聲、普遍世界天、人、阿修羅，如彼大雲遍覆三千大千國土。於大眾中、而唱是言：『我是如來、應供、**正遍知**、明行足、善逝、**世間解**、無上士、調御丈夫、天人師、佛、世尊，未度者令度，未解者令解，未安者令安，未涅槃者令得涅槃，今世後世，如實知之。**我是一切知者、一切見者、知道者、開道者、說道者**，汝等天、人、阿修羅眾，皆應到此，為聽法故。』（5.3）

例（13）所引的經文說佛是「一切知者」和「一切見者」，即佛知曉一切。此外，該段經文還提到了佛的十大名號，其中包括「正遍知」和「世間解」。正遍知指佛「具一切智，於一切法，無不了知」，世間解指「佛瞭解世間出世間的一切事情，所以世間沒有再比佛更明白的人」（宣化上人，2009：544）。

「一切知者」和「一切見者」體現了佛作為覺者的「自覺者」一面，是佛與世界的關係，即佛可以認識世界，用「佛眼」看清世界的構造、時間的循環和生命的輪迴。本文 6.5 節曾提到，佛作為覺者的同時又是「覺他者」，即佛引導眾生認識世界，獲得與佛一樣的智慧。《法華經》認為眾生身在苦世而不自知，「如犛牛愛尾，以貪愛自蔽，盲瞑無所見」。即相對佛的「覺醒」，眾生

是「盲的」或「迷的」。因此，佛要「為眾生作眼」，引導眾生看清世界。在例（13）所引經文中，佛說他是「知道者、開道者、說道者」。「道」指解脫涅槃之道，佛「知道」體現了佛的自覺，而「開道」和「說道」則體現了佛的覺他，因為佛是為眾生開道和說道。

除了〔覺者〕這一始源域，我們認為〔導師〕這一始源域也間接體現了佛的「覺他者」角色。佛作為「導師」或「天人師」，教化和示導眾生，啟發眾生覺悟。相比之下，基督教雖也認為上帝「無所不知」（omniscient），但是《聖經》對這一點的強調是為了突出上帝作為世界的主宰凌駕於人類之上，人是不可能達到「無所不知」的境界的。在《聖經》中，人若企圖獲得和上帝一樣的智慧就是對上帝的挑戰和蔑視，如《創世紀》中上帝禁止亞當和夏娃食用智慧之樹上的果子。而佛不但具備「知一切」的智慧，更以啟發眾生、讓眾生也具備同樣的智慧為宏願，如：

（14）諸佛世尊，欲令眾生**開**佛知見，使得清淨故，出現於世；欲**示**眾生佛之知見故，出現於世；欲令眾生**悟**佛知見故，出現於世；欲令眾生**入**佛知見道故，出現於世。（2.18）

在例（14）所引的經文中，釋迦牟尼明確說諸佛要用開、示、悟、入四個步驟讓眾生逐漸獲得佛所具有的智慧。

創造者和覺者的區別還可以幫助我們理解上帝和佛的另一個重要差異，即上帝的唯一性和佛的無限性（董群，2005：212）。上帝和人之間的差別是創造者和被創造者，是永遠不可彌補的；人無法從被創造者變為創造者，即人不可能成為上帝。因此，上帝是唯一的。佛和眾生之間的差別只在迷與悟的不同，是可彌補的。在佛的啟發下，眾生都可能覺悟，獲得佛的智慧。之後，覺悟的眾生又可扮演佛的角色，去啟發其他的眾生。因此，佛是無限的。

上帝和佛的區別可以幫我們進一步理解天國和涅槃的區別。上帝和人之間的差別不可逆轉或彌補，因此基督教的宗教理想是等待天國即上帝之國的降臨，進入上帝的國度，與上帝同在；佛和眾生的差別可逆轉或可彌補，因此佛教的宗教理想是完成涅槃，覺悟成佛。換言之，基督教的宗教理想是與神同在，而佛教的宗教理想是成為神。

7.5.4 〔審判者〕和〔接引者〕

在與人（眾生）的關係這一維度上，上帝和佛除了有創造者和覺者的區別，

還有一個區別：上帝是審判者，而佛是接引者。這也是上帝和佛分別在天國和涅槃過程中扮演的角色。

天國降臨時即是末世審判，在這個過程中上帝最突出的角色自然是審判者。上帝將判別義人和罪人，並對其實施不同的判決，義人將獲永生，罪人將得永死。在表 7.4 的〔人〕這一層級，有 15 個始源域被用來理解上帝，其中 10 個都與審判有關，如表 7.6 所示。

表 7.6 《聖經》中體現上帝「審判者」角色的始源域

始源域	上帝的「審判者」角色
〔法官〕	審判世人
〔國王〕	審判臣民
〔牧羊人〕	「分羊的比喻」中區分山羊和綿羊
〔捕魚人〕	「撒網的比喻」中區分好魚和壞魚
〔農人〕	「稗子的比喻」中區分麥子和稗子
〔園丁／葡萄園主人〕	「葡萄園雇工的比喻」中區分不同的雇工
〔父親〕	「去葡萄園做工的比喻」中區分兩個兒子
〔主人〕	「主人和僕人清算帳務的比喻」和「主人檢查僕人工作的比喻」中區分不同的僕人
〔東道主〕	「婚宴的比喻」中區分不同的客人
〔新郎〕	「十童女的比喻」中區分兩種童女

在表 7.6 所列的 10 個始源域中，〔法官〕（JUDGE）和〔國王〕角色常常同時出現，直接體現上帝的審判者角色；其他八個始源域出現在比喻故事中，間接體現了上帝的審判者角色。

在佛教的終極理想涅槃之中，佛並不以審判者的身份出現，「佛對人只作接引」（董群，2005：217）。如 6.4 節和 7.4 節所述，涅槃主要被理解為旅程的終點，在這個旅程中，佛是嚮導。佛為眾生指出三界之苦，開闢並指示通往涅槃終點的道路，以佛法為交通工具，幫助眾生達到涅槃。但佛並不進行判決，能否到達涅槃取決於眾生自身。

除〔嚮導〕之外，在用於理解佛的其他始源域中，佛的角色也是幫助和引導眾生，而不是進行審判。如在〔佛是雲〕中，《法華經》強調佛如大雲，佛法如雨，眾生如藥草植被。大雨普潤一切藥草並無差別，藥草植被自身根莖葉大小不同，承受的雨水不同，所結的果子也不同。同樣，佛對眾生也不差別對

待，眾生因其根機不同對佛法的領悟不同，獲得的果報也不同。

綜上，我們或可這樣總結基督教對上帝的認識：上帝是唯一的，是世界及其他一切的創造者；對生命而言，上帝扮演保護者、引導者的角色，但是其根本角色是創造者和審判者，在創世的起點創造生命，在末世的終點審判生命。

佛教對佛的認識則與此不同：佛是無限的，佛不創造世界，而只認識世界，對世界而言佛是自覺者；佛和眾生之間的根本差異是「覺」和「迷」，佛啟發眾生覺悟、引導眾生入涅槃，眾生皆可成佛，對眾生而言佛的根本角色是覺他者和嚮導（接引者）。

7.6 　隱喻的普遍性和差異性

7.1～7.5 小節分別對比了《聖經》和《法華經》中與〔空間〕、〔時間〕、〔生命〕、〔天國／涅槃〕和〔上帝／佛陀〕有關的概念隱喻，從中可以看出兩部宗教經典中的隱喻既有普遍性，也有差異性。

7.6.1 　隱喻的普遍性

在《聖經》和《法華經》之間，隱喻的普遍性首先體現為兩者共享的概念隱喻。從五個目標域概念出發，我們可以發現如下概念隱喻：

（1）對〔世界〕而言，《聖經》和《法華經》共享〔世界是上下層級系統〕、〔世界是容器〕和〔世界是房屋〕隱喻。

（2）對〔時間〕而言，兩者共享的根隱喻是〔時間是空間〕，即都使用空間概念理解時間，同時在時間的各維度上共享一系列隱喻，即〔時間是點線〕、〔時間是移動的物體〕、〔時間的流逝是移動〕、〔時間的持續是長度〕、〔時間的早晚是前後〕。

（3）對〔生命〕而言，兩者在空間維度上都用〔上下層級〕理解不同生命形式之間的關係，在時間維度上則共享〔生命的流逝是移動〕和〔生命的持續是長度〕隱喻，綜合空間和時間兩者則共享〔生命是旅程〕隱喻。

（4）基督教的宗教理想〔天國〕和佛教的宗教理想〔涅槃〕都被理解為一種〔容器〕和〔房屋〕。

（5）〔上帝〕和〔佛〕共享〔神是至上的〕和一系列存在鏈隱喻，即〔神是人〕、〔神是動物〕、〔神是植物〕和〔神是無生命物體〕。

我們以表 7.7 總結以上所列的兩個宗教文本共享的概念隱喻。

表 7.7 《聖經》和《法華經》共享的概念隱喻

目標域概念	概念隱喻
〔世界〕	〔世界是上下層級系統〕 〔世界是容器〕 〔世界是房屋〕
〔時間〕	〔時間是空間〕 〔時間是移動的物體〕 〔時間是點線〕 〔時間的流逝是移動〕 〔時間的持續是長度〕 〔時間的早晚是前後〕
〔生命〕	〔生命是上下層級系統〕 〔生命的流逝是移動〕 〔生命的持續是長度〕 〔生命是旅程〕
〔天國〕和〔涅槃〕	〔天國／涅槃是容器〕 〔天國／涅槃是房屋〕
〔上帝〕和〔佛陀〕	〔神是至上的〕 〔神是人〕 〔神是動物〕 〔神是植物〕 〔神是無生命物體〕

　　表 7.7 是從目標域出發歸納《聖經》和《法華經》共享的概念隱喻，如果著眼於始源域，我們可以發現二者之間隱喻普遍性的另一個體現：隱喻的始源域類型。我們發現，《聖經》和《法華經》中用來理解〔世界〕、〔時間〕、〔生命〕、〔天國〕／〔涅槃〕和〔上帝〕／〔佛陀〕的始源域概念都可分為三類：

　　（1）第一類為意象圖式，包括兩者共享的〔容器〕、〔上下層級〕、〔長度〕、〔前後〕、〔點線〕、〔移動〕概念，以及《法華經》獨享的〔循環〕和〔體積〕概念。

　　（2）第二類為存在鏈中的存在形式，包括〔人〕、〔動物〕、〔植物〕、〔無生命物體〕，其中在〔人〕這一基本存在形式上二者共享〔國王〕、〔父親〕、〔醫生〕、〔嚮導〕等概念，在〔無生命物體〕這一存在形式上二者共享〔光〕這一概念。

（3）第三類為事件，包括兩者共享的〔旅程〕事件，以及《聖經》中用於理解〔天國〕概念的各種行業事件和家庭事件。

簡言之，我們在《聖經》和《法華經》中發現的絕大多數概念隱喻都可納入意象圖式隱喻、存在鏈隱喻和事件結構隱喻這三大體系中。

7.6.2　隱喻的差異性

儘管《聖經》和《法華經》中的隱喻從始源域和目標域兩個角度看都有高度的普遍性，但是這種普遍性是相對的，是宏觀層面的。在微觀層面，《聖經》和《法華經》中概念隱喻的差異性主要表現在三個方面：第一，其中一個宗教文本獨享某些概念隱喻；第二，兩個宗教文本擁有共同的概念隱喻，但是在始源域、目標域、映射、衍推或語言表達等方面有差異；第三，兩個宗教文本中的概念隱喻體現了不同的文化模型。

7.6.2.1　特有的概念隱喻

Kövecses（2005：86）在論述隱喻的文化差異時提出，同時擁有文化上特有的始源域和目標域的方可稱為某個文化特有的概念隱喻。比如，美國十九世紀的南方奴隸在逃跑時常將逃跑過程理解為秘密乘坐火車，將路線稱為「地下鐵路」（Underground Railroad）。Kövecses 認為在這一隱喻中始源域概念〔地下鐵路〕和目標域概念〔奴隸逃跑〕都是十九世紀的美國文化特有的概念，因此構成一個文化特有隱喻。

我們認為，Kövecses 對文化特有隱喻的界定過於嚴格，按照這一標準或許無法找到真正的文化特有隱喻。因為無論處於何種文化中，人類的身體和思維具有普遍性，所處的外部世界也有普遍性，因此人類需要借助隱喻來認知的目標域概念很可能是普遍的，可供人類隱喻思維使用的始源域概念也可能是普遍的。某些概念在具體層面可能是某個文化特有的，但在高度概括的基礎層面卻可能是多個文化共有的。以 Kövecses 所舉的〔奴隸逃跑是乘地下鐵路〕為例，〔奴隸逃跑〕類屬於〔人逃跑〕，後者又類屬於〔人的秘密行為〕；〔乘地下鐵路〕類屬於〔旅程〕，也可類屬於〔地下行為〕。因此，類屬隱喻〔奴隸逃跑是乘地下鐵路〕可能是美國文化獨有的，但是其基礎隱喻〔秘密行為是地下行為〕卻可能是很多文化共有的，如中國抗戰時期的「地下交通站」一詞也體現了這一基礎隱喻。

我們認為，對於如何界定文化特有隱喻，一方面應放寬標準，即只要始源

域和目標域之間的組合是某個文化特有的就可以稱之為文化特有隱喻，即便其中的始源域或目標域不是該文化特有的。以本文分析的〔世界〕為例，《聖經》使用〔創造物〕理解〔世界〕，而《法華經》則沒有這種組合，因此，雖然〔世界〕並非《聖經》獨有的概念，但〔世界是創造物〕確是《聖經》特有而《法華經》沒有的概念隱喻，而且是一個非常基礎的基督教的概念隱喻。另一方面，我們認為應區分概念隱喻所處的層級，即某個概念隱喻是否是某個文化特有的在很大程度上取決於始源域和／或目標域所處的認知層級。如在本文中，〔生命是旅程〕是佛教和基督教共有的基礎隱喻，其類屬隱喻〔生命是渡河的旅程〕卻是佛教特有的；相反，〔天國是容器〕看似基督教特有的隱喻，但是如果我們把〔天國〕和〔涅槃〕都理解為〔宗教理想〕或〔宗教解脫〕，那麼〔宗教理想是容器〕就不再是基督教特有的隱喻。

基於以上標準，我們在本文將文化特有隱喻分為兩類。第一類是基礎層面的概念隱喻，即無法再進一步抽象概括的隱喻，如〔生命是創造物〕是《聖經》獨有的基礎隱喻，無論是始源域〔創造物〕還是目標域〔生命〕都是基礎概念，無法進一步抽象；第二類是類屬即具體層面的概念隱喻，即在《聖經》和《法華經》共享的一個基礎隱喻下某個宗教文本獨有的類屬隱喻，如〔生命是旅程〕是兩個宗教文本共享的基礎隱喻，但是〔生命是渡河的旅程〕是《法華經》特有的類屬隱喻。

基於 7.1～7.5 節的對比，我們可以發現如下為《聖經》或《法華經》獨有的基礎層面的隱喻：

（1）對〔世界〕而言，〔世界是創造物〕是《聖經》特有的隱喻，〔大千世界是層級系統〕、〔佛世界是淨土，世俗世界是穢土〕和〔世界是無始無終的循環〕是《法華經》特有的隱喻。

（2）對〔時間〕而言，〔時間是創造物〕是《聖經》特有的隱喻，〔時間是無始無終的循環〕、〔時間的持續是體積〕是《法華經》特有的隱喻。

（3）對〔生命〕而言，〔生命是創造物〕是《聖經》特有的隱喻，〔生命的順序是前後〕是《法華經》特有的隱喻。

（4）〔天國〕和〔涅槃〕雖然同為宗教理想，但是表現形式差異較大，因此除了兩者共有的〔容器〕隱喻和〔房屋〕隱喻外，其他隱喻均可視為二者各自獨有的隱喻。

《聖經》和《法華經》的第二類特有隱喻，即共有基礎隱喻下的特有類屬

隱喻主要圍繞〔生命〕和〔上帝〕／〔佛陀〕：

（1）〔生命是旅程〕是二者共有的隱喻，但《聖經》中的〔生命〕旅程是單程的，而《法華經》中的〔生命〕旅程是多次、多方向、循環的，〔生命是渡河的旅程〕也是《法華經》特有的；〔生命的流逝是移動〕是二者共有的，但是〔生命的流逝是世代的移動〕是《聖經》特有的，〔生命的流逝是不同次生命的移動〕則是《法華經》特有的。

（2）〔上帝〕和〔佛陀〕都被理解為〔人〕、〔動物〕、〔植物〕、〔無生命物體〕等存在形式，但是在每一個基本存在形式下〔上帝〕和〔佛陀〕都有各自獨享的類屬存在形式，如在〔人〕這一層級，〔上帝〕獨享〔創造者〕、〔法官〕、〔主人〕、〔建築師〕和〔東道主〕等角色，而〔佛陀〕則獨享〔覺者〕和〔導師〕角色。其他層級的差異請參見表 7.4，在此不再贅述。

7.6.2.2　共有概念隱喻的差異

《聖經》和《法華經》共有的概念隱喻在始源域、目標域、映射、衍推和語言表達等五個方面也有差異。

首先，前一小節提到的第二類特有隱喻，即共有基礎隱喻下的特有類屬隱喻也可以理解為共有隱喻在始源域上的差異。如〔生命的流逝是移動〕是《聖經》和《法華經》共有的隱喻，但是二者的始源域〔移動〕並不完全相同：在《聖經》中表現為〔單次生命的時間的移動〕和〔世代的移動〕，在《法華經》中在表現為〔單次生命的時間的移動〕和〔不同次生命的移動〕。此外，即使共有隱喻的始源域在《聖經》和《法華經》中有同樣的類屬概念，也可能有比例上的差異。如〔時間的流逝是移動〕為兩者共有，其中始源域〔移動〕的類屬概念〔自我的移動〕和〔時間的移動〕也為兩者共有，但是比例不同，「自我移動版」的表達在《聖經》中占 25%，在《法華經》中占 50%（cf. 7.2 節）。

第二，共有隱喻在目標域上也有差異，如〔世界是上下層級系統〕為《聖經》和《法華經》共有，但是《聖經》中的世界劃分為天堂、大地和地獄三個層級，而《法華經》中是將小世界劃分為欲界、色界和無色界等「三界」。又如〔生命是上下層級系統〕為《聖經》和《法華經》共有，但是《聖經》中的生命層級主要包括天界生靈、人、動物、植物，而《法華經》中的生命層級主要指按照上下層級排列的六道中的眾生。

第三，共有隱喻在《聖經》和《法華經》中可能將始源域的不同要素映射到目標域之上。以〔世界是房屋〕為例，《聖經》將〔建築師〕、〔地基〕、〔居

住功能〕等要素映射到〔世界〕之上，強調世界是上帝建造的房屋；《法華經》中則沒有這些要素，主要通過「火宅喻」突顯房屋中的各種危險，強調三界充滿苦厄。又如〔上帝／佛陀是國王〕，《聖經》突顯〔國王〕概念中的〔王座〕、〔審判〕和〔統治〕等要素，強調上帝對人的統治；《法華經》中則沒有突顯這些要素，主要在「髻珠喻」中用國王賜予臣民飯食喻指佛陀授予弟子佛法。

第四，共有隱喻在《聖經》和《法華經》中即使有相同的映射，其衍推的教義也可能是不同的。以〔世界是容器〕為例，兩者都將〔容器〕的〔邊界〕、〔出入口〕、〔內容物〕等要素映射到〔世界〕之上，但是《聖經》強調的是世界是生命的歸宿，人要「進入」世界這個容器，《法華經》強調的是世界是對生命的束縛，眾生要「出離」世界這個容器。又如〔世界是上下層級系統〕，兩者都用〔上下〕理解〔世界〕的結構，但是《聖經》強調天堂在上，是上帝的居所，大地在下，是人的居所，突顯上帝的榮耀和威嚴；而《法華經》旨在強調不同層級的生命形式和在輪迴中的生命狀態。

最後，共有隱喻在語言表達的複雜程度上也有差異。如前文 7.5.1 節提到，〔神是至上的〕為《聖經》和《法華經》共有，但是〔上帝是至上的〕在《聖經》中有更加複雜的表達形式，如 high、above、up、over、down、ascend、fall、exalt、bow、bend 等，而〔佛陀是至上的〕在《法華經》中只有「無上」、「最上」、「頂禮」等少數表達形式。

7.6.2.3　文化模型的差異

Kövecses（2005：193～194）指出，某個文化的概念隱喻可以反映其文化模型，並將文化模型定義為某個群體所共享的經驗系統。存在鏈即是西方文化的一個重要文化模型，Love（1936：vii）甚至認為存在鏈是西方思想中六個影響最大、持續最久的預設之一。如本文 2.4 節所述，存在鏈概念一般被默認為受到了基督教思想的重要影響，本文對《聖經》文本的隱喻分析在一定程度上驗證了這種影響。我們在《詩篇》和《馬太福音》中發現的〔生命是上下層級系統〕和〔上帝是至上的〕兩個隱喻都反映了存在鏈這一文化模型，如：

（15）a. [3]When I look at your heavens, the work of your fingers, the moon
and the stars, which you have set in place, [4]what is man that
you are mindful of him, and the son of man that you care for
him? [5]Yet you have ***made*** him a little ***lower*** than the heavenly
beings and crowned him with glory and honor. [6]You have given

him ***dominion over the works of your hands***; you have put all things ***under*** his feet, [7]all sheep and oxen, and also the beasts of the field, [8]the birds of the heavens, and the fish of the sea, whatever passes along the paths of the seas. (Psalms, 8.3~8)

b. ......that they may know that you alone, whose name is the LORD, are ***the Most High*** over all the earth. (Psalms, 83.18)

c. The LORD is great in Zion; he is ***exalted over*** all the peoples. (Psalms, 99.2)

例（15）所引經文體現了 Lakoff & Turner（1989）和 Krzeszowski（1997）提出的「上帝－人－動物－植物－無生命物體」的存在鏈上下層級，特別是上帝相對於其他存在形式的至上位置以及人凌駕於動植物等生命形式的上級位置。但是從例（15）中我們可以看出在上帝和人之間還有一個層級，即天界生靈（heavenly being）。Lakoff & Turner 提出的「基本存在鏈」和「擴展存在鏈」以及 Krzeszowski（1997）簡化的存在鏈中都沒有這一層級。

存在鏈這種文化模型一般被認為是普遍的，為不同文化所共有（cf. 2.2.1 節；Kövecses，2010；Lakoff & Turner，1989）。但是，我們通過對《聖經》和《法華經》的隱喻分析和對比發現，佛教針對世界中的存在形式構建了一種迥異於基督教存在鏈的文化模型。為區別於存在鏈中的「鏈」字，我們稱其為「存在圖譜」。佛教的存在圖譜和基督教的存在鏈在構成要素、結構維度、要素之間的關係等方面均有較大的差異。

1. 存在鏈和存在圖譜的構成要素

第一，存在鏈和存在圖譜的構成要素不同。如本文 2.2.4 節的總結，基本的存在鏈主要包括人－動物－植物－無生命物體等層級，擴展的存在鏈在人之上又加上了上帝－宇宙－社會三個層級（Lakoff & Johnson，1989）。我們在《聖經》文本中發現的層級主要包括上帝－天界生靈－人－動物－植物－無生命物體。我們在《法華經》中發現的存在形式則與《聖經》有所不同。本文圖 7.1 總結了《法華經》中的生命形式，除了佛之外，還有六道眾生，即天、人、阿修羅、畜生、餓鬼和地獄道眾生，而這並非佛教所有的存在形式。六道眾生又被稱為「有情眾生」，佛教認為植物不屬於有情眾生的範疇，因為「有情」指一切有情識的生命，上至菩薩，下至微蟲，中及於人（董群，2005：212；王志遠，1998：421）。植物（又稱草木）、大地、山河等沒有情識的存在形式

在佛教中被稱為「無情」（陳義孝，1996：127）。因此，圖 7.1 中佛教的存在形式部分還應納入無情，如圖 7.2 所示。

圖 7.2　《法華經》體現的佛教「存在圖譜」

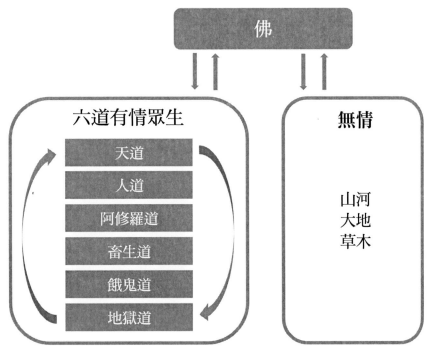

很明顯，《聖經》存在鏈中的存在形式並不能與佛教存在圖譜中的存在形式一一對應。首先，存在圖譜中有一些特有的存在形式，如阿修羅、餓鬼、地獄眾生。再者，存在圖譜中的「眾生」將人與獸納入同一大範疇之內（王志遠，1998：421），「眾生」並非專指人。《法華經》中常將「眾生」作為一個整體討論，如「度盡一切眾生」。在《聖經》中，「人」則迥異於其他生命形式，如例（15）a 所示，人凌駕於其他一切動物之上。在我們分析的《聖經》文本中，談到「生命」（life）之時，也往往限於人。

2. 存在鏈和存在圖譜的結構

存在鏈和存在譜圖更重要的差別在於其結構不同。如 2.2.4 節所述，Lovejoy（1936：59）認為存在鏈遵循「單線分級原則」（the principle of unilinear gradation），即所有的存在形式都可以按照一個單一的順序排列。換言之，存在鏈的結構是一維的，是一個單一垂直的線性結構，主要借助上下維度來理解，如圖 7.3 所示：

圖 7.3 《聖經》體現的「存在鏈」結構

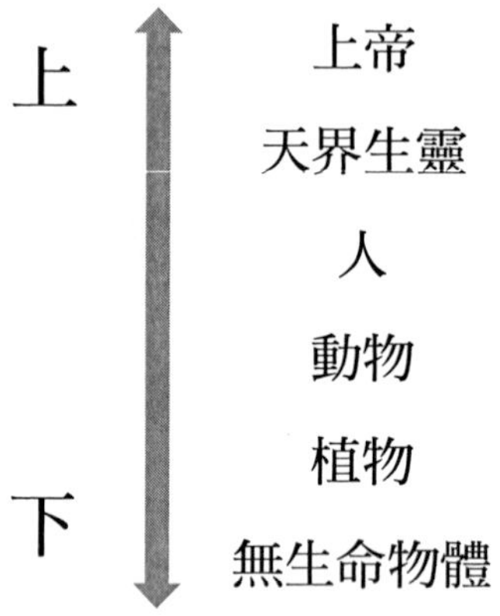

上　　　　　上帝
　　　　　　天界生靈
　　　　　　　人
　　　　　　動物
　　　　　　　植物
下　　　　無生命物體

　　所謂單一垂直線性結構是指存在鏈中的各種存在形式之間是上下級關係，如本文 7.3 和 7.5 節所述，上帝作為「至高者」位於最上端，俯視一切；人略低於天界生靈，卻高於動物和植物。我們用上下維度就可理解存在鏈的基本結構。

　　佛教存在圖譜的結構也包含上下維度，如佛被稱為「無上士」，眾生所處的六道按照上下層級排列，但是僅靠上下維度無法全面理解存在圖譜的結構，包括：（1）「有情」和「無情」的關係；（2）六道眾生之間的關係；（3）佛與眾生之間的關係。

　　第一，「有情」和「無情」兩大類存在形式之間不是上下垂直關係，而似乎是一種平行關係。本文 2.2.4 節提到，存在鏈中存在形式之間的區別在於某個屬性的有無，如植物有生命而無本能，動物有生命也有本能，因此動物的層級高於植物的層級。有情和無情之間的區別也是屬性的有無，即前者有情識，後者無情識，但是這並不意味著有情者在無情者之上。佛教並未使人或其他有情眾生凌駕於植物之上（董群，2005：212），大乘佛教天台宗更有「無情有性」一說，即草木山河等無情者也有佛性，也可以成佛（陳觀勝、李培榮，2005：347）。在都可成佛這一點上，有情和無情是平等的，因此在圖 7.2 中，有情和無情兩大範疇是平行而非垂直關係。

　　第二，六道雖然按照上下維度排列，但是要理解六道的結構，除了上下維度，還需要移動和循環兩種圖式。六道雖然有上下之分，但是眾生有多次生命，單次生命結束時可能升入更高的道，也可能墮入更低的道，理解這一過程需要移動圖式。而且這種移動是無止盡的，眾生在六道之間處於輪迴之中，要理解

輪迴則需要循環圖式。此外，佛教六道中的上下維度有別於基督教存在鏈中的上下維度，因為前者旨在描述不同生命狀態的苦厄多少，而後者代表上級對下級的「控制」（Lakoff & Turner，1989：208）。

第三，雖然佛和上帝都借助上下維度被理解為至高至上者，但是佛與眾生之間的上下關係並不同於上帝與人之間的上下關係。首先，佛與眾生之間除了上下關係之外還有「內外」關係。前文提到上帝居於天堂，人居於大地，這直觀地體現了上帝與人之間的上下關係。在佛教的存在圖譜中，眾生在三界之內，佛則在三界之外，佛教的總義理就是引導眾生出離三界。因此佛與眾生有內外之別，故此在圖 7.2 中我們將有情和無情置於方框內，將佛置於方框外。

其次，佛與眾生之間還有此岸和彼岸的關係。本文 6.4.3 節提到，涅槃被理解為旅程的終點，包括渡河或渡海旅程的終點。在這個隱喻中，眾生所處的生死之境被喻為此岸，佛所處的涅槃之境則被喻為彼岸。在這裡，佛與眾生也並非上下關係，而是此處與彼處的關係，也屬於一種水平關係。

再者，佛與眾生之間無論是上下還是內外或此岸彼岸的關係，其間的差距都是可以彌補的。這也是存在鏈的上下關係和存在圖譜的上下關係的區別。前文 7.5 節提到，在基督教中，上帝絕對凌駕於人之上，上帝是創造者，人是被創造者，人不可能成為上帝。而在佛教中，一切眾生以及無情都可成佛，眾生可以從三界內到達三界外，也可以從此岸到達彼岸，其間的差距不是絕對的。更重要的是，不但眾生可以成佛，佛也可以成為眾生。前文 7.5.3 節提到，佛是覺者，眾生是迷者，二者的關係如《六祖壇經》第二品所說，「不悟，即佛是眾生；一念悟時，眾生是佛。」此外，佛為了度化眾生會降臨到不同世界變化為不同的存在形式，如《法華經》第十二品中釋迦牟尼佛化為某大國國王，在第二十品中則化為常不輕菩薩；第二十四品中，妙音菩薩「現種種身，處處為諸眾生說是經典」，從梵王身和轉輪聖王身，到長者身和童女身，甚至到夜叉和阿修羅等等。總之，佛和有情無情之間的差異並非絕對的，也並非不可逆轉的。這種關係我們在圖 7.2 中用佛與有情無情之間的兩組雙向箭頭體現。

總結本小節，我們認為存在鏈和存在圖譜在結構上有兩大差異。第一，存在鏈是單一線性的，其主要維度是上下，佛教的存在圖譜卻是多維的結構，除了上下維度外，還有內外和平行維度，更需要借助移動和循環圖式來理解。第二，存在鏈的結構是靜態的，而存在圖譜的結構是動態的。在《聖經》所體現的存在鏈中，各個層級之間的關係是靜止不變的，上帝、天國生靈、人、動物、

植物構成的自上而下的鏈條是固定的，不同層級之間不會轉化，人不可能變成上帝。在《法華經》所體現的存在圖譜中，不同要素在圖譜中的位置則是可以變化的。這種動態體現在〔輪迴是循環旅程〕隱喻中，也體現在有情無情和佛之間的相關轉換中。

3. 存在鏈和存在圖譜的啟示

首先，本文 7.3.1.2 節提到〔生命是上下層級系統〕隱喻體現了佛教和基督教不同的平等觀，通過對比存在鏈和存在圖譜我們可以進一步理解二者在平等觀上的差異。存在鏈靜態的、上下維度的線性結構本質上就是不平等的，因為不同存在形式之間有絕對的上下層級關係。存在圖譜則體現了更高程度的平等和平衡：一方面「有情」和「無情」之間的水平而非垂直關係體現了一種靜態的平等，另一方面「六道輪迴」的循環以及佛和眾生之間的雙向轉化體現了一種動態的平衡。

再者，存在鏈和存在圖譜之間的差異說明存在鏈並非普遍的文化模型。基督教的存在鏈和佛教的存在圖譜雖然有一定的相似性，但是佛教構建的存在圖譜體現了佛教對世界中的存在形式迥異於基督教的理解。我們認為，除了基督教的存在鏈和佛教的存在圖譜，未來還應探索更多的文化模型，如中國道家思想中的陰陽和五行理論認為不同存在形式之間相生相剋的關係很可能體現了另一種文化模型。正如 Ruether（1993：85～89）所言，我們迫切需要質疑西方神學理論中關於存在形式之間的層級性和控制鏈的觀點，需要將存在鏈的概念放在一旁，將生命視為一個大家庭，認識到不同生命之間的相互依存性。

此外，鑒於存在鏈和存在圖譜之間的差異，我們可能需要重新審視存在鏈隱喻理論。存在鏈隱喻理論是基於存在鏈理論提出的，或者說是基於「存在鏈是普遍的文化模型」這一預設提出的。通過本文的分析可見，《聖經》和《法華經》中都有大量表達用一種存在形式去理解另一種存在形式，但是既然存在鏈不是普遍的，那麼或許我們應該將這種隱喻稱為「存在隱喻」而非「存在鏈隱喻」。此外，在關於存在形式的不同文化模型中，存在隱喻也可能有所差異。如本文 5.3 節所述，《聖經》中有兩種存在隱喻可以體現人優於動植物：第一，將人喻為動物或植物以強調人的脆弱、邪惡等負面品質；第二，以「更何況」的論證形式，通過對比人和動物，說明上帝必定會眷顧人。這兩種存在隱喻間接反映了基督教存在鏈中人和動植物兩個層級的上下關係。我們在《法華經》

中發現的存在隱喻則沒有突顯人優於其他的存在形式，如用某種植物喻指某個或某類眾生以突顯其負面的品質。

綜合本章可以發現，《聖經》和《法華經》中的隱喻在基本的認知層面有較高的普遍性，如絕大多數隱喻都可納入意象圖式、存在形式和事件結構三大體系，二者圍繞〔世界〕、〔時間〕、〔生命〕、〔天國〕／〔涅槃〕和〔上帝〕／〔佛陀〕也都共享很多基本的概念隱喻。同時，《聖經》和《法華經》中的隱喻也表現出多方面的差異性，如特有的概念隱喻以及共有概念隱喻在始源域、目標域、映射和衍推上的差異，更重要的是這些差異背後蘊涵的不同宗教教義和文化模型。

第八章　結　論

　　本研究在概念隱喻理論的框架下系統分析並對比了《聖經》和《法華經》中的隱喻現象。在《聖經》中，我們重點分析了圍繞〔空間〕、〔時間〕、〔生命〕、〔天國〕和〔上帝〕的概念隱喻；在《法華經》中，我們重點分析了圍繞〔空間〕、〔時間〕、〔生命〕、〔涅槃〕和〔佛陀〕的概念隱喻。在此基礎上，我們結合基督教和佛教教義及文化對這五對概念的隱喻進行了對比，並據此總結了《聖經》和《法華經》中隱喻的普遍性和差異性。

　　本章首先回顧本研究的主要發現，然後闡述本研究的貢獻，最後指出本研究的局限和不足，並對後續研究提出幾點建議。

8.1　主要研究發現

　　《聖經》和《法華經》的經文都有很高的比喻性，《聖經》的《詩篇》和《馬太福音》中含有與〔空間〕、〔時間〕、〔生命〕、〔天國〕和〔上帝〕有關的比喻表達的經文共 1332 節，計 35415 字，占全部經文節數的 37.72%，占全部經文字數的 47.56%；《法華經》中含有與〔空間〕、〔時間〕、〔生命〕、〔涅槃〕和〔佛陀〕有關的比喻表達的句子為 1584 句，計 51434 字，占全經句子總數的 53.82%，占全經字數的 60.36%。

　　在語言層面，《聖經》中的比喻表達包括明喻詞句、暗喻詞句和篇章比喻三種形式，《法華經》中的比喻表達包括明喻詞句、暗喻詞句、音譯比喻詞和篇章比喻四種形式。值得一提的是，在《聖經》和《法華經》中，篇章比喻都占較大的篇幅，在闡釋經義方面發揮了重要的作用。比如《聖經》主要使用「耶

穌比喻故事」（parable）解釋關於天國的教義，《法華經》中關於不同佛法之間的關係等教義也主要通過「法華七喻」等譬喻故事予以闡釋。

　　隱喻分析發現，在《聖經》中，〔世界〕被理解為〔上帝的創造物〕、〔上下層級系統〕、〔容器〕和〔房屋〕。〔時間〕的各個維度則借助〔空間〕來理解，〔時間的流逝〕被理解為〔移動〕，〔時間的早晚〕被理解為〔空間的前後〕，〔時間的持續〕被理解為〔長度〕，時間本身則被理解為〔創造物〕、〔移動的物體〕和〔點線〕。〔生命〕在空間上被理解為〔創造物〕和〔上下層級系統〕，在時間上繼承了〔時間的流逝〕和〔時間的持續〕隱喻，綜合空間和時間則被理解為〔從生到死的單次旅程〕。基督教的宗教理想〔天國〕在靜態上被理解為一種〔容器〕和〔房屋〕，在動態上被理解為一個〔事件〕，其降臨和發展的過程借助〔收割〕、〔捕魚〕、〔清算債務〕等行業事件和〔婚姻〕、〔主人檢查僕人工作〕等家庭事件構建。基督教的神〔上帝〕被理解為〔至上者〕、〔無生命物體〕（如〔光〕、〔堡壘〕）、〔動物〕（如〔鳥〕）和〔人〕（如〔創造者〕、〔法官〕、〔主人〕）。

　　在《法華經》中，〔虛空〕被理解為〔無邊界的容器〕，其中有無數個處於成住壞空循環的大千世界。〔大千世界〕是一個結構嚴密的〔層級系統〕，由 10 億個小世界構成，〔小世界〕則被理解為〔上下層級系統〕、〔容器〕和〔房屋〕；〔佛世界〕和〔世俗世界〕的區別主要通過〔淨土〕和〔穢土〕來理解。〔時間〕和〔世界〕互相定義，但是主要是〔時間〕借助〔空間〕來理解；〔時間的流逝〕被理解為〔移動〕，〔時間的早晚〕被理解為〔空間的前後〕，〔時間的持續〕被理解為〔長度〕和〔體積〕，時間本身則被理解為〔移動的物體〕和〔點線構成的無限循環〕。〔生命〕在空間維度上被理解為〔上下層級系統〕，在時間維度上繼承了〔時間的流逝〕、〔時間的持續〕和〔時間的順序〕隱喻，綜合空間和時間則被理解為〔從生到死又從死到生的無限循環旅程〕。佛教的宗教理想〔涅槃〕被理解為〔容器〕、〔房屋〕和〔旅程的終點〕。佛教的崇拜對象〔佛陀〕被理解為〔至上者〕、〔無生命物體〕（如〔光〕、〔雲〕）、〔植物〕（如〔曇花〕）、〔動物〕（如〔獅子〕）和〔人〕（如〔覺者〕、〔父親〕、〔導師〕）。

　　通過對比可以發現，《聖經》和《法華經》圍繞本文所關注的五對概念有一些普遍的概念隱喻：〔世界〕都被理解為〔上下層級系統〕和〔容器〕；〔時間〕都借助〔空間〕理解，並且共享〔流逝是移動〕、〔持續是長度〕、〔早晚

是前後〕、〔時間是移動的物體〕和〔時間是點線〕等隱喻;〔生命〕都被理解為〔上下層級系統〕;作為宗教理想,〔天國〕和〔涅槃〕都被理解為〔容器〕和〔房屋〕;兩個宗教的崇拜對象〔上帝〕和〔佛陀〕都借助〔上下〕維度和〔人〕等存在形式來理解。從始源域角度看,《聖經》和《法華經》中的概念隱喻都可歸入三大隱喻體系,即:基於意象圖式的隱喻、存在鏈隱喻和事件結構隱喻。

同時,《聖經》和《法華經》在隱喻上也表現出較大的差異,反映了不同的教義。在《聖經》中〔世界〕被理解為〔創造物〕且有始有終,《法華經》中的〔世界〕則是〔無始無終的循環〕;《聖經》強調〔世界〕及其組成部分(天堂、大地和地獄)作為〔容器〕和〔房屋〕是人的歸宿,《法華經》則強調〔世界〕作為〔容器〕和〔房屋〕是對生命的束縛。《聖經》中的〔時間〕在形態上主要表現為〔點線〕,《法華經》中的〔時間〕在局部表現為〔點線〕,整體則具有〔循環〕的特徵。《聖經》將〔生命〕理解為〔上帝的創造物〕,《法華經》中的〔生命〕則沒有創造者,而是處於無始無終的〔循環〕即輪迴中。基督教的〔天國〕理想被理解為一種時間上的〔到來〕,而且具有明顯的篩選性,強調善惡之分,而佛教的〔涅槃〕理想則被理解為一種空間上的〔離去〕,而且強調普度一切眾生。基督教的崇拜對象〔上帝〕對世界的核心角色是〔創造者〕,對生命的核心角色是〔創造者〕和〔審判者〕,而佛教的崇拜對象〔佛陀〕對世界的核心角色是〔自覺者〕,對生命的核心角色是〔覺他者〕和〔嚮導〕。

世界上的主要宗教都基於其構建的一組隱喻來想像或重新描述現實(Tracy,1979:93),從我們在《聖經》和《法華經》文本中識別的一系列概念隱喻也可以看出基督教和佛教分別對現實世界進行了重新構建。《聖經》構建的世界有始有終,以上帝創世為起點,以天國末世為終點;這個世界包含上下三個層級,天堂是上帝和天界生靈的居所以及善人死後的歸宿,大地是人現世的居所,地獄是惡人死後的歸宿;天國末世之時,上帝降臨人間,對世人進行審判,建立上帝的國度,人的宗教理想是進入這個國度。《法華經》構建的世界在空間上無邊無垠,在時間上無始無終,虛空中有無數個三千大千世界,並處於成住壞空的循環狀態;三界六道構成上下層級,不同的生命形式生活在其中,並處於無始無終的輪迴;佛陀引導眾生脫離三界,去往佛世界,眾生的理想是涅槃成佛。

8.2　本研究的啟示和貢獻

　　本研究對《聖經》和《法華經》的隱喻分析和對比對隱喻研究的理論與方法有一定的貢獻。

　　第一，本研究在一定程度上回答了關於宗教隱喻的一個基本問題，即宗教對隱喻的使用是否有其特殊性（Tracy，1979：93）。基於對《聖經》和《法華經》的隱喻分析，我們認為宗教對隱喻的使用與日常語言相比，既有普遍性，也有一定的特殊性。從語言表達形式上看，宗教文本中既有與一般文本相同的明喻表達、暗喻表達和篇章比喻，也有如《法華經》中的音譯比喻這類專屬宗教文本的特殊的表達形式。從隱喻所承擔的功能來看，和日常語言一樣，宗教文本中的隱喻也構築並反映了宗教對一些概念的認知。而圍繞某個目標概念，宗教文本既有與日常語言共享的概念隱喻，如《法華經》中的〔時間的流逝是移動〕喻，也可能表現出特殊性，如《法華經》的時間有更明顯的〔循環〕形態。

　　第二，關於隱喻與文化之間的關係，即隱喻的普遍性和差異性，本研究有幾點發現。首先，本文對《聖經》和《法華經》的隱喻分析發現兩個文本都有高度的隱喻性，這在一定程度上驗證了隱喻在人類語言和思維中的普遍性。其次，不同於以往研究往往只關注某一個或幾個概念隱喻在不同文化的體現，本文則從目標域和始源域兩個角度出發對大規模文本中的多個概念進行了比較全面的考察，得到了更加系統的發現：從目標域出發我們發現了《聖經》和《法華經》圍繞〔空間〕、〔時間〕、〔生命〕、〔宗教理想〕和〔神〕的共有隱喻，從始源域出發則發現兩個宗教文本共享基於意象圖式的隱喻、存在鏈隱喻和事件結構隱喻。再次，對不同文化間的共有隱喻和特有隱喻，以往研究對隱喻所屬認知層級的關注不夠，我們對《聖經》和《法華經》的隱喻分析和對比則顯示某個概念隱喻是否為某個文化特有在很大程度上取決於始源域和／或目標域所處的認知層級。基於此，我們根據認知層級將文化特有隱喻分為兩類：一類是基礎層面的概念隱喻，即無法再進一步抽象概括的隱喻；另一類是類屬即具體層面的概念隱喻，即在一個共享的基礎隱喻下某個文化獨有的類屬隱喻。最後，關於隱喻的差異性，本研究將其具體表現形式分為兩類，一是特有概念隱喻，二是共有概念隱喻在始源域、目標域、映射、衍推、語言表達和文化模型上的差異。

　　第三，本文基於對《法華經》中〔虛空〕概念的隱喻分析提出了元空間概

念，以區別於具體的空間概念。認知語言學特別是概念隱喻研究一般將〔空間〕概念視為最基本的概念，認為人類的隱喻思維多借助〔空間〕概念理解其他相對更抽象的概念（Lakoff & Johnson，1980：56～57；Levinson，2004：xvii）。我們認為用來理解其他概念的〔空間〕主要是指具體的空間概念，如〔容器〕、〔上下〕、〔移動〕等，而不是類似《法華經》所構建的〔虛空〕概念之類的元空間概念。不僅如此，元空間概念本身的高度抽象還使得我們不得不借助具體的空間概念來對其進行構建和理解，比如《法華經》為〔虛空〕概念設立了四方、四維和上下十個方向，並用〔（無邊界的）容器〕這一具體空間概念來理解它。

第四，對於概念隱喻理論框架下的存在鏈隱喻理論，本文從宗教文本中識別的比喻表達較全面地覆蓋了存在鏈隱喻中的各個層級，這些表達一方面驗證了存在鏈隱喻中的不同存在形式，另一方面也可以幫助我們更好地理解存在鏈隱喻的特徵。存在鏈隱喻理論認為任何兩種存在形式之間都可以形成雙向的隱喻，但是從我們所識別的比喻表達可以發現，存在鏈隱喻並非均衡分布的，其不均衡有兩種表現：第一，相鄰層級之間的隱喻比跨層級的隱喻更豐富，如〔上帝〕與〔人〕之間的隱喻比〔上帝〕與〔動物〕之間的隱喻更加豐富；第二，在兩種存在形式之間的雙向隱喻中，用下級存在形式理解上級存在形式的隱喻比用上級存在形式理解下級存在形式的隱喻更加豐富，比如我們發現大量表達用〔人〕理解〔上帝〕，卻沒有發現任何表達用〔上帝〕理解〔人〕，用〔動物〕理解〔人〕的表達也比用〔人〕理解〔動物〕的表達多得多。

第五，對於存在鏈理論本身，本文的隱喻分析一方面驗證了基督教《聖經》對「存在鏈」文化模型的影響；另一方面也說明存在鏈並非唯一的存在文化模型，比如《法華經》就體現了一種迥異於「存在鏈」的文化模型，我們稱之為「存在圖譜」。存在圖譜與存在鏈的構成要素不同，有「有情」和「無情」兩大範疇以及六道眾生的劃分。存在圖譜與存在鏈在結構上也不同，因為存在鏈是靜態的、單一線性的，其主要維度是上下，而存在圖譜是動態的、多維的，需要借助上下、內外、平行、移動和循環等多種維度和圖式理解。這些差異說明我們應該於存在鏈概念之外探索更多的存在文化模型。從隱喻研究的角度看，我們還應關注不同存在文化模型背後的概念隱喻，如存在鏈、自然階梯、存在樹背後的〔上下〕、〔鏈條〕、〔樹〕等概念，以及存在圖譜背後的〔上下〕、〔內外〕、〔循環〕等概念。

第六，在方法上，本研究在探索處理較大規模的英語和漢語語料、甄別比喻表達、進行跨語言對比方面進行了一定嘗試。比喻表達的識別、標記和統計是隱喻研究的基礎，但是針對大規模語料並沒有公認有效的方法。本研究選擇的《聖經》文本和《法華經》文本各有 8 萬字左右，具有一定的規模。在隱喻識別過程中，我們注意到《聖經》經文以固有的分節（verse）為單位（cf. Charteris-Black，2004），相應地我們對《法華經》經文進行了分句。對於詞句表達，我們以節（句）為單位進行識別，並標記每個表達的始源域和目標域；對篇章比喻，我們首先以篇章為單位理解篇章比喻整體，然後基於主要映射再以節（句）為單位識別比喻表達，並標記每個表達的始源域和目標域。標記完成後，我們首先按照目標域標記詞對所有表達進行分類，提取出圍繞某個目標域的所有表達，然後再按照始源域標記詞對圍繞某個目標域的所有表達進行分類，提取出反映該目標域具體概念隱喻的表達。按照這種方法，本研究以相對一致的方式對兩種語言共計約 16 萬字的語料進行了系統的梳理和分析，並從中提取出圍繞《聖經》五大概念和《法華經》五大概念的比喻表達，又將每個概念的比喻表達按照始源域進行分類，歸納出相應的概念隱喻。這一過程對後續同類研究或有借鑒意義。

8.3　本研究的局限和不足

本研究在以下方面存在局限和不足。

首先，雖然本文以宗教文本為分析對象，但是本文是純學術研究，旨在從認知語言學的視角探究宗教文本和概念背後的隱喻現象，筆者也非基督教或佛教信徒。因此，我們對兩個宗教文本的分析及相關教義的理解可能與宗教研究特別是宗教信徒所持的觀點有所不同，有失偏頗之處還需各界學者指正。

其次，基督教和佛教的教義博大精深，本文分析的〔空間〕、〔時間〕、〔生命〕、〔宗教理想〕和〔神〕不僅對兩個宗教乃至對人類而言都是極為基礎的概念，其內涵並非任何一個單一學科或理論可以完全揭示。本文從概念隱喻視角出發基於所選文本嘗試探究兩個宗教對這些概念的理解，也僅能管窺其一斑。

第三，在譯本方面，本文選擇了基督教《聖經》的英譯版和《法華經》的中譯版。雖然英文和中文現在可能分別是《聖經》和《法華經》最主要的傳播語言，但是畢竟並非其原本的寫作語言。《聖經》的《舊約》和《新約》最初

分別以古希伯來文和古希臘文寫成，而《法華經》最初以古梵文寫成。從譯本而不是原文著手是本研究目前無法克服的一個局限和遺憾。

第四，在經卷的選擇方面，雖然本文在討論部分參考和引用了《聖經》的《創世紀》和《啟示錄》等經卷以及佛教的《金剛經》和《壇經》等經典，但是主要的分析文本為《聖經》的《舊約·詩篇》和《新約·馬太福音》，佛經文本則僅限於《法華經》，因此本研究的分析結果和啟示有一定的局限性。

第五，在文本分析方面，一方面因為《聖經》和《法華經》背後都有豐富和深奧的教義，我們雖然參考了多種注釋，但隱喻識別和解讀恐仍有錯漏；另一方面因為語料規模較大，語料分析主要由筆者一人完成，雖然對部分疑難語料實施了交叉分析驗證，但隱喻識別和解讀仍有一定的主觀性。

第六，因篇幅所限，本文重點分析了《聖經》和《法華經》中相對更基礎的五個概念，即〔世界〕、〔時間〕、〔生命〕、〔宗教理想〕（〔天國〕和〔涅槃〕）以及〔神〕（〔上帝〕和〔佛陀〕），未能覆蓋其他重要概念，如《聖經》中的〔罪〕和〔愛〕以及《法華經》中的〔業〕和〔苦〕等。

第七，本文的理論框架主要基於經典的概念隱喻理論，未從轉喻和概念整合等視角展開分析，也因此本文的理論貢獻主要在於對隱喻的文化普遍性和多樣性、存在鏈隱喻理論和存在鏈理論的拓展，而未能對概念隱喻理論本身的豐富和完善有更大的貢獻。

8.4　後續研究的方向

基於上述局限，後續研究或可從以下方面展開。

第一，後續研究可以分析更多經卷，如《聖經》的其他經卷以及眾多的佛教經典，以期對本文所分析的五組概念有更多發現。此外，除了傳統典籍，隱喻分析也可考慮關注教徒對宗教體驗的描述等現代宗教文本，或者宗教繪畫和建築等多模態材料。

第二，除本文分析的〔世界〕、〔時間〕、〔生命〕、〔天國／涅槃〕和〔上帝／佛陀〕，後續研究可以關注〔愛〕、〔罪〕、〔惡〕、〔業〕、〔修行〕、〔空〕等宗教概念，分析這些概念背後的隱喻。

第三，可以將研究範圍擴大至其他宗教或思想流派，如伊斯蘭教、道家思想和儒家思想，從隱喻視角分析其思想背後的世界觀、時間觀和生命觀，並與

基督教和佛教中的隱喻進行對比。

第四，可以關注宗教與隱喻之間更多的交叉點，如隱喻在宗教語篇中的作用，宗教語篇中的轉喻和概念整合現象，以及「耶穌比喻故事」和佛教譬喻等篇章比喻的結構特徵等。

參考文獻

1. Abrams, M. H. (1999). *A Glossary of Literary Terms*. New York: Rinehart and Winston.

2. Al-Saggaf, M. A., M. S. M. Yasin & I. Ho-Abdullah. (2013). Cognitive meanings in the selected English translated texts of the Noble Qur'an. *International Journal on Quranic Research 3*(4): 1~18.

3. Al-Saggaf, M. A., M. S. M. Yasin & R. H. Abdullah. (2014). Dualism of soul-person in English translated texts of the Qur'an. *Procedia-Social and Behavioral Sciences 118:* 42~50.

4. Anderson, L. (1976). Charles Bonnet's taxonomy and chain of being. *Journal of the History of Ideas 37*(1): 45~58.

5. Barfield, O. (1973). *Poetic Diction: A Study of Meaning.* Connecticut: Wesleyan University Press.

6. Basson, A. (2005). 'You are my rock and fortress' –Refuge metaphors in Psalm 31: A perspective from cognitive metaphor theory. *Acta Theologica* (2): 1~17.

7. Basson, A. (2006). *Divine Metaphors in Selected Hebrew Psalms of Lamentation*. Tübingen: Mohr Siebeck.

8. Basson, A. (2011). The path image schema as underlying structure for the metaphor MORAL LIFE IS A JOURNEY in Psalm 25. *OTE 24*(1): 19~29.

9. Bender, A., A. Rothe-Wulf, L. Huther & S. Beller. (2012). Moving forward in

space and time: How strong is the conceptual link between spatial and temporal frames of reference?. *Frontiers in Psychology 3*: 1~11.

10. Berrada, K. (2006). Metaphors of light and darkness in the Holy Quran: A conceptual approach. *Basmat 1*: 45- 63.

11. Bisschops, R. (2003). Are religious metaphors rooted in experience? On Ezekiel's wedding metaphors. In K. Feyaerts (ed.) *The Bible through Metaphor and Translation: A Cognitive Semantic Perspective*. New York: Peter Lang. 113~151.

12. Black, M. (1962). *Models and Metaphors: Studies in Language and Philosophy*. New York: Cornell University Press.

13. Böhme, G. (2013). The space of bodily presence and space as a medium of representation. In U. Ekman (ed.) *Throughout: Art and Culture Emerging with Ubiquitous Computing*. Cambridge: MIT Press. 457~463.

14. Boroditsky, L. (2001). Does language shape thought?: Mandarin and English speakers' conceptions of time. *Cognitive Psychology 43*: 1~22.

15. Bounegru, L. & C. Forceville. (2011). Metaphors in editorial cartoons representing the global financial crisis. *Visual Communication 10*(2): 209~229.

16. Bowker, J. W. (1990). Cosmology, religion, and society. *Zygon 25*(1): 7~23.

17. Brandt, M. J. & C. Reyna (2011). The chain of being: A hierarchy of morality. *Perspectives on Psychological Science 6*(5): 428~446.

18. Bruce, J. A. (2009). *A Supreme Battle in Metaphor: A Critical Metaphor Analysis of the Culture War in* Lawrence v. Texas. Doctoral Dissertation: University of Denver.

19. Cameron, L. (2003). *Metaphor in Educational Discourse*. London: Continuum.

20. Cameron, L. (2007). Patterns of metaphor use in reconciliation talk. *Discourse and Society 18*: 197~222.

21. Cameron, L. (2008). Metaphor and talk. In R. Gibbs Jr. (ed.) *The Cambridge Handbook of Metaphor and Thought*. Cambridge: Cambridge University Press. 197~211.

22. Cameron, L., R. Maslen, Z. Todd, J. Maule, P. Stratton & N. Stanley. (2009). The discourse dynamics approach to metaphor and metaphor-led discourse

analysis. *Metaphor and Symbol 24*(2) : 63~89.

23. Charteris-Black, J. (2004). *Corpus Approaches to Critical Metaphor Analysis.* Basingstoke: Palgrave Macmillan.

24. Chilton, P. (1996). *Security Metaphors: Cold War Discourse from Containment to Common European Home.* Frankfurt/Main: Peter Lang.

25. Cienki, A. & C. Muller. (2008). Metaphor, gesture, and thought. In R. W. Gibbs Jr. (ed.) *The Cambridge Handbook of Metaphor and Thought.* Cambridge: Cambridge University Press. 483~501.

26. Clair, R. N. S. (1999). Cultural wisdom, communication theory, and the metaphor of resonance. *Intercultural Communication Studies 8*: 79~102.

27. Cohen, A. B. (2015). Religion's profound influences on psychology: Morality, intergroup relations, self-construal, and enculturation. *Current Directions in Psychological Science 24*(1) : 77~82.

28. Cooper, D. E. (2002). Emptiness: Interpretation and metaphor. *Contemporary Buddhism: An Interdisciplinary Journal 3*(1): 7~20.

29. Cooperrider, K. & R. Núñez. (2007). Doing time: Speech, gesture, and the conceptualization of time. *CRL Technical Reports 19*(3): 3~19.

30. Cooperrider, K. & R. Núñez. (2009). Across time, across the body: Transversal temporal gestures. *Gesture 9*(2): 181~206.

31. Cousins, M. (2008). The metaphor of 'YAHWEH AS REFUGE' in the Psalms. *Crucible: Theology & Ministry* (1): 1~8.

32. Crain, J. C. (2010). *Reading the Bible as Literature.* Cambridge: Polity Press.

33. DesCamp, M. T. & E. E. Sweetser. (2005). Metaphors for God: Why and how do our choices matter for humans? The application of contemporary cognitive linguistics research to the debate on God and metaphor. *Pastoral Psychology 53*(3): 207~238.

34. Dille, S. J. (2004). *Mixing Metaphors: God as Mother and Father in Deutero-Isaiah.* London: T&T Clark International.

35. Dorst, A. G. & M. L. Klop. (2017). Not a holy father: Dutch Muslim teenagers' metaphors for Allah. *Metaphor & the Social World 7*(1): 66~86.

36. Drogosz, A. (2012). Conceptual foundations of progress in Darwin's theory of

evolution. *Acta Neophilologica* 6(2): 121~128.

37. DuBois, P. (1991). *Centaurs and Amazons: Women and the Pre-history of the Great Chain of Being*. Michigan: University of Michigan Press.

38. Eidevall, G. (2005). Spatial metaphors in Lamentations 3.1~9. In P. van Hecke (ed.) *Metaphor in the Hebrew Bible*. Leuven: Leuven University Press. 133~136.

39. El-Sharif, A. (2011). *A Linguistic Study of Islamic Religious Discourse: Conceptual Metaphors in the Prophetic Tradition*. Doctoral Dissertation: Queen Mary University of London.

40. El-Sharif, A. (2012). Metaphors we believe by: Islamic doctrine as evoked by the Prophet Muhammad's metaphors. *Critical Discourse Studies* 9(3): 231~245.

41. Erussard, L. (1997). From SALT to SALT: Cognitive metaphor and religious language. *Cuadernos de Filologia Inglesa* 6(2): 197~212.

42. Evans, V. & M. Green. (2006). *Cognitive Linguistics*. Edinburgh: Edinburgh University Press.

43. Fabregat, L. V. (2015). Legal metaphors in translation: The great chain of being. *Cognitive Linguistic Studies* 2(2): 330~348.

44. Filipczuk-Rosińska, S. I. (2016). The comparison of A HUMAN BEING IS A PLANT metaphor between the English and Polish language. *World Journal of Social Science* 3(1): 15~21.

45. Forceville, C. & E. Urios-Aparisi. (2009). *Multimodal Metaphor*. Berlin/New York: Mouton de Gruyter.

46. Forceville, C. (2007). Multimodal metaphors in ten Dutch TV commercials. *The Public Journal of Semiotics* 1(1): 15~34.

47. Forceville, C. (2008). Metaphors in pictures and multimodal representations. In R. W. Gibbs Jr. (ed.) *The Cambridge Handbook of Metaphor and Thought*. Cambridge: Cambridge University Press. 462~482.

48. Foreman, B. A. (2011). *Animal Metaphors and the People of Israel in the Book of Jeremiah*. Berlin: Vandenhoeck & Ruprecht.

49. France, R. T. (2013). By their fruits: Thoughts on the metaphor of fruit in the

Bible. *Rural Theology 11*(1): 50~56.

50. Frye, N. (1983). *The Great Code: The Bible and Literature*. New York: Harcourt Brace Jovanovich.

51. Fuhrman, O., K. McCormick, E. Chen, H. Jiang, D. Shu, S. Mao & L. Boroditsky. (2011). How linguistic and cultural forces shape conceptions of time: English and Mandarin time in 3D. *Cognitive Sciences 35*: 1305~1328.

52. Gavriely-Nuri, D. (2014). Collective memory as a metaphor: The case of speeches by Israeli prime ministers 2001~2009. *Memory Studies 7*(1): 46~60.

53. Geisler, N. L. & W. E. Nix. (1986). *A General Introduction to the Bible*. Chicago: Moody Press.

54. Gibbs Jr., R. W. (1994). *The Poetics of Mind: Figurative Thought, Language, and Understanding*. Cambridge: Cambridge University Press.

55. Gibbs Jr., R. W. (2011). Evaluating conceptual metaphor theory. *Discourse Processes 48*: 529~562.

56. Glucksberg, S. (2001). *Understanding Figurative Language: From Metaphors to Idioms.* Oxford: Oxford University Press.

57. Goatly, A. (2006). Humans, animals, and metaphors. *Society & Animals 14*(1): 15~37.

58. Goldwasser, O. (2005). Where is metaphor? Conceptual metaphor and alternative classification in the hieroglyphic script. *Metaphor and Symbol 20*: 95~113.

59. Golzadeh, F. A. & S. Pourebrahim. (2013). Death metaphors in religious texts: A cognitive semantic approach. *Intl. J. Humanties 20*(4): 61~78.

60. Harrison, V. S. (2007). Metaphor, religious language, and religious experience. *Sophia 46*: 127~145.

61. Haser, V. (2005). *Metaphor, Metonymy, and Experientialist Philosophy: Challenging Cognitive Semantics.* Berlin: Mouton de Gruyter.

62. Honeck, R. P. & J. G. Temple. (1994). Proverbs: The extended conceptual base and great chain metaphor theories. *Metaphor and Symbol 9*(2): 85~112.

63. Howe, B. T. (2003). *Metaphor and Meaning in Christian Moral Discourse: The role of Conceptual Metaphor in the Creation of Meaning in Christian Moral Discourse, with* 1 Peter *as Exemplar.* Berkley: Graduate Theological Union.

64. Hülsse, R. & A. Spencer. (2008). The metaphor of terror: Terrorism studies and the constructivist turn. *Security Dialogue 39*(6): 571~592.

65. Jäkel, O. (2002). Hypotheses revisited: The cognitive theory of metaphor applied to religious texts. *Metaphoric.de* (2): 20~42.

66. Jäkel, O. (2003). Prospects and problems of the cognitive approach to religious metaphor. In K. Feyaerts (ed.). *The Bible through Metaphor and Translation: A Cognitive Semantic Perspective*. New York: Peter Lang. 55~86.

67. Jindo, J. Y. (2010). *Biblical Metaphor Reconsidered: A Cognitive Approach to Poetic Prophecy in Jeremiah 1~24*. Winona Lake: Eisenbrauns.

68. Johnson, M. (1987). *The Body in the Mind: The Bodily Basis of Reason and Imagination*. Chicago: University of Chicago Press.

69. King, P. (2010). *Surround by Bitterness: Image Schemas and Metaphors for Conceptualizing Distress in Classical Hebrew*. Doctoral Dissertation: Brunel University.

70. King, P. (2012). Metaphor and methodology for cross-cultural investigation of Hebrew emotions. *Journal of Translation 8*(1): 9~24.

71. Klingbeil, G. A. (2006). Metaphor and pragmatics: An introduction to the hermeneutics of metaphors in the Epistle to the Ephesians. *Bulletin for Biblical Research 16*(2): 273~293.

72. Koller, V. (2017). The light within. *Metaphor and the Social World 7*(1): 5~25.

73. Kövecses, Z. (2000). *Metaphor and Emotion*. New York: Cambridge University Press.

74. Kövecses, Z. (2003). *Metaphor and emotion: Language, culture, and body in human feeling*. Cambridge: Cambridge University Press.

75. Kövecses, Z. (2005). *Metaphor in Culture: Universality and Variation*. Cambridge: Cambridge University Press.

76. Kövecses, Z. (2010). *Metaphor: A Practical Introduction* (2nd edition). Oxford and New York: Oxford University Press.

77. Krzeszowski, T. P. (1997). *Angels and Devils in Hell: Elements of Axiology in Semantics*. Energeia.

78. Lakoff, G. & M. Johnson. (1980). *Metaphors We Live by*. Chicago and London: The University of Chicago Press.

79. Lakoff, J. & M. Johnson. (1999). *Philosophy in the Flesh*. New York: Basic Books.

80. Lakoff, G. & M. Turner. (1989). *More than Cool Reason: A Field Guide to Poetic Metaphor*. Chicago and London: The University of Chicago Press.

81. Lakoff, G. (1993). The contemporary theory of metaphor. In A. Ortony (ed.) *Metaphor and Thought*. Cambridge: Cambridge University Press. 202~251.

82. Lakoff, G. (1995). Metaphor, morality, and politics, or, why conservatives have lift liberals in the dust. *Social Research 62*(2): 177~213.

83. Lam, J. C. P. (2012). *The Metaphorical Patterning of the Sin-concept in Biblical Hebrew*. Docotral Dissertation: The University of Chicago.

84. Lan, C. (2003). *A cognitive approach to spatial metaphors in English and Chinese*. Beijing: Foreign Language Teaching and Research Press.

85. Lan, C. (2012). A cognitive perspective on the metaphors in the Buddhist sutra 'Bao Ji Jing'. *Metaphor and the Social World 2*(2): 154~179.

86. Lan, C. & D. Zuo. (2016). Pictorial-verbal metaphors in Chinese editorial cartoons on food safety. *Metaphor and the Social World 6*(1): 20~51.

87. Levinson, S. C. (2004). *Space in Language and Cognition: Explorations in Cognitive Diversity*. Cambridge: Cambridge University Press.

88. López, A. M. R. & M. Á. O. Llopis. (2010). Metaphorical pattern analysis in financial texts: Framing the crisis in positive or negative metaphorical terms. *Journal of Pragmatics 42*(12): 3300~3313.

89. Lovejoy, A. O. (1936). *The Great Chain of Being: A Study of the History of an Idea*. Cambridge: Harvard University Press.

90. Lu, L. W. & W. Chiang. (2007). Emptiness we live by: Metaphors and paradoxes in Buddhism's *Heart Sutra*. *Metaphor and Symbol 22*(4): 331~355.

91. Lu, W. L. (2017). Cultural conceptualisations of DEATH in Taiwanese Buddhist and Christian eulogistic idioms. In F. Sharifian (ed.) *Advances in Cultural Linguistics*. Singapore: Springer. 49~64.

92. Maalej, Z. (2007). The embodiment of fear expressions in Tunisian Arabic:

Theoretical and practical implications. In F. Sharifian & G. B. Palmer (eds.) *Applied Cultural Linguistics*. Amsterdam & Philadelphia: John Benjamin Publishing Company. 87~104.

93. McMahan, D. L. (2002). *Empty Vision: Metaphor and Visionary Imagery in Mahayana Buddhism*. London: Routledge Curzon.

94. McQuarrie, F. E. & J. B. Phillips. (2011). Personification in advertising: Using a visual metaphor to trigger anthropomorphism. *Journal of Advertising 40*: 121~130.

95. Meier, B. P., D. J. Hauser, M. D. Robinson, C. K. Friesen & K. Schjeldahl. (2007). What's 'up' with God? Vertical space as a representation of the divine. *Journal of personality and social psychology 93*(5): 699~710.

96. Miller, J. B. (ed.). (2001). *Cosmic Questions: Annals of the New York Academy of Sciences (Vol. 950)*. New York: The New York Academy of Sciences.

97. Mitchell, D. W. (1991). *Spirituality and Emptiness: The Dynamics of Spiritual Life in Buddhism and Christianity*. New York: Paulist Press.

98. Mohamed, M. T. (2014). The metaphor of nature in the Holy Quran: A critical metaphor analysis (CMA). *Journal of Arabic and Human Sciences 7*(3): 83~100.

99. Moore, A. (2009). *Moving beyond Symbol and Myth: Understanding the Kingship of God of the Hebrew Bible through Metaphor*. New York: Peter Lang.

100. Moore, K. E. (2006). Space-to-time mappings and temporal concepts. *Cognitive Linguistics 17*(2): 199~244.

101. Morrison, J. S. (2017). *Renovating a Deity: The Formation of Biblical Craftsmanship Metaphors and the Artisanal God-Talk of Deutero-Isaiah*. Doctoral dissertation: Brandeis University.

102. Muhammad, N. N. & S. M. Rashid. (2014). Cat metaphors in Malay and English proverbs. *Procedia-Social and Behavioral Sciences 118*: 335~342.

103. Musolff, A. (2004). *Metaphor and Political Discourse*. New York: Palgrave MacMillan.

104. Musolff, A. (2006). Metaphor scenarios in public discourse. *Metaphor and*

Symbol 21(1): 23~28.

105. Musolff, A. (2007). What role do metaphors play in racial prejudice? The function of antisemitic imagery in Hitler's Mein Kampf. *Patterns of Prejudice 41*(1): 21~43.

106. Naicker, S. (2016). *A Cognitive Linguistic Analysis of Conceptual Metaphors in Hindu Religious Discourse with Reference to Swami Vivekananda's Complete Works*. Doctoral dissertation: University of South Africa.

107. Naicker, S. (2017). A cognitive linguistic exploration of metaphors within the WATER frame in *Swami Vivekananda's Complete Works*: A corpus-driven study in light of Conceptual Metaphor Theory. *Stellenbosch Papers in Linguistics 47*: 115~131.

108. Núñez, R. & K. Cooperrider. (2013). The tangle of space and time in human cognition. *Trends in Cognitive Sciences 17*(5): 220~229.

109. Núñez, R. E., B. A. Motz & U. Teuscher. (2006). Time after time: The psychological reality of the ego-and time-reference-point distinction in metaphorical construals of time. *Metaphor and Symbol 21*(3): 133~146.

110. Olds, L. E. (1992). Integrating ontological metaphors: Hierarchy and interrelatedness. *Soundings: An Interdisciplinary Journal 75*(2/3): 403~420.

111. Ortony, A. (1979). The role of similarity in similes and metaphors. In A. Ortony (ed.) *Metaphor and Thought*. Cambridge: Cambridge University Press. 342~356.

112. Ozcaliskan, S. (2003). In a caravanserai with two doors I am walking day and night: Metaphors of death and life in Turkish. *Cognitive Linguistics 14*: 281~320.

113. Perdue, L. G. (1991). *Wisdom in Revolt: Metaphorical Theology in the Book of Job*. Sheffield: JSOT Press.

114. Plungian, V. & E. Rakhilina. (2013). TIME and SPEED: Where do speed adjectives come from?. *Russian Linguistics 37*(3): 347~359.

115. Pollio, H. (1996). Boundaries in humor and metaphor. In J. Mio & A. Katz (eds.) *Metaphor, Implications and Applications*. Mahwah: Lawrence Erlbaum Associates. 231~253.

116. Radden, G. (2011). Spatial time in the West and the East. In M. Brdar et al. (eds.) *Space and Time in Language*. Frankfurt: Peter Lang. 1~30.

117. Rajandran, K. (2017). From matter to spirit: Metaphors of enlightenment in Bhagavad-gītā. *GEMA Online Journal of Language Studies 17*(2): 163~176.

118. Rash, F. (2005). Metaphor in Adolf Hitler's Mein Kampf. *Metaphorik. de 9*: 74~111.

119. Richards, I. A. (1936). *The Philosophy of Rhetoric*. New York: Oxford University Press.

120. Riches, J. (2013). *Bible: A Very Short Introduction*. Beijing: Foreign Language Teaching and Research Press.

121. Rodríguez, I. L. (2007). The representation of women in teenage and women's magazines: recurring metaphors in English. *Estudios Ingleses de la Universidad Complutense 15*: 15~42.

122. Rodríguez, I. L. (2009). Of women, bitches, chickens and vixens: Animal metaphors for women in English and Spanish. *Culture, Language and Representation 7*: 77~100.

123. Ruether, R. R. (1993). *Sexism and God-talk: Toward a Feminist Theology*. Boston, MA: Beacon Press.

124. Schlieter, J. (2013). Checking the heavenly 'bank account of karma': Cognitive metaphors for karma in Western perception and early Theravāda Buddhism. *Religion 43*(4): 463~486.

125. Semino, E. (2008). *Metaphor in Discourse*. Cambridge: Cambridge University Press.

126. Singerland, E. (2003). *Effortless Action: Wu-wei as Conceptual Metaphor and spiritual ideal in early China*. New York: Oxford University Press.

127. Somov, A. (2017). Metaphorical representations of the Biblical concepts of death and resurrection when translating in a Buddhist Context. *The Bible Translator 68*(1): 51~63.

128. Soskice, J. M. (2007). *The Kindness of God: Metaphor, Gender, and Religious Language*. Oxford: Oxford University Press.

129. Spencer, A. (2012). The social construction of terrorism: Media, metaphor and

policy implications. *Journal of International Relations and Development 15*(3): 393~419.

130. Stallman, R. C. (1999). *Divine Hospitality in the Pentateuch: A Metaphorical Perspective of God as Host.* Philadelphia: Westminster Theological Seminary.

131. Sugioka, T. (2009). The metaphor of 'ocean' in Shiran (trans. Mark Unno). *Pacific World – Journal of the Institute of Buddhist Studies 3*(11): 219~228.

132. Sui, D. Z. (2004). Tobler's first law of geography: A big idea for a small world?. *Annals of the Association of American Geographers 94*(2): 269~277.

133. Sun, Y. & J. Jiang. (2014). Metaphor use in Chinese and US corporate mission statements: A cognitive sociolinguistic analysis. *English for Specific Purposes 33*: 4~14.

134. Szlos, M. B. (2001). *Metaphor in Proverbs 31:10~31: A Cognitive Approach.* New York: Union Theological Seminary.

135. Szlos, M. B. (2005). Body parts as metaphor and the value of a cognitive approach: A study of the female figures in Proverbs via metaphor. In P. van Hecke (ed.) *Metaphor in the Hebrew Bible.* Leuven: Leuven University Press. 185~196.

136. Talebinejad, M. R. & H. V. Dastjerdi. (2005). A cross-cultural study of animal metaphors: When owls are not wise!. *Metaphor and Symbol 20*(2): 133~150.

137. Thuan, T. X. (2001). Cosmic design from a Buddhist perspective. *Annals of the New York Academy of Sciences 950*(1): 206~214.

138. Tracy, D. (1979). Metaphor and religion. In S. Sacks (ed.) *On Metaphor.* Chicago: Chicago University Press. 89~104.

139. Turner, M. & Fauconnier, G. (2002). *The Way We Think: Conceptual Blending and the Mind's Hidden Complexities.* New York: Basic Books

140. van Hecke, P. (2003). To shepherd, have dealings and desire: On the lexical structure of the Hebrew root *r'h*. In K. Feyaerts (ed.) *The Bible through Metaphor and Translation: A Cognitive Semantic Perspective.* New York: Peter Lang. 37~53.

141. van Hecke, P. (2005). Pastoral metaphors in the Hebrew Bible and in its ancient Near Eastern context. In R. P. Gordan & J. C. de Moor (eds.) *The Old Testament*

in Its World. Boston: Brill. 200~217.

142. Wang, L. (2008). *A Cognitive Approach towards the Interpretation of Biblical Parables*. Doctoral dissertation: Shanghai International Studies University.

143. Warren, E. J. (2011). *Cleansing the Cosmos: A Biblical Model for Conceptualizing and Counteracting Evil.* Birmingham: The University of Birmingham.

144. Wayman, A. (1974). The mirror as a pan-Buddhist metaphor-simile. *History of Religions 13*(4): 251~269.

145. Weiss, A. L. (2006). *Figurative Language in Biblical Prose Narrative: Metaphor in the Book of Samuel*. Boston: Brill.

146. Wilcox, M. (2011). Constructing metaphoric models of salvation: Matthew 20 and the Middle English Poem *Pearl*. *Studies in the Bible and Antiquity* (3): 1~28.

147. Wiseman, R. (2007). Ancient Roman metaphors for communication. *Metaphor and Symbol 22*: 41~78.

148. Wong, F. K. (2010). Use of overarching metaphors in Psalms 91 and 42/43. *Sino-Christian Studies* (9): 7~27.

149. Yu, N. (1998). *The Contemporary Theory of Metaphor: A Perspective from Chinese*. Amsterdam and Philadelphia: John Benjamins Publishing Company.

150. Yu, N. (2004). The eyes for sight and mind. *Journal of Pragmatics 36*(4): 663~686.

151. Yu, N. (2007). The Chinese conceptualization of the heart and its cultural context. In F. Sharifian & G. B. Palmer (eds.) *Applied Cultural Linguistics*. Amsterdam & Philadelphia: John Benjamin Publishing Company. 65~85.

152. Yu, N. (2008). A cognitive perspective of the Chinese and English expressions for the concept of 'Present'. *Canadian Social Science 4*(6): 59~65.

153. Yu, N. (2012). The metaphorical orientation of time in Chinese. *Journal of Pragmatics 44*: 1335~1354.

154. 彼得‧哈里森（2016），《科學與宗教的領地》。北京：商務印書館。

155. 草野巧（2012），《圖解天國與地獄》（王書銘譯）。臺北：奇幻基地出版。

156. 陳觀勝、李培茱（2005），《中英佛教詞典》。北京：外文出版社。

157. 陳海慶、高思楠（2013），《莊子》概念隱喻及其語用的關聯性，《外語教育研究》1（1）：10～16。

158. 陳俊偉（2009），《天國與世界》。北京：宗教文化出版社。

159. 陳欽莊、孔陳焱、陳飛燕（2008），《基督教簡史》。北京：人民出版社。

160. 陳秋平、尚榮（編）（2010），《金剛經・心經・壇經》。北京：中華書局。

161. 陳義孝（1996），《佛學常見詞彙》。北京：文津出版社。

162. 陳詠明（1998），世界觀：佛教觀點。何光滬、許志偉（主編），《對話：儒釋道與基督教》。北京：社會科學文獻出版社，321～342。

163. 陳允吉、盧寧（2004），什譯《妙法蓮華經》裏的文學世界。陳允吉（主編），《佛經文學研究論集》。上海：復旦大學出版社，1～43。

164. 陳治典（2011），佛教中的「乘」如何讀，《咬文嚼字》（10）：27～28。

165. 陳竺同（1940），漢魏六朝之外來譬喻文學，《語言文字學專刊》（國立中山大學研究院文科研究所編）2（1）：40～45。

166. 單欣（2014），《語言與世界——〈華嚴經〉語言哲學研究》。博士論文：吉林大學。

167. 丁福保（2012），《新編佛學大辭典》。石家莊：河北省佛教協會。

168. 丁敏（1996），《佛教譬喻文學研究》。臺北：東初出版社。

169. 丁敏（2007），《中國佛教文學的古典與現代：主題與敘事》。長沙：嶽麓書社。

170. 董群（2005），上帝與佛：解釋之差異。吳言生、賴品超、王曉朝（主編），《佛教與基督教對話》。北京：中華書局，210～218。

171. 范麗珠（2006），《當代世界宗教學》。北京：時事出版社。

172. 房娜（2009），《〈莊子〉寓言的認知隱喻研究》。碩士論文：上海外國語大學。

173. 傅新毅（2003），佛教中的時間觀念，《江蘇社會科學》（2）：102～107。

174. 高深（2006），《〈莊子〉與〈聖經〉比較研究》。博士論文：浙江大學。

175. 龔賢（2006），《法華經》的譬喻藝術，《衡陽師範學院學報》27（1）：46～49。

176. 郭奕（2013），《〈道德經〉中「道化隱喻」的認知研究》。碩士論文：長沙理工大學。

177. 郭振偉（2014），《錢鍾書隱喻理論研究》。北京：中國社會科學出版社。

178. 韓鳳鳴（2009），佛教及佛教禪宗的時間哲學解讀，《哲學研究》（8）：49
～53。

179. 胡中行（2004），失譯人名《雜譬喻經》書後。陳允吉（主編），《佛教文
學研究論集》。上海：復旦大學出版社，93～102。

180. 胡壯麟（2004），《認知隱喻學》。北京：北京大學出版社。

181. 季納（C. S. Keener）（2013），《新約聖經背景注釋》。北京：中央編輯出
版。

182. 賴永海（2010），《佛教十三經・總序》。北京：中華書局。

183. 藍純（2012），從認知視角看佛經《寶積經》中的比喻，《中國外語》（4）：
25～33。

184. 藍純、蔡穎（2013），電視廣告中多模態隱喻的認知語言學研究——以海
飛絲廣告為例，《外語研究》141（5）：17～23。

185. 藍純、劉娟（2014），漫畫《夢里人》中的「憤怒」圖像轉喻和隱喻，《外
國語文》：61～66。

186. 李承貴（2009），《宗教與哲學》。南京：譯林出版社。

187. 李海波（2013），《妙法蓮華經》。北京：中州古籍出版社。

188. 李恒、吳玲（2013），中國手語情感隱喻的認知研究，《語言文字應用》
（4）：54～61。

189. 李利安、謝志斌（2014），《法華經鑒賞辭典》。上海：上海辭書出版社。

190. 李秋零（1998），本體論：基督教觀點。何光滬、許志偉（主編），《對話：
儒釋道與基督教》。北京：社會科學文獻出版社，192～214。

191. 李文中（2015），《道德經》的核心概念及隱喻的英語表述分析，《解放軍
外國語學院學報》38（5）：108～116。

192. 李小榮（2009），簡論漢譯佛典之「譬喻」文體，《福建師範大學學報》（哲
學社會科學版）（5）： 65～73。

193. 李小榮（2011），《法句經》與譬喻文學。陳允吉（主編），《佛經文學研究
論集》。上海：復旦大學出版社，36～51。

194. 梁工（2013），《聖經指南》。北京：北方文藝出版社。

195. 梁工（主編）（2015），《聖經百科辭典》。瀋陽：遼寧人民出版社。

196. 梁曉虹（1987），漢魏六朝佛經意譯詞初探，《語言研究》（1）：109～120。

197. 梁曉虹（1991），漢譯佛經中的「比喻造詞」，《暨南學報（哲學社會科學）》

（2）：119～122。

198. 梁曉虹（1992），簡論佛教對漢語的影響，《漢語學習》（6）：33～38。

199. 梁曉虹（1993a），佛典之譬喻，《修辭學習》（1）：35～38。

200. 梁曉虹（1993b），漢語成語與佛教文化，《語言文字應用》（1）：91～98。

201. 梁曉虹（1994），《佛教詞語的構造與漢語詞彙的發展》。北京：北京語言
學院出版社。

202. 劉藝（2005），佛教鏡喻及其生成演化，《西南民族大學學報人文社科版》
26（3）：332～336。

203. 劉正平（2010），佛教譬喻理論研究，《宗教學研究》（1）：88～92。

204. 路易斯·波伊曼（2006），《宗教哲學》。北京：中國人民大學出版社。

205. 羅秉祥（1998），人生觀：基督教觀點。何光滬、許志偉（主編），《對話：
儒釋道與基督教》。北京：社會科學文獻出版社，470～499。

206. 米勒、休伯（2005），《聖經的歷史》（黃劍波、艾菊紅譯）。北京：中央編
輯出版社。

207. 潘家猛（2010），佛教生命的緣起與人類的起源，《魅力中國》（36）：114
～116。

208. 卿希泰（2006），《中外宗教概論》。北京：高等教育出版社。

209. 曲占祥（2008），英漢「喜悅」情感概念隱喻認知對比研究，《西安外國語
大學學報》16（4）：14～17。

210. 邵之茜（2011），佛教比喻經典的思想價值探究，《五臺山研究》（1）：25
～28。

211. 束定芳（2000），《隱喻學研究》。上海：上海外語教育出版社。

212. 斯諾德格拉斯（K. R. Snodgrass）（2008），《主耶穌的比喻》（林秀娟譯）。
美國加州南帕薩迪納：美國麥種傳道會。

213. 孫昌武（1997），心鏡考。《六祖慧能思想研究——慧能與嶺南文化國際學
術研討會論文集》。廣州：《學術研究》雜誌社，216～232。

214. 孫紅娟、趙宏勃（2007），漢韓「眼」的隱喻對比研究，《語言文字應用》：
66～70。

215. 孫尚揚（2001），《宗教社會學》。北京：北京大學出版社。

216. 孫毅（2005），《〈聖經〉導讀》。北京：中國人民大學出版社。

217. 覃修桂（2008），「眼」的概念隱喻——基於語料的英漢對比研究，《外國

語》31（5）：37～43。

218. 汪天文（2004），三大宗教時間觀念之比較，《社會科學》（9）：122～128。

219. 王彬（譯注）（2010），《法華經》。北京：中華書局。

220. 王馥芳（2014），《認知語言學反思性批評》。北京：外語教學與研究出版社。

221. 王繼紅、朱慶之（2012），佛典譬喻經語篇銜接方式的文體學考察，《當代修辭學》（2）：64～69。

222. 王文斌（2007），《隱喻的認知建構與解讀》。上海：上海外語教育出版社。

223. 王新生（2010），《〈聖經〉精讀》。上海：復旦大學出版社。

224. 王志遠（1992），《三千大千世界：關於佛教宇宙論的對話》。北京：今日中國出版社。

225. 王志遠（1998），人生觀：佛教觀點。何光滬、許志偉（主編），《對話：儒釋道與基督教》。北京：社會科學文獻出版社，415～436。

226. 惟賢法師（2004），《法華經說什麼》。北京：宗教文化出版社。

227. 項成東、王茂（2009），英漢動物隱喻的跨文化研究，《現代外語》（3）：239～247。

228. 蕭振士（2014），《中國佛教文化簡明辭典》。北京：世界圖書出版公司。

229. 宣化法師（2009），《妙法蓮華經淺釋》（全七卷）。北京：宗教文化出版社。

230. 宣化上人（2009），《妙法蓮華經淺釋》。義烏福：福田寺。

231. 亞里士多德（2005），《詩學》（羅念生譯）。上海：上海人民出版社。

232. 楊慧林（1998），世界觀：基督教觀點。何光滬、許志偉（主編），《對話：儒釋道與基督教》。北京：社會科學文獻出版社，367～383。

233. 楊克勤（2012），《莊子與雅各》。上海：華東師範大學出版社。

234. 楊文星、文秋芳（2014），漢語本族語者與英語本族語者思考時間的方式——對思維-語言關係的實證研究，《外語教學》35（6）：45～49。

235. 俞學明、向慧（2012），《法華經譯注》。北京：中華書局。

236. 張二平（2007），中國心靈哲學中的鏡子比喻，《湛江師範學院學報》28（4）：29～32。

237. 張節末（2000），禪觀與譬喻——論中國禪宗與印度佛教的一個區別，《哲學研究》（3）：64～70。

238. 張曼濤（2016），《涅槃思想研究》。北京：東方出版社。

239. 趙靜（2015），從道教的性別隱喻看道教的女性觀及其當代價值，《國際修辭學研究》：123～133。

240. 趙樸初（2012），《佛教常識答問》。北京：外語教學與研究出版社。

241. 中國基督教兩會（2008），《聖經・中英對照》。上海：中國基督教兩會。

242. 卓新平（1992），《世界宗教與宗教學》。北京：社會科學文獻出版社。

致　謝

　　本文用認知語言學的理論分析宗教典籍中的隱喻現象，在語言學和宗教學兩個學科內似乎都是比較「冷門」的研究方向。除了博士學習期間的老師、同學、答辯專家和博士論文匿名評審專家，本文幾乎沒有其他讀者。感謝花木蘭文化出版社，讓這個冷門的研究有機會被更多人看到。

　　本文是六年博士學習的成果。六年是北京外國語大學當時規定的最長學習年限，我卻並沒有感覺這六年很難捱，甚至並不覺得博士學習必須要結束。直到答辯前後的各種程序以及答辯的儀式感讓我意識到，這個階段終究需要畫上休止符。站在終點回首過去，心中滿是感恩。

　　答辯結束後，我在現場感謝了給我啟發、鞭策和鼓勵的答辯委員會專家，也感謝了為我忙前忙後、助威鼓勁的各位同學，可是感謝導師藍純教授的話到了嘴邊卻又咽下了。因為我知道，這篇論文是藍老師和我共同的成果，老師一直和我站在一起，我不需要像感謝「外人」一樣感謝藍老師。但就我個人而言，最應該感謝的是藍老師。老師是領路人，2006 年我是在老師的課堂上第一次接觸到了認知語言學和概念隱喻理論。在這篇博士論文中，老師是總工程師也是一線技工，從最宏觀的論文設計到最細微的文字修改，老師都傾注了最大的心力。老師是導師也是朋友，為我提供最全面的指導，同時也給予我最充分的自由。老師是高山，她敬畏學術同時享受學術的態度是我永遠仰望的榜樣。老師是燈塔，她對我未來學術生涯的展望是我畢生努力的方向。

　　我也要感謝幫助我做開題、預答辯、盲審和答辯的各位老師，他們是：封宗信教授、梁曉暉教授、苗興偉教授、王馥芳教授、王麗亞教授、王文斌教授、

趙秀鳳教授以及三位匿名的論文盲審專家。他們指出的問題讓我認識到自己的不足，他們提出的建議為我指明了更多方向，他們每一次的推動都讓我向前更進一步。同時，我要感謝北京航空航天大學的李福印教授，李老師組織的認知語言學著作翻譯、教材編寫和讀書報告會給了我很多學習的機會；感謝對外經濟貿易大學的孫亞教授，孫老師是我大學時代的老師，一直關心我的博士課題研究和論文寫作。

六年的旅程不覺漫長和寂寞，要感謝一路同行的夥伴，他們是：我的同學鄭文博、金輝、龐博、吳可、閻浩然、仇涵、祁瑤和白亦玄，北京大學的李桂東博士，以及方芳和林玲等多位在北外訪學的老師。從 2015 年開始，我們陸續聚集在藍老師組織的認知語言學工作坊裏。他們幫我驗證了很多語料的識別結果，也是我的第一批聽眾，每一次向他們彙報論文的進展都讓我的思路更清晰一些，彙報後他們提供的建議和意見也激發了我的靈感。我的同行者還有同期在北外讀博的毛眺源、王強、吳邊和于海岩等同學，我們見證了各自的掙扎和堅持。我還要感謝多位先行者，他們是范娜、賈冬梅、夏登山、廖迅喬和李葆衛學長，追尋他們的足跡讓我一路走來輕鬆了許多。

六年當中，我一邊工作一邊讀博，感謝北京語言大學的各位同事的支持和幫助：感謝前英語教育中心主任高明樂教授當年批准我考博並一直關心我的進展，感謝前應用外語學院院長陸薇教授同意我辭去系主任的行政工作專心於論文寫作，感謝梁清和孔慶芬兩位老師從我入職北語以來就像親人一樣關心我幫助我，感謝劉豔、李學萍和陳影等已經博士畢業的同事給我很多過來人的經驗，感謝李碧、閆天潔、依涵、張菊、滕文波、張秋娟、夏萌和曹澤煌等等共同奮戰在教學或讀博路上的「青椒」們和我互相鼓勵、一起取暖。

最後，感謝生活，讓我在博士學習開始後不久就遇見了自己的愛人，讓我有了最溫暖的港灣和最強大的後盾。我對未來所有的憧憬都是和你有關的！

一段旅程就要結束了，但是「前路漫漫，別鬆懈」！